SHANGBIAOQUAN
ZHUCE QUDE ZHIDU
YANJIU

商标权
注册取得制度
研究

党晓林／著

法律出版社 | LAW PRESS

序

商标注册是商标法律制度的重要一环。我国《商标法》从建立起一直围绕着商标注册与商标管理而实施,从这个角度看,“商标法即商标注册法”的说法并不为过。自 1993 年至 2019 年我国《商标法》经历了 4 次修改,每一次修改重点都离不开商标注册制度的实体和程序问题。《商标法》第 4 次修改启动于 2018 年 4 月,这次修法的总体思路确立为:贯彻落实加强知识产权保护,进一步优化营商环境,解决实践中出现的突出问题,回应社会关切。那么,我国《商标法》在制度层面和法律实施上存在哪些突出问题,引起社会强烈反响呢? 对此,社会各界一致共识,矛头直指恶意申请和囤积商标。恶意注册他人已使用的商标和不以商业使用为目的大量申请囤积商标,其本质是一种不正当竞争行为,商标只是行为利用的手段而已。这些现象背后隐藏的问题既有商标立法上的不足所产生的问题,也有对法律理解偏差或执行不力的问题,归结起来,又都与人们普遍信奉的商标观念有密切关系。

商标注册原则是世界上大多数国家采用的商标权取得制度,在注册制下,商标权的获得不以商标实际使用为前提,而是以商标申请作权利基础。商标注册制有其天然的优越性:明确权利归属、划定权利范围、公示权利变动、促进交易安全。获得注册的标识,在其之上注册人与其他商事主体,注册人与标识、此标识与彼标识之间的权利义务关系被固定下来,注册人因此取得了注册簿上的权利。从根本上说,注册取得商标权的根据源于标识的无体性。要将标识作为财产，遇到的首要难题是，边界在何处，如何表明该标记为某人所拥有的财产权，如何确定该财产上的利益是否受到损害，如果这些无法得到确定，标记如何能够被当做财产。借鉴不动产登记制度而建立的商标注册制度，申请注册的标记应具有某种“有形形式”，须提交标识图样，指定商品类别、载明主体。这样一来，无体性、非占有性的抽象物在注册制度下得到表述，获得注册的标识在注册证簿记录的范围内可受到应有的保护。

从商标的本质看，商标是用来识别产品区分来源，以利于贸易安全维护市场秩序。商标权保护的并非标志本身，而是该标记和市场上商品之间的联系和商品生产者之间的联系。维系联系的真实可信、持久稳定是商标所有人的利益所在，天长日久便沉淀为经营者的商誉。一个商标是否为消费者认可或享有声誉，跟它注册与否没有直接关系。任何标志只要在市场上实际使用，产生了识别和区分作用，消费者能够将该标记与特定商品联系起来，这样的标记就以“实际使用”而非注册将标记和主体的联系固定下来并无限重复，进而完成了“明确归属、界定范围”的公示公告，该标记上的利益理所当然地应当受到保护。

《商标法》第4次修改修正案于2019年4月23日通过，这次局部修改法律解决了商标领域一些突出问题，回应了社会关切。从修法涉及的六个条款来看，此次修改涉及三个方面：遏制恶意注册行为、提高商标侵权的赔偿数额、增加对假冒注册商标行为的处置手段。而其中恶意注册行为的治理无疑是重点所在，共涉及5个条款。总则第4条为基础条款，增加了“不以使用为目的的恶意商标注册申请，应当予以驳回”的规定，后续条款规定了将恶意商标注册申请作为商标异议和注册商标无效宣告的事由，规定了对恶意申请商标注册的处罚措施。修正案还特别规定了商标代理机构不得接受恶意商标注册申请的委托。对恶意注册，囤积商标等乱象的治理不仅解决当下迫切需要解决的问题，其所产生的意义重在重新校准商标注册和商标使用的关系，使我国商标法在商标价值、商标本质还原归真的正确道路上又向前迈进了一步。

随着社会经济的不断发展，知识产权法律需要“与时俱进”不断自我调适，回应时代的需要、社会的需要。不管商标法是否进行新一轮全面修改、何时修改，商标理论研究都需要反思这样一些问题；我们凭什么取得商标权；商标注册还是商标使用；如何建立使用为目的的商标注册程序和商标秩序；如何让商标回归根本，服务于自由竞争营造良好营商环境。为此，商标理论需要深入到法律制度和法律条文间所蕴含的基本原理、历史根据、规则渊源探索研究，认准商标法律“从哪里来，到哪里去”这一最基本的问题。

从这个意义上讲，党晓林博士的学位论文《商标权注册取得制度研究》属于商标基础理论又具有重大现实意义的选题。作者长期从事知识产代理工作，凭借丰富的实践经验和敏锐的专业洞察力，作者捕捉到商标注册原则施行中产生的问题，特别是商标抢注和商标囤积乱象，将研究方向锁定在商标注册制度方面。作者以历史发展、理论考证、比较分析等多个维度对注册取得制度进行剖析，更从问题的成因进行分析，指出在利益驱动和现实需求等直接原因外，深层次的问题是人们商标观念的误解和扭曲及商标制度本身的某些缺漏。作者还以其特有的国际视野对世界上两种主要的商标权取得制度进行对比分析，揭示出美国的使用取得制度中包含的注册取得成分，英国改行注册制度后保留了大量商标使用的规则。进一步指出，马德里国际注册体系已建立起的世界范围内的商标注册原则，体现了国际贸易对注册取得制度的需求。这些研究心得对我们重新认识商标注册和实际使用两种方式并存互动的机理有很好的启示意义。如同所有的研究，作者对我国商标注册制度的进一步完善提出了自己的建议。可以肯定，商标注册在我国仍是取得商标权的主要方式，坚持注册原则的前提下，商标使用制度作为必要补充和配套制度，应当得到进一步重视和加强，商标注册原则及申请在先规则本身存在的漏缺也须通过一些小程序、限制措施加以弥补，使之完善。作者在书中提出的注册程序中真实使用意图审查、恶意申请得作为异议或无效的理由、未使用商标在注册申请中作为引证商标的证明力减低等方面意见建议将对商标法的全面修改产生积极的参考意义。

党晓林是我的学生，他进入中国政法大学攻读博士时就选定了商标注册制度作为研究方向，这对他不仅是一个挑战自我的尝试，选题本身也是一个具有相当难度的研究课题。三年来，他一边工作一边学习，凭着扎实的专业基础和顽强的毅力，不仅顺利完成了论文写作，他担任总经理的北京三友知识产权代理公司也不断拓展事业，凭着优质服务得到业界和客户的高度评价。在论文答辩过程中，答辩委员会老师一致推荐他的论文参加校级优秀博士论文评选。作为导师，我为党晓林在学术和事业上取得的成绩感到骄傲和自豪。衷心期望他发扬勇于开拓创新的精神，坚持勤于探索钻研问题的热情，在理论研究领域和社会法律服务事业中取得新的成绩，为国家知识产权事业贡献出一份力量。

张今

2019年8月12日

摘　要

商标权取得制度是商标体系的基石。在取得方式上，主要有使用取得和注册取得这两种方式，这两种方式各有其优缺点。在历史发展上，首先确立的是使用取得，而随着商业发展需要，同时也基于使用取得制度上的一些弊端，商标权注册取得制度得到了确立，但是也引入了一些新的问题。无论采用哪种取得模式，取得制度都应该体现商标本质和实现商标功能。

本书第一章从商标状况入手来阐述注册取得制度的现状和问题。针对我国采用的商标权注册取得制度在当前发展中出现的一些乱象，特别是针对商标抢注和商标囤积进行分析，不仅分析其现象，例如商标抢注和商标囤积的各种类型和相关案件等，更从其成因角度来分析，除了利益驱动和现实需求等表面原因，进一步从深层次剖析了注册制度的错误认知和制度缺漏等原因。

本书第二章从历史和理论考证方面进一步剖析了商标权注册取得制度。首先，从历史发展视角来分析商标权取得模式和注册取得的确立过程，特别是注册取得确立的现实原因以及我国的注册取得制度的沿革等。其次，从国际视野对商标权注册取得制度进行了分析，通过对以使用取得制度为代表的美国的立法和发展的分析，发现美国的使用取得制度中实际上也包含了注册取得制度的成分，而在针对以使用取得转变为注册取得为代表的英国的立法和发展的分析中，发现英国的注册取得制度中包含了大量的使用要素。同时，在商标相关的国际条约中，马德里国际注册体系已经建立了世界范围内的注册取得制度,这也体现了国际贸易对注册取得制度的需求。最后,通过对注册取得的根据的分析,深入探究了注册取得与商标本质和商标功能之间的关系,即商标本质和商标功能是注册取得制度的基础,意思自治与法律确认体现了注册取得制度的性质,公平与效率的统一体现了注册取得制度的价值。

本书第三章阐述了商标权注册取得的制度设计,包括基本原则和实质要件以及注册程序等方面的内容。其中,在基本原则中,强调了诚实信用原则与真实使用目的的相统一;在实质要件中,重点分析了显著性的内容和依据,特别是针对固有显著性的剖析以及与使用取得制度中显著性基础的对比,从中得出了注册取得制度中显著性判断的基础——法律推定的合理性。在最后一节中,阐述了注册取得制度与商标使用的关系。

在第四章,结合前三章中针对我国商标制度中的乱象及其成因分析和注册取得制度的基础以及制度设计等内容,对我国商标权注册取得制度的完善提出了建议。我国当前的商标权注册取得制度中的众多问题的主要根源在于对商标权注册取得制度的错误认知和当前注册取得制度中的一些制度缺漏,对此通过一些规制设置,使注册取得商标权能够回归商标本质。例如,对缺乏真实使用目的的申请和恶意申请的法律规则,针对未使用的注册商标的法律规则,以及注册商标权之间的冲突解决规制等。

关键词:商标权,注册,取得,使用

ABSTRACT

The trademark acquisition system is the cornerstone of trademark system. In terms of acquisition methods, there are mainly two ways which are acquisition by use and acquisition by registration. These two methods have their own advantages and disadvantages. In the historical development, the first system established is the acquisition by use, and with the development of business needs, and also based on problems of the acquisition by use, the trademark system of acquisition by registration was established, however new problems were introduced at the same time. Regardless of the acquisition methods, the acquisition system should reflect nature of trademark and realize functions of trademark.

The first chapter of this book begins with the current situation of trademarks to explain the status and problems of acquisition by registration. In view of the chaos in the current development of trademark registration system adopted in China, especially the analysis of trademark squatting and trademark hoarding, not only the phenomenon, such as various types of trademark squatting and related cases etc. , but also its reasons, in addition to the surface reasons such as interest-driven and actual needs, further analyze the reasons for the misunderstanding of the registration system and systemic gaps of the registration system.

The second chapter of this book further analyzes the registration system of trademark rights from the perspective of historical and theoretical research. First of all, from the perspective of historical development, it analyzes the acquisition process of trademark rights and the establishment process of registration, especially the practical reasons for the establishment of registration and the evolution of China's registration acquisition system. Secondly, from the international perspective, the system of trademark registration and acquisition is analyzed. Through the analysis of the legislation and development of the representing country of acquisition by use system, the United States, the US acquisition system actually includes the components of the acquisition by registration system. In the analysis of the legislation and development of the United Kingdom as a representing country of transforming from acquisition by use system into acquisition by registration system, it was found that the UK's registration system contained a large amount of elements of trademark use. Further, in the international treaties related to trademarks, the Madrid International Registration System has established a worldwide acquisition by registration system, which also reflects the need for registration systems in international trade. Finally, through the analysis of the basis of acquisition by registration system, the relationship between registration and the essence of trademark and trademark function is deeply explored, that is, the essence of trademark and the function of trademark are the basis of acquisition by registration system. The autonomy of meaning and the confirmation of law reflect the charactor of acquisition by registration system. The unity of fairness and efficiency reflects the value of the acquisition by registration system.

The third chapter of this book expounds the system design of the acquisition of trademark right by registration system, including the basic principles and essential elements as well as the registration procedures. Among them, in the basic principles, it emphasizes the unity of the principle of good faith and the purpose of real use; in the essential elements, it focuses on the analysis of the content and basis of distinctiveness, especially the analysis of the in herent distinctiveness and comparison between acquisition by use and acquisition by registration, leads to the basis of the distinctiveness judgment in the acquisition by registration system: the rationality of the legal presumption. In the last section, the relationship between the acquisition by registration system and the use of trademarks is described.

In the fourth chapter, combined with the contents of the previous three chapters on the chaos in China's trademark system and its cause analysis and the basis of acquisition by registration system, as well as content design of the system, it puts forward suggestions on the improvement of China's trademark registration system. The main roots of many problems in China's current trademark registration system are the misunderstanding of the trademark registration system and the lack of some rules in the current registration system. Through some regulations, the registration rights can be returned to the nature of trademark, such as legal rules against applications that lack real purpose of use and bad faith applications, legal rules against unused registered trademarks, and conflict resolution regulations between registered trademark rights.

Keywords: trademark rights, registration, acquisition, use

目 录

引　言

一、选题背景

我国采用的是商标专用权注册取得制度，近年来，中国的商标申请量不断突破，而且还在呈现出继续增长的势头。例如，2016 年的商标注册申请量为 369.1 万件，2017 年达到 574.8 万件，而 2018 年达到了 737.1 万件，再创新高。在商标注册申请量超高速发展的背景下，围绕着商标的话题特别是与商标相关的纠纷，例如商标抢注、商标囤积、商标权滥用和“搭便车”等现象，成为知识产权界甚至社会中的热点话题。同时也出现了很多批评的声音，认为商标在中国有泛滥的趋势，而根源就在于中国采取的商标权注册取得制度引发针对商标权注册取得制度的质疑，很多学者认为，应该改为采用商标权使用取得制度或者采用混合取得模式。对此，首要问题是商标权注册取得制度是否具有其存在的必要？

在商标体系中，商标权取得制度是一个非常重要的环节，是整个商标体系的基石，通过对权利取得模式的分析，能够深入剖析商标制度的基本框架，特别是对商标制度的运行中出现的一些问题进行深层次的分析。

关于商标权取得制度的模式，有的学者认为，主要有两种模式，即商标权使用取得模式和商标权注册取得模式（单一的取得制度），也有学者认为是三种，除这两种单一模式外，还包括混合取得模式。目前世界上大部分国家均采用了注册取得模式,而美国则是典型的使用取得制度的代表。

针对商标体系中存在问题的成因分析,除了利益驱动和现实需求外,还发现目前在司法实践中,法院对商标抢注和商标囤积行为进行规制时表现出的智慧和基于法律规制缺失的无奈。继而引发了进一步的思考,即商标乱象的规制应该从制度上来解决,好的制度能够规范坏人的行为,而不完善的制度则会"诱导"好人去做坏事。因此,有必要针对中国所采用的商标权注册取得制度进行分析,从其制度基础入手,以大视角来分析该制度的正当性基础以及所存在的一些问题,特别是如何通过在制度建设上的改进措施来规避当前的商标制度中的问题。

二、研究现状和现有成就

针对商标权注册取得制度的研究有很多,主要研究方向有几类:

(一)商标权取得制度的理论研究

在各种理论研究中,基于符号学的研究是一个重要的研究分支,作为以符号学为基础对商标制度进行研究的代表,可以参考彭学龙教授的《商标法的符号学分析》。

符号论认为商标的本质是符号,[1]这种观点认为,商标本质的这种认识表明,商标是由商标标志和商标标志所代表的有关商品的信息组成的,是这两方面的混合物或统一体,缺乏这两方面中的任何一个方面都不构成商标。[2] 在符号学中,还有人提出了一种三元符号结构模型,即符号内部可以划分为再现体、对象和解释项三个要素或者能指、所指和对象三个元素。通过商标使用行为能够建立能指和所指之间的统一体,而通过商标注册行为不能建立能指和所指之间的统一体,因此商标权注册取得制度在理论基础上不能证明其正当性。有的学者提出,废除注册取得制度,商标权的取得只能通过使用,注册不能取得商标权。

(二)比较法上的研究

对比注册取得制度和使用取得制度,特别是以美国等被认为是典型的使用取

〔1〕 参见王太平著:《商标法——原理与案例》(第一版),北京大学出版社2015年版,第14页。

〔2〕 参见叶挺舟:《混合取得模式下商标共存制度研究——兼评2013年〈商标法修正案〉第59条》,载《时代法学》2015年第3期,第84页。

得制度的国家,通过两种制度之间的优缺点对比,提出了借鉴两种制度的优点来改造我国的商标制度。其中一种方式是采用注册取得制度和使用取得制度的混合模式,另一种是商标权注册取得模式和商标权使用取得模式相融合的融合模式。有的学者建议,我国的商标注册取得制度应该改为"注册 + 使用"取得模式或"注册或使用"取得模式。相关论述可以参考叶挺舟法官的文章《混合取得模式下商标共存制度研究——兼评2013年〈商标法修正案〉第59条》、〔1〕叶秋华和杨嵩涛发表的《中美商标法律制度的比较与启示》,〔2〕以及邓宏光博士的文章《我们凭什么取得商标权——商标权取得模式的中间道路》,〔3〕其提出了将商标权注册取得模式和商标权使用取得模式相融合的一种中间道路。

(三)针对问题现象的分析研究和改进建议

这种研究主要针对我国存在的商标抢注和商标囤积等现象的分析和建议等,相关论述有吴琼和李佳星的文章《各国关于恶意抢注商标的法律应用比较》、迟瑞的文章《商标抢注的分析及规制》等。值得关注的是,华东政法大学王莲峰教授的文章《我国商标权利取得制度的不足与完善》、〔4〕该文提出在坚持商标注册原则的前提下,适当引入商标使用原则,是改进我国商标权利取得制度的应有思路和选择。该文认为,在《商标法》中坚持商标注册原则,而在商标法的具体制度设计中规定和强调商标使用规则,当是改造我国商标权利取得制度的应有思路和选择。〔5〕

(四)坚持我国的商标权注册取得制度的观点

在上述几类主要研究中,针对中国的商标取得制度的批评声音大于支持声音,大部分分析的基本观点是中国的商标制度应该取消注册取得制度,而改用使用取得制度。然而,也有一些学者认为应该坚持目前我国采取的商标权注册取得制度,

〔1〕 参见叶挺舟:《混合取得模式下商标共存制度研究——兼评2013年〈商标法修正案〉第59条》,载《时代法学》2015年第3期,第84页。

〔2〕 参见叶秋华、杨嵩涛:《中美商标法律制度的比较与启示》,载《现代管理科学》2014年第12期,第24页。

〔3〕 参见邓宏光:《我们凭什么取得商标权——商标权取得模式的中间道路》,载《环球法律评论》2009年第5期,第55页。

〔4〕 参见王莲峰:《我国商标权利取得制度的不足与完善》,载《法学》2012年第11期,第72页。

〔5〕 参见王莲峰:《我国商标权利取得制度的不足与完善》,载《法学》2012年第11期,第75~76页。

在注册取得制度上进行改革。作为支持观点的代表,张玉敏教授的《商标注册与确权程序改革研究》中论述了商标注册程序的基础和正当性,并且对商标注册程序的改革提供了多套建议方案。

三、研究方法

通过对商标专用权注册取得制度的深入分析,不仅能够针对目前的现象分析其原因并提出改进措施,而且能够更加深入地理解目前的商标取得制度的总体原则和细节规定,特别是目前制度在公平和效率上的合理性。

主要研究方法:

(一)历史演变分析

即针对世界范围内的商标起源发展,特别是商标权注册取得制度的产生和发展进行分析,同时考察中国的商标权注册取得制度的建立和演变,从历史角度来分析商标权注册取得制度的现实基础。商标权的财产权属性的建立直接导致的是商标权使用取得制度,但是,随着商标制度的演变,特别是商标注册制度的建立,越来越多的国家发生了从使用取得制度到注册取得制度的转变,也有一些国家在建立商标制度时,直接选择了商标权注册取得制度。不仅考虑了演变过程,而且还重点从历史发展角度分析了采用注册取得制度的现实原因。

(二)理论分析

商标作为知识产权的一个分支,体现了知识产权这种无形产权的特点,其相应的理论支撑也是商标发展的重要基础和保障,包括权利和权利制度的正当性分析,以及基于公平与效率相统一原则角度的研究等。

在理论分析中,不仅依据传统的财产权理论对商标权和商标权注册取得制度进行了理论分析,而且更应该从实际出发,将理论与实际相结合来对商标权注册取得制度的性质进行剖析,并且重点分析商标权注册取得制度的正当性体现。

(三)比较法分析

一方面,从整体上考察了世界上大多数国家的商标权取得制度的状况,发现世界上绝大多数国家均采用注册取得制度;另一方面,对比了采用使用取得制度为代表的国家——美国和注册取得制度为代表的国家——英国的商标制度的内容和实践经验。例如,深入美国的实务和实际判例中进行对比分析,从中剥离出在商标权使用取得制度中,通过对商标注册程序所获得的权利进行剖析,分析其权利性质、权利范围和权利冲突的优先等级,从另一个视角来分析和观察注册制度和注册取得制度在商标权的权利性质和权利基础上的作用和影响。

基于上述比较法分析,反过来对比分析中国的注册取得制度在整体和细节上的合理性,从多个不同维度和多个不同视角进行了对比分析,不仅是这两种制度的整体对比。

(四)实证分析

通过各国案例来分析各种不同取得制度下的司法实践,根据具体的判例来阐述商标取得制度中的概念、理论和规则适用。

通过对比分析一些典型案例,着眼于美国和中国的商标法在立法和司法实践上的区别,特别是,通过抓住针对商标抢注和商标囤积问题的司法实践上的发展脉络,解读出对商标权注册取得制度中的问题(如商标抢注和商标囤积)。

(五)经济学分析

商标作为一种制度工具,是通过国家权力来建立和运转的,其目的也是保障良好秩序的统治。该统治不是政治上的统治,而是保障良好的经济发展秩序或者具体说是良好的商业秩序的统治。因此,也需要从经济学上的制度成本来分析其制度设计的合理性,这种思路也贯穿了本书的分析。

四、主要创新点

(一)理论研究

1. 在正当性的理论基础的分析上,区分了商标权的正当性和商标权注册取得的正当性,将商标权注册取得的正当性从商标权的正当性的一般理论中剥离出来,从而有针对性地对商标权注册取得制度自身的正当性进行剖析。

2. 从所有权的权能角度分析商标权的权能,从而从物权的角度对商标权记性再审视。

在具体的理论分析中,首先,厘清了商标本质及其与注册取得制度之间的关系,并且结合商标功能的分析,提出商标权注册取得制度应在保证商标功能上保持警惕。其次,在针对商标权性质和内容的剖析中,认为商标权注册取得制度与商标权的性质和内容相契合，包括：通过历史考察，商标权是一种依据国家主权而拟制的权利，不是自然产生的权利，以及商标权的有效性具有动态性等，这些与注册取得制度中的权利拟制相契合。最后，针对商标权注册取得制度的性质进行剖析，进一步分析了注册取得制度的正当性体现。

（二）细腻的比较法分析

在比较法分析中，采用了两个层面。

第一个层面，以采用使用取得制度为代表的美国和注册取得制度为代表的英国为例，对比分析了两种不同商标制度的内容和实践经验。例如，在考察以使用取得制度为代表的美国的实践中，发现在使用取得制度中存在注册商标具有商标权的权利扩张效力，特别是美国联邦商标注册具有使商标权产生权利加固和权利扩张的效力。例如，对于商标使用行为和商标注册行为同在的情况下，商标注册对于商标权的有效性具有加固作用，并且商标注册行为在商标通过使用所获得的权利范围的基础上对商标权的权利范围有扩展作用，不过这种扩展作用所产生的权利不是商标专用权，而仅仅是一种获得商标专用权的优先权。另外，在美国各州的商标体系中，州注册的效力还具有使注册贯穿于全州地域的权利扩张效果。在针对以使用取得转变为注册取得制度为代表的英国的实践进行考察中发现，英国商标专用权取得制度中商标注册制度强调商标使用要素。

第二个层面，从国际条约入手，考察了当前主要的商标国际条约，包括《巴黎公约》、《与贸易有关的知识产权协定》、商标国际注册马德里体系、《商标法条约》和《商标法新加坡条约》，重点考察了这些国际条约的商标权取得制度的属性。其中，商标国际注册马德里体系具有典型的注册取得制度的属性，其建立了国际上的商标权注册取得制度，甚至渗透到使用取得制度国家（美国）中。商标国际注册马德里体系标志着在世界范围内形成了商标权注册取得制度的基本格局。

（三）实证分析

虽然实证分析是一种已知分析方法，本书的创新之处在于，通过大量的国外商标案例和中国商标案例，从实证的角度来分析商标权注册取得制度在一些具体方面的体现。

在针对以使用取得制度为代表的美国的商标实践的分析中，通过大量的判例内容来探究在使用取得制度中存在注册商标具有商标权的权利扩张效力，并且通过不同的案例情况来探究其权利扩张的边界范围和权利性质。

在针对我国的商标权注册取得制度的分析中，从统计数字和大量的案例入手来阐述我国的商标乱象，以及法院在依据现有的商标法律框架内容下，对商标抢注和商标囤积进行规制的司法实践。

CHAPTER 01 >>

第一章 商标权注册取得制度之反思

第一节 我国商标申请的现状

一、商标表象:巨额注册量下的商标大国

近几年,我国的商标注册申请的数量急速增长。2017 年我国商标注册申请量达到了 574.8 万件,比 2016 年增长 55.7%,申请量和增速均创当时的历史新高。截至 2017 年年底,我国商标累计申请量为 2784.2 万件,累计注册量为 1730.1 万件,有效注册商标量为 1492 万件,连续 17 年位居世界第一。[1] 这个趋势还在进一步持续,2018 年我国商标申请量达到 737 万件。

针对这些有些疯狂的数据,我们不禁要问,我国商业主体在经营中对商标数量的需求真的这么大吗?

根据国家工商行政管理总局商标评审委员会编著的《中国商标品牌战略年度发展报告(2017)》中公布的内容:2013 ~ 2017 年 5 年来,我国商标申请量 1584.6 万件,占全球申请总量的 58.2%,核准注册量 935.4 万件,占总量的 55%;马德里商标有效注册量增长了 10,020 件,占有效注册总量的 40.07%。从商标注册申请量的绝对数字上看,虽然感觉这是一个天文数字,但是,基于我们的人口数量,可能不会认为有什么异常。如果从全球商标注册申请量的占比来看,近 5 年来,全球商标注册申请量中的

---

〔1〕 参见中国政府官网,http://www.gov.cn/xinwen/2018-01/19/content_35.htm,2018 年 3 月 13 日访问。

58%以上是中国商标申请的,这就值得我们关注和警觉了。商标申请量在一定程度上代表着商贸活跃度和商贸容量,以基于正常商业目的来申请注册商标的假设来推算,从这个比例来看,中国的商贸容量在世界范围内应该远远超过其他国家,或者说应该大致占世界范围内的商贸容量的一半。然而,中国并不是世界上最大的商贸国家,中国的商贸总量也远远小于世界总量的一半。这就表明,我国的商标注册申请量与我国的商贸活动的容量并不匹配,而是远远超出了商贸活动的实际需求。

商标的使用量虽然能够作为商贸活动的活跃度的一个参数,然而商标申请量或商标注册量并不等同于商标的使用量,因此,商标申请量或商标注册量并不一定能真实地反映出商业活动的活跃程度。

那么,我们再从另一个方面来考察和理解商标注册申请量的疯狂。从我国国内生产总值(GDP)的增长速度和商标申请和注册数量的增长幅度来对比,明显能够发现,我国的商标申请和注册数量的增长速度远远大于经济增长速度。根据《中国商标品牌战略年度发展报告(2017)》中的内容,从国内生产总值的发展和注册商标申请的数量发展来看,近年来中国国内生产总值的增长比例在6%~7%左右,而商标注册申请的数量增长比例在30%~50%左右,两者完全不匹配。特别是近几年商标注册申请量与国内生产总值之间的差距越来越大,似乎表明了商标注册申请数量已经脱离了国内生产总值的发展规律,是自行快速增长的。但是,在《中国商标品牌战略年度发展报告(2017)》中,恰恰给出了国内生产总值的发展和注册商标申请之间的发展关系,这也表明了商标注册申请量与国内生产总值之间存在或者应该存在一定的联系,如图1-1所示。

那么,我国近年来商标注册申请数量脱离了商贸活动、脱离了国内生产总值发展状况的疯狂增长,是否说明了我国的商标注册制度产生了问题?

作为对比参考,我们再进一步考察同为注册取得制度国家的韩国的申请量变化。近些年,韩国的商标注册申请数量在30万件左右,而国内生产总值的增长比例在1%~2%之间,属于缓慢增长,但是2015年的商标申请数量相对于2014年的增长比例高达40%左右,而2016年的注册申请数量相比2015年不但没有显著增加,反而有一定的下降趋势。在商标注册申请数量上的对比还需要考虑该国家的市场大小和人口。2017年韩国人口在5100万人左右,我国人口在13亿9千万人左右,我国人口是韩国人口的27倍左右,那么按照目前韩国每年30万件左右的申请量来推算，中国的申请量应该在810万左右，和业界预测的我国2018年的商标注册申请量接近，看似正好符合目前中国商标注册申请的实际数量，如图1－2所示。

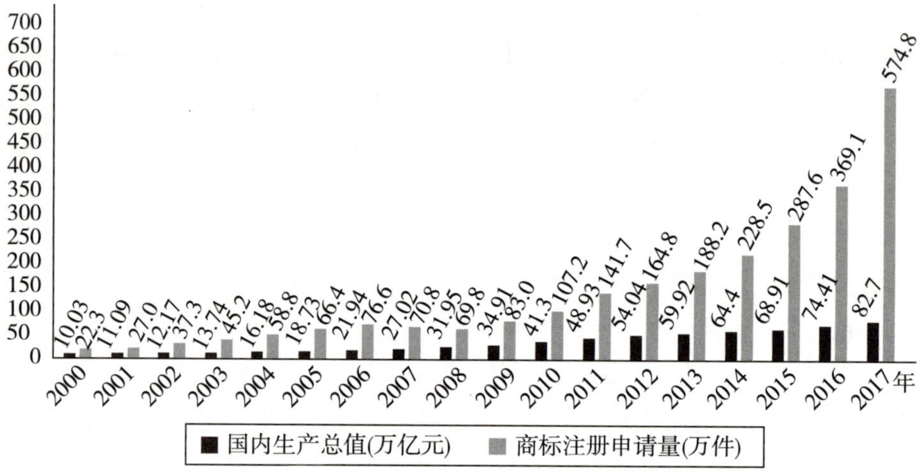

图1－1　我国商标申请量与国内生产总值对比（2000～2017年）〔1〕

IP Filings (Resident + Abroad, Including Regional) and Economy

Year	Patent	Trademark	Industrial Design	GDP (Constant 2011 US$)
2007	176,336	179,974	76,893	1363.81
2008	173,496	174,417	78,576	1402.39
2009	170,233	168,917	77,201	1412.32
2010	178,654	182,219	85,853	1504.07
2011	187,747	188,139	86,397	1559.45
2012	203,836	206,584	113,250	1595.20
2013	223,527	251,001	154,148	1641.40
2014	230,553	253,479	127,828	1696.24
2015	238,185	347,354	135,438	1743.57
2016	233,786	324,516	133,598	1792.87

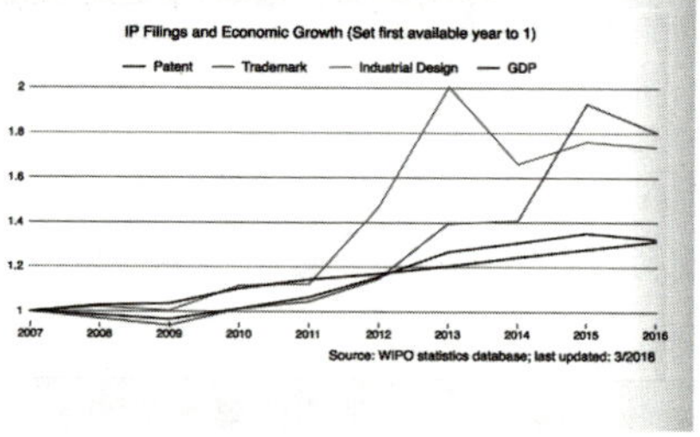

图1－2　韩国商标注册申请数量变化〔2〕

根据上面几个方面的考量，虽然目前的快速增长的申请量有一些担忧，但是，从人口数量和申请量的比例关系上看，目前的中国注册申请量也似乎是合情合理的。因此，仅仅从商标注册申请数量和其快速增长趋势来看，似乎不能直接得出商标制度出现了问题的结论。

---

〔1〕　参见《中国商标品牌战略年度发展报告（2017）》，载中国商标网，http://sbj.saic.gov.cn/sbtj/5/t510_1.html，2018年9月23日访问。

〔2〕　参见世界知识产权组织官网，http://www.wipo.int/ipstats/en/statistics/country_profile/profile.jsp?code＝KR，2018年9月23日访问。

我们更进一步考察,我国大量的商标注册申请的实际应用情况,即这些申请是因真实的经营需求而提出的,还是基于经营需求以外的其他目的来申请的?对此,我们进一步考察我国的申请主体对获得注册的商标的态度。依据2007年核准注册商标23.4万件及核准续展6.8万件商标计算,2017年有30.2万件商标到期应续展,而实际只有17.9万件商标提交了续展申请,到期商标续展比例约为59.28%。也就是说10年前的商标注册申请的幸运儿(获得注册的商标)中,有将近40%的商标被放弃了,商标权人对这些商标并没有实际需求。2007年的商标注册申请量只有70.8万件,而2017年的申请量达到了574.8万件,从中可以推测出申请人对其中上百万甚至几百万件商标申请并没有实际需求。

上面是根据商标续展的情况来分析的,而商标续展是至少在商标注册申请日10年以上才能够发生,而在这10年内所申请的大量的商标注册申请的实际使用需求到底有多少呢?根据业界的诸多评论,从整体上看,在大量的注册申请中,有真实使用目的的注册申请只占一部分,大部分的注册申请并没有真实的使用目的,这些申请中混杂有简单地将商标作为商品来制造、销售从而获利的目的,也有抢注他人在国内已经使用但尚未注册,或者已经注册但存在盲区的不正当性甚至恶意的注册申请,这就造成了各种商标乱象,常见的情形有商标囤积和商标抢注。

二、商标乱象一:商标抢注

虽然商标囤积和商标抢注在实务中已经成为广泛采用的词语,但是商标囤积和商标抢注并不是商标法意义上的术语,并且目前尚无商标囤积和商标抢注的明确定义。因此,有必要首先对商标抢注的概念进行厘清。

(一)商标抢注的概念

目前尚无普遍接受的商标抢注的定义,但是商标抢注却已经作为固定用语在业界广泛使用,这也是针对商标抢注进行规制时遇到的困难之一。

在业界经常使用的用语中,有商标抢注,也有恶意抢注的表达。其中,"恶意抢注"是指以获利等为目的,用不正当手段抢先注册他人在该领域或相关领域中已经使用并有一定影响的商标、域名或商号等权利的行为。[1]

---

[1] 参见https://www.kangxin.com/html/1/173/174/177/2551.html,2018年9月16日访问。

商标抢注的通常含义是，商标注册申请人所申请注册的商标并不是基于其实际经营上的需要而创造或选取出来的，而是源自他人，特别是其他经营者已经采纳或使用的商标，意图是利用商标权注册取得制度中的先申请原则来抢占该商标资源。根据业界广泛使用的情形，商标抢注具有如下的必要元素：(1)申请人所申请的商标并不是自己创造的，而是源于他人。其中，此处“商标”在狭义上是指一个完整的商标概念，包括商标标识和所应用的商品/服务；在广义上是指商标标识自身；(2)申请人的申请行为是有针对性(针对特定对象)的恶意申请；(3)申请人在他人之前抢先提出注册申请。

在分析商标抢注的各种形态时，我们不仅要从法律上(合法性)进行分析，还要从道义上(合理性)进行分析。法律上的规定是制定法的体现，而制定法的发展和演变也会受到道义的影响，若公众认为某种行为是“恶意”的，则有可能法律的修改会因此受到影响。

(二)商标抢注的类型和分析

结合业界中广泛使用的场景，现实中的商标抢注行为主要有以下几种方式：

1. 将他人已经使用的但尚未注册的商标抢先进行申请

常见的情形是，申请人发现他人已经采用并且开始使用了某一商标，在使用人尚未提出商标注册申请时，申请人抢先提出了该商标的注册申请，其中商标标识完全相同，并且指定的商品/服务也与使用人所应用的商品/服务完全相同。在这种情形中，在法律和道义上也有不同的评判。若申请人与使用人之间存在一定的关系，例如申请人与使用人之间存在商业合作关系，特别是申请人是使用人的代理商等情形，则在法律上会认为申请人的商标注册申请行为是一种恶意抢注行为，会受到法律的规制。例如，我国《商标法》第 15 条的规定，就是针对具有代理人或代表人关系所提出的注册申请以及申请人与他人具有合同、业务往来关系或者其他关系而明知该他人商标存在的情形进行的规制。在 2017 年 1 月 10 日发布的《最高人民法院关于审理商标授权确权行政案件若干问题的规定》中，将《商标法》第 15 条第 2 款规定中的“其他关系”，阐释为涵盖了包括亲属关系、劳动关系、营业地址邻近以及尚未完结的磋商在内的多种情形。而在道义上，公众也会站在使用人一方，认为申请人的行为明显是恶意的。

然而，若申请人和使用人之间没有任何关系，则在法律上和道德上存在不同情况。例如,使用人是在中国国内使用其商标,若使用程度较小或者使用时间不长,在法律上不一定会认为申请人抢先提出注册申请的行为是“恶意”的,对此在没有其他情形的情况下是不会进行规制的。而道义上,虽然认为使用人也存在没有及时提出注册申请的一定“过错”,但是这种过错较小,相反会认为申请人在道义上是“恶意”的,意图阻碍使用人的正常使用,这是不道德的。我们来进一步分析,若使用人通过使用获得了一定的知名度,则会获得法律上的一定保护,申请人的行为则会被认为是一种恶意抢注行为,会受到法律上的规制。例如,我国《商标法》第32条的规定,就是针对抢先注册他人已经使用并有一定影响的商标的行为进行了规制。对此,道义虽然也在使用人一方或者基本上在使用人一方,但是发生了一定的偏移,使用人会被认为存在一定的过错,由于已经使用了一定的程度,而在此期间一直没有提出商标注册申请,其在商标注册申请上存在较大的懈怠行为。似乎使用人的过错程度变大,在道义上使申请人的恶意变小,对此在业内也有“使用人申请之惰”的评论。不过,总体上说,道义还是站在使用者一方,特别是法律上的规则对人们在道义上的影响是较大的。

2. 将他人已经使用并申请注册的商标在不同的商品和服务类别上申请注册,抢注申请中的商标标识与他人的商标标识完全相同

这类申请的申请人似乎是“聪明”的,发现了在先商标申请上的漏洞,并利用该漏洞提出了相应的商标注册申请。例如,本田公司推出了一种新车型并赋予新的商标“讴歌”和“ACURA”,新商标“讴歌”和“ACURA”应用于轿车上并随着该车的推广也被视为本田旗下的一款高档轿车品牌,具有较高的知名度。对此,有人将“讴歌”和“ACURA”商标注册在与轿车不相近似的其他产品上,例如申请号7473116商标申请将“讴歌”注册在动物饲料上和申请号7473020的商标注册申请将“ACURA”注册在动物饲料上。

在法律上,虽然有些国家依据商标淡化或商标污损理论进行了规制,但是商标淡化和商标污损理论通常是针对驰名商标而设置的,我国针对驰名商标也在立法上给予了严格的保护。例如,在第11461101号欧柏莱商标无效宣告案中,资生堂丽源化妆品有限公司在先申请了“欧珀莱”商标,指定商品为化妆品,而上海宝杰光学眼镜有限公司在后申请了相同的“欧柏莱”商标,但指定商品是不同类别的第9类“眼镜、眼镜链”等商品。虽然两个商标的标识非常近似,但是,所指定的商品完全不是同一类别,因此这两个商标应被认为是不同且不相近似的商标。此时驰名

商标起到了作用，商评委认为在先申请的欧珀莱商标在“化妆品”商品上已为相关公众所熟知，认定为驰名商标，因此，上海宝杰光学眼镜有限公司的在后申请已构成模仿他人已经注册的驰名商标。在不相同或者不相类似商品上的注册申请，根据《商标法》第13条第3款的规定，商标评审委员会认定在后申请的注册商标无效。[1] 这种情形是基于驰名商标的扩大保护形成的结果。

然而，对于尚未达到驰名程度但是具有较高知名度的在先商标，很多国家包括我国均尚未明确在法律上的规制。而在道义上，虽然有很多声音是站在在先商标权人一方，认为在后商标申请的申请人具有明显的“搭便车”意图，属于恶意申请，但是在法律上尚未明确规制的情形（尚未达到驰名商标的程度）下，在道义上难以达成一致。因为完整的商标应该包括商标标识和指定商品或服务两个核心要素，在商品或服务明显不同的情况下，商标是完全不同的，甚至不应该被认为是抢注行为，更不用说是否是恶意抢注了。在商标标识是常见词语或者已有用语的情况下，这种观点尤为突出，例如，“长城”葡萄酒和“长城”计算机，“苹果”电脑和“苹果”牛仔裤等。

但是，若在先商标的商标标志具有一定的独创性，特别是在先商标权利人臆造出来的用语，若没有其他情形，则在先商标的权利人在道义上可能处于优势地位，但是在法律上尚处于弱势地位。例如，在“巴马格”商标案[2]中，德国欧瑞康纺织有限及两合公司于1986年3月21日在先提出了第273133号“巴马格”商标的注册申请，经核准注册后核定使用在第7类生产热塑性塑料的绒丝、单丝的纺织机等商品上，之后在2001年8月2日杭州巴马格公司就相同的商标标识“巴马格”提出了第1935604号商标，指定使用商品为第23类长丝、人造丝等商品，即纺织机所生产的产品。根据德国公司针对上述在后申请的异议请求的审理结果也能看出，虽然在后申请在道义上被认定是一种“抢注”行为，但在法律上，在异议程序、异议复审、行政诉讼一审这些程序中一直没有被认可。在北京市第一中级人民法院的行政诉讼一审之前的商标局和商标评审委员会等各级审判机构的决定中，虽然均认定在被异议商标申请日之前，德国公司的“巴马格”商标在中国相关行业中已具有

[1] 虽然商标评审委员会还认为，该在后申请的争议商标的注册和使用构成《商标法》第44条第1款所指“以其他不正当手段”取得注册的情形，但是该条款并不能成立，因为两个商标的指定商品完全不同，在后申请的商标并不属于“他人已经使用并具有一定影响的商标”。

[2] 参见法院判决书（2011）一中知行初字第261号和（2012）高行终字第924号。

一定知名度，但是德国公司提供的证据不足以证明，在被异议商标申请注册前欧瑞康公司的“巴马格”商标已经构成了驰名商标，因此，由于被异议商标指定使用的商品与引证商标指定使用的商品不属于类似商品，被异议商标与引证商标不构成使用在相同或者类似商品上的近似商标，因此，驳回了该异议请求。

该案在行政诉讼二审中出现了转机，但依据的是新证据证明了商品之间的类似性。法院认为，新证据能够证明被异议商标指定使用的长丝等商品的质量与其相关生产设备（引证商标的指定商品）紧密相关，直接影响相关公众对其质量的认可程度，被异议商标与引证商标容易使相关公众认为两类商品是同一主体提供的，或者其提供者之间存在特定联系。最终，法院认为，被异议商标与引证商标构成类似商品上的近似商标，依据当时《商标法》第 28 条的规定，支持了该异议请求。

从上述案例中可以看出，仅仅具有较高的知名度或显著性，在没有其他情形下，在目前的商标法律上尚缺少针对这种抢注方式的规制规则，但人们在道义上会更大程度地站在先商标权利人一方，因为人们从感情上会认为，在后商标申请人针对该商标标识具有“抄袭”意图和行为，这在一定程度上已经脱离了商标范畴而进入版权范畴中了。事实上，商标标识中采用的文字个数是很少的，基本上很难达到著作权意义上的独创性。因此，如果在先商标的知名度较高，但尚未达到驰名程度，对他人在不同商品类别上的抢注很难规制。

3. 将他人在外国使用或注册的商标抢先在中国注册

更进一步分析，若使用人只是在国外使用，从未在中国境内使用过，那么申请人的商标注册行为似乎不被认为是“恶意”或者该“恶意”是不大的。因为在中国境内申请人和使用人都没有实际使用该商标，而中国的商标注册取得制度，采用的是先申请原则，因此，申请人的商标注册申请行为反而是对这种规则的有效利用。对此，在法律上，目前尚未有针对此种情形的法律规制；而在道义上却显然各执一词，其中也夹杂了民族感情在内。对于商标使用人或者可能的商标使用人的外国人来说，认为申请人的行为是恶意的，应该受到法律的规制，因此，外国人对中国的商标抢注行为的批评声音很大；而对于申请人来说，特别是中国申请人，会认为这是对中国商标法律规制的利用，是合法的，而既然是合法的，自然在道义上也是合理的，外国使用人在中国没有及时提出商标注册申请的过错是明显的。

例如,在美国格莱特公司诉商标评审委员会的关于"Grando"商标的行政诉讼案[1]中,美国格莱特公司在美国合法拥有"Grandoe"商标,应用于手套等商品上。格莱特公司在中国设厂生产手套产品近20年,但是产品100%直接销往中国境外,未在中国境内销售、宣传过带有"Grandoe"商标的产品。某自然人申请人在2003年9月26日抢先提出了"Grandoe"商标指定使用在第25类的服装、手套等商品上。这种情形就是一种比较典型的将他人在外国使用或注册的商标抢先在中国注册的情形。虽然北京市高级人民法院最终判决支持了异议请求,但是,依据并不是该商标在中国的在先使用,也不是美国公司的在先申请,而是依据当时《商标法》第31条规定"申请商标注册不得损害他人现有的在先权利"。

因此,对于将他人在外国申请注册或使用,但在中国尚未使用也没有注册的商标,在中国提出注册申请的情形,在没有其他情形的基础上,目前的商标法律尚无规制规则,虽然在道义上外国商标权利人会赢得一定程度的同情。

4. 将他人的外文商标的中文名称抢先进行注册申请

外文商标的中文名称也可以理解为该外文商标的中文商标。外文商标在进入中国时如何由外文商标形成中文商标有多种可能性。外文商标的中文名称可以是含义上对应的中文译文,也可以是发音相对应的中文名称,还可以是意译和音译的组合,当然也可能是外文商标权利人自己采用的在含义上与外文商标并不对应的中文名称或中文商标,通过使用来建立两者之间的对应关系。对于商标抢注情形来说,通常发生在中文商标是外文商标的翻译,或者从表面上看不出两者之间的对应关系,但是,通过使用已经在两者之间建立了对应关系,即使这种对应关系很弱,但是能够表明外文商标权利人在对应中文商标上的选择。

例如,在爱马仕商标系列案件[2]中,埃尔梅斯国际(Hermes International)在中国以外使用外文商标"HERMES"并获得了注册,但是,在中国并未针对其外文商标的中文名称进行注册也未进行使用,其在香港使用了该外文商标的中文名称"愛馬仕"。达丰制衣公司早于埃尔梅斯国际抢先申请注册繁体字"愛瑪仕"商标,使埃尔梅斯国际在后提出的类似中文商标注册被撤销。

---

〔1〕 参见法院判决书(2013)高行终字第1254号。

〔2〕 爱马仕系列案件的判决有多个,本文引用部分内容可以参考(2012)高行终字第708号判决书、(2016)最高法行申2085号判决书以及(2015)京知行初字第4293号判决书。

达丰公司和埃尔梅斯国际两公司之间针对爱马仕中文商标的争讼已经长达20多年，源头主要在于达丰公司抢先针对外文商标“HERMES”所对应的中文商标提出了商标注册申请。在此案中，外文商标“HERMES”和中文名称“愛馬仕”之间并没有含义等表面上的对应关系，这种对应关系是通过权利人的使用形成的或表现出来的。从广义上看，也可以认为这是一种商标抢注行为，不过根据上述相关案件的判决，该行为在法律上（合法性）是被认可的，虽然在道义上（合理性）有不同的声音。

上述案件中的外文商标和中文商标之间是权利人在使用上的对应关系，不是含义上的对应关系，即中文商标不是外文商标的翻译。而在“永恒印记”商标案件[1]中，基于外文商标和中文商标在含义上的对应关系，产生了不同的结果。在永恒印记商标案中，戴比尔斯公司的外文商标“FOREVERMARK”基于马德里国际注册申请在中国获得保护，但是没有在中国提出相对应的中文商标注册申请。在此之后，自然人高某针对中文商标“永恒印记”提出申请并获得注册。戴比尔斯公司依据其在先的“FOREVERMARK”外文商标提出该中文商标的撤销申请，最终二审判决撤销了该中文商标的注册。

此“永恒印记”商标案中的争议焦点是中文商标“永恒印记”[2]和外文商标“FOREVERMARK”[3]在标识上是否构成相近似。在法律上，商标评审委员会认为该外文和中文不近似，而一审法院（及二审法院）认为构成相近似。在认为中文商标和外文商标构成相近似的基础上，中文商标的申请就被视为是一种抢注行为。在道义上，根据在相应的案件评论和案外讨论以及相关新闻报告，外文商标权利人在中文商标申请日之前并没有选用此中文表述作为其中文商标，而是在中文商标申请后发现难以找到更适合的中文表述，在商谈购买不成的情况下提起了撤销申请。这些情形也直接关系该案中的中文商标的申请行为在道义上（是否具有合理性）的议论。从法院判决的内容来看，可以视为是一种抢注行为，而从道义上却并不一定是抢注行为。

5. 将公众关注的词汇、社会热点事件或者是名人的姓名等抢注为商标

上面几种抢注行为所针对的抢注对象是他人的商标，在现实中还有一种抢注

---

〔1〕 参见判决书（2013）一中知行初字第1926号和（2013）高行终字第2374号。

〔2〕 商标申请号/注册号：4497942。

〔3〕 商标申请号/注册号：G745654。

行为,其抢注对象并不是他人的商标,而是一些非商标领域但是可以或可能成为商标的对象,例如公众所关注的词汇、社会热点事件中的词汇,甚至是一些知名人士的姓名、艺名、笔名等。例如,在2008年北京奥运会之前的几年中,随着奥运会场馆的建设,很多场馆的名字也受到社会关注。从2003年起,很多单位或个人陆续提出"鸟巢"的商标注册申请,指定商品或服务也涉及众多类别,除了鸟巢体育场馆的管理者——国家体育场有限责任公司提出的商标申请外,其他申请人的商标注册申请均被视为是一种抢注行为。经过在商标查询网上查询,在这期间除了国家体育场有限责任公司以外的其他申请人提出的商标注册申请均未获得注册。不过,在1999年由武汉一家公司提出的第1525983号"鸟巢"商标注册申请和1996年由东莞一家公司提出的第1128622号"鸟巢 Bird Nest"商标注册申请,由于远远早于"鸟巢"这个体育场馆名称的使用,因此未被视为是商标抢注行为,这两个商标获得了注册。

乔丹商标案〔1〕是一个引起广泛关注的涉及商标抢注行为的案件。在该案中,2012年2月23日,美国著名篮球运动员迈克尔·乔丹(Michael Jordan)现身视频称向中国一家法院提起诉讼,指控乔丹体育股份有限公司侵犯其姓名权,拉开了该案的序幕。该案经过了商标评审委员会、法院一审和二审等程序,最终申诉到最高人民法院。2016年12月8日,最高人民法院判决,乔丹体育股份有限公司对争议商标"乔丹"的注册损害了迈克尔·杰弗里·乔丹对"乔丹"享有的在先姓名权,违反商标法,撤销一审、二审判决,判令商标评审委员会重新裁定。同时,最高人民法院认定,拼音商标"QIAODAN""qiaodan"未损害乔丹姓名权。其中由于美国著名篮球运动员的英文名字和中文商标中的"乔丹"是否具有固定联系存在争论,在法律上的判断之外,在道义上也有不同的声音。除了外国名人的姓名,很多中国名人的姓名也被遭遇过抢注问题,例如第15003136号杨幂商标无效宣告案。〔2〕

6. 特殊类型的抢注

除了上述直接针对他人的商标或可能成为商标的对象进行商标抢注的行为外,还有一种特殊类型的抢注。这种行为单纯从一件商标申请中看不出任

〔1〕 参见法院判决书(2014)一中行(知)初字第9102号、(2014)一中行(知)初字第9103号和(2015)知行字第332号等。

〔2〕 参见 http://www.iprdaily.cn/article_.html,2018年9月16日访问。

何抢注他人商标的痕迹，但是，将相关联的几件商标注册申请结合在一起考虑，其抢注意图就比较明显了。例如，在“邯郸丛台”商标异议案中，河北邯郸丛台酒业股份有限公司拥有“邯郸丛台”商号权，并且拥有多件丛台商标，如第1432936号以及第1235649号商标注册申请。山西志刚商贸有限公司在后申请了两件商标注册申请，其中第15584257号商标注册申请的商标标识是“邯丛”，第15584241号商标注册申请的商标标识是“郸台”，若单从商标近似审查角度考虑，两件商标中任一商标均不与丛台商标构成近似，但是，若将这两个商标上下组合使用，能够形成“邯郸丛台”的字样，从而能够明显看出在后申请人的抢注意图，因此这是一种隐形的商标抢注行为。

在现实中，商标抢注的现象也比比皆是。例如，一篇报道〔1〕中描绘了商标抢注的现象，“2001年之后，‘商标抢注人’职业开始在广东、浙江、辽宁等沿海地区出现，并以其低成本高收益一度掀起舆论关注的热潮”。〔2〕在抢注的具体形式上也是五花八门，例如，奥运冠军“博尔特”被抢注成卫生巾商标，“中央一套”“鸟巢”被抢注成安全套商标，“香格里拉”景区被抢注，叫价200万元，“百度欧洲”被抢注，叫价170万美元。〔3〕另外，很多明星的名字也被抢注为商标，诸如“刘德华”牌香肠、“成龙”牌机床、“李连杰”牌白糖。〔4〕。再如，根据一篇报道，〔5〕张怀魁曾在河南商标抢注圈名盛一时，曾有“商丘民间商标抢注第一人”之称。从2003年到2006年，他注册了“武林风”“梨园春”“团团圆圆”等约40类商标。仅“武林风”系列的几个商标，已经让他收入100多万元。“去年，餐饮类武林风品牌卖到14万元。”〔6〕

上面是早期的一些报道，主要是有针对性的具有一定规模的抢注，如果说早期

〔1〕 参见汲东野：《商标抢注江湖沉浮》，载《法治周末》2014年11月25日，http://news.hexun.com/2014-11-25/8604.html，2017年12月24日访问。

〔2〕 参见汲东野：《商标抢注江湖沉浮》，载《法治周末》2014年11月25日，http://news.hexun.com/2014-11-25/8604.html，2017年12月24日访问。

〔3〕 参见汲东野：《商标抢注江湖沉浮》，载《法治周末》2014年11月25日，http://news.hexun.com/2014-11-25/8604.html，2017年12月24日访问。

〔4〕 参见张林林：《恶抢商标拟被禁，“炒标族”或将消失》，载《华商晨报》2009年7月23日，http://www.p5w.net/news/gncj/7/t14.htm，2017年12月24日访问。

〔5〕 参见汲东野：《商标抢注江湖沉浮》，载《法治周末》2014年11月25日，http://news.hexun.com/2014-11-25/8604.html，2017年12月24日访问。

〔6〕 参见汲东野：《商标抢注江湖沉浮》，载《法治周末》2014年11月25日，http://news.hexun.com/2014-11-25/8604.html，2017年12月24日访问。

的抢注还是具有一定的目标针对性，那么近年这个趋势进一步泛滥为不针对特定市场主体目标的超大规模的抢注行为，并且从商标注册申请的数量级来说，也从以前的几十件到几百件飙升到几千件甚至几万件的程度，从而这种抢注行为就逐渐演变成商标囤积。

三、商标乱象二：商标囤积

对于商标囤积来讲，其通常含义是，商标申请人提出商标申请的目的并不是为了在其商业经营中使用该商标，而是利用商标权注册取得制度对该商标进行占位，以待日后出售该商标来获利。商标囤积和商标抢注都不是以商标使用为目的来申请商标的，即申请人并没有实际使用所申请注册的商标，也没有真实的使用该商标的意图，而是利用商标注册程序来获取商标权。商标囤积和商标抢注的不同之处在于申请人的主观恶意不同。商标抢注行为的申请人具有抢占他人商标或标识的主观恶意，即该商标或商标标识并不是其自行构思出来的，而是源自他人，例如其他经营者已经采纳或使用的商标；而商标囤积通常在主观意图上不是抢占他人的商标资源，而是对于可能有价值的商标资源进行抢先圈占。需要说明的是，商标囤积和商标抢注并没有明确的定义，其边界也不是非常清晰，在实务中是以其通常含义来理解的。

在商标实务中，商标囤积具有以下特点：①商标囤积采用了圈地行为，即不论是否有使用目的或使用的潜在可能，先进行注册申请以圈占该领域的资源以备用，特别是将具有一定知名度的公用资源或者“无主物”词语注册为商标；②商标囤积的目的是以出售商标来牟利，即以商标自身为交易对象，作为申请目的的注册申请。

因此，商标囤积的实质是将商标作为一种商品，通过商标注册申请程序来“制造”出来，然后伺机将“制造”出来的商品（商标）用于出售以牟利。在这种过程中，由于作为“制造行为”的商标注册申请程序是有成本的，而在制造出商品即所申请的商标获得注册后，需要将商品以高于成本的价格进行出售，从而获得利润。

近年来，商标囤积的现象愈演愈烈。例如，“知产库”于 2017 年 12 月 13 日发布的 2017 年 1 月 ~ 11 月注册人商标申请量排行中，排在第一位的是一个叫“侯丰羽”的自然人，11 个月提交了 5767 件商标注册申请，远远超过腾讯科技（深圳）有限公司和阿里巴巴集团控股有限公司等大型企业的申请量。排在第 7 位的是名为“黎志伟”的自然人，共提交了 3605 件商标注册申请。虽然商标注册申请并不要求申请人实际使用或者具有真实的使用意图,但是对于这种明显超出可能的合理使用范围的大规模注册申请的情况,不免让人怀疑其商标注册申请的目的,明显不属于出于使用目的或者意图使用的目的,而是为了圈占商标资源。

到了2018年,这种商标囤积现象则进一步刷新了2017年的情形。例如,2018年8月8日,微信公众号"知产库"发布了一篇文章,题为《两天申请万件商标,贫穷再次限制想象》。[1] 该文章披露,2018年6月27日,珠海典昱贸易有限公司在同一天申请注册商标数5060件,2018年7月27日,珠海冠芮贸易有限公司在同一天申请注册商标数5753件。通过"企查查"网站查询这两家公司的信息,这两家公司都是2018年5月2日成立,注册资本都是100万元,法定代表人名字相同,并且住所地址也一样。在大量申请的成本上,即使按照最低成本情况计算,即仅考虑官费每件申请300元而不考虑可能的代理费,每家公司的注册申请的官费成本均超过150万元,远远超过注册资本。

商标囤积现象在此后愈演愈烈。在2018年8月13日,微信公众号"知产库"又发布了一篇文章,题为《万件弱爆了! 他们申请了+商标》,进一步揭露了15个申请主体名下的超过7万件商标注册申请的情况,而通过企业信息查询发现,这15个申请主体的主要股东有重叠,主要为4个人,显然这15个申请主体是相关联的,有可能其背后操纵者是同一方。在这种推断下再考察商标"制造"成本,根据7万件商标注册申请的官费来计算,最低成本超过2100万元,这已经是一笔巨资了,非常明显地展现了资本的身影。这些情况进一步表明,商标囤积的状况已经到了非常疯狂的程度。再进一步考察这些商标申请的内容,这些商标多数为两三个汉字的任意组合,并没有刻意模仿他人的在先商标,显然是为了圈占商标资源,而不是有目的性地针对特定对象的抢注,这是一种典型的商标囤积行为。

四、商标乱象的危害和忧虑

(一)商标资源的有限性与闲置浪费

商标资源虽然从理论上讲是无限的,但是实际上适合作为商标使用的常用汉字是有限的,因为市场主体都希望能够选取含义美好、发音上口、易读易记的非生

---

〔1〕 参见 https://kknews.cc/news/m6x4lng.html,2018年9月21日访问。

僻词汇。另外，词汇的长度或者单词的个数对商标的使用也具有很大影响，因此适合作为文字商标的标识通常是 2～4 个字组成的词语，因此，中文商标的容量在量级上是有限的。

有人针对汉字常用字做了这样的分析：教育部、国家语言文字工作委员会历时 8 年组织研制了《通用规范汉字表》，收字 8300 个，根据它们的通用程度，划分为三级。一级字表共收 3500 字，是一般社会领域使用频度最高的常用字集，主要满足基础教育和文化普及层面的用字需要。第二级汉字是次常用汉字，共计 3008 个。[1] 由于这些汉字中有一些是代表负面信息的字，通常不会在商标中使用，因此实际上，日常生活中常用的具有良好含义或者没有不良含义的汉字是有限的。例如，按照 3000 多字可以选用来计算，两个字的中文商标在理论上是 900 万左右，然而很多组合是不适合作为商标使用的，虽然 3 个或以上汉字组成的中文商标能够进一步扩展商标资源的容量，但是，总体上中文商标的容量是有限的。近年来，根据业内实务作业的申请前商标近似查询的情况来看，2～3 个中文字的组合商标越来越难以获得注册了，因为大量的在先商标申请基本上已经将常用的汉字组合用光了。

依据前文针对 2017 年的注册商标的续展情况的分析，2017 年有 30.2 万件商标到期应续展，而实际只有 17.9 万件商标提交了续展申请，到期商标续展比例约为 59.28%，有超过 40% 的商标被放弃了，这说明商标权人对这些商标并没有实际需求。2007 年的商标注册申请量只有 70.8 万件，而 2017 年的申请量达到了 574.8 万件，从中可以推测出申请人对其中上百万甚至几百万件商标申请并没有实际需求。再进一步讲，2018 年的商标注册申请量进一步激增，特别是对于大规模圈占商标资源的商标囤积行为，申请人自身是没有使用需求的，即使成功转让一部分，也造成了大量商标资源的闲置和浪费。

（二）商标审查资源的被动性消耗和浪费

我国在商标注册申请审查程序中采用的是全面审查原则，即审查员不仅要对商标驳回绝对理由进行审查，还要对商标驳回相对理由进行审查。在相对理由的审查中，审查员需要针对被审查商标申请在在先商标申请数据中进行检索，随着商

〔1〕 参见 http://www.edu.cn/hzb_8413/820/t820_2_1.shtml，2018 年 5 月 18 日访问。

标注册申请的数量激增，不仅造成在整体上商标审查工作的增加，而且在单件商标注册申请的审查工作量也会增加。对于市场主体来讲，商标注册申请的审查周期应该控制在一定的时间长度内，否则会对市场主体的经营造成困扰，因此，商标局需要配置大量的审查资源来应对快速增长的商标注册申请。由于商标局只能根据商标注册申请的数量被动地配置审查资源，因此，面对商标注册申请的数量激增，商标审查资源也只能被动地消耗。

在商标审查的对象（商标注册申请中的商标）大量闲置的情况下，由于商标审查资源只能随着商标注册申请的提出而被动地消耗，因此，商标审查资源也被闲置和浪费了。

另外，这种商标资源的闲置浪费还在另一方面造成商标审查资源的浪费。根据上面提到的《中国商标品牌战略年度发展报告（2017）》第 11 页的内容，商标局在 2017 年共受理撤销连续 3 年不使用申请 5.7 万件，依申请撤销 3 年不使用商标 2.8 万件，撤销率将近 50%。这个数据也从另一个方面反映了商标资源的闲置浪费以及相应审查资源的浪费。

（三）市场主体在商标防御上的资源消耗以及在商标申请和注册商标权滥用的困扰

由于商标抢注和商标囤积的愈演愈烈，正常经营的市场主体在商标防御上需要投入越来越多的费用和时间。例如，对于防止他人在抢注自己的商标方面的防范，需要对商标公告进行定期监视，而目前商标公告频度是每周一期，而每一期商标公告的数量达到 10 万～15 万件左右，这是非常大的工作量。而若不进行商标监视，由于我国注册商标还具有保护权利人不被诉商标侵权的作用，因此，他人针对自身商标的恶意申请一旦获得注册，则会使自身经营受到影响并且获得救济的难度很大。

另外，很多市场主体还受到恶意商标申请和由此获得的注册商标权的滥用的困扰。例如，有的申请人将已经在某一领域中使用的产品信息中的关键词，或者产品描述中经常采用的描述词汇，甚至是通用技术用语等提出商标注册申请，在商标申请获得注册后向，相应的使用者提出侵权指控，要求赔偿。

例如，东莞一家公司在 2015 年 4 月 2 日将“TYPE-C”作为商标提出申请，申请注册在包括电线电缆等在内的商品上，申请号为 16623889，于 2016 年 5 月 21 日获得注册。事实上，根据维基百科上的解释，[1]TYPE-C 的全称是 USB Type-C，是一种通用串行总线(Universal Serial Bus，USB)的硬件接口形式。根据新浪网的新闻报道，在该商标获得注册后，商标权人向众多淘宝网上的销售 USB 的 Type-C 数据线的商户进行了投诉，导致相应的商品被下架。[2] 事实上，该型号名称在其他网站上也频繁使用，例如，在美国亚马逊网站上，同类型的产品中经常采用该型号来描述所对应的商品，[3]这本就是一种正常的经营所需的词语，不能起到商标指示商品或服务来源的功能，不能作为商标使用，也不应该注册为商标。这种恶意申请及恶意行使权利的行为是对商标权的一种滥用。

这样的类似情形非常多，在“知乎”网上披露了众多淘宝搜索关键词被他人注册为商标的情形，例如，“破洞”“软玻璃”“懒人”“一脚蹬”“清新”“水洗”等，据阿里巴巴称，淘宝和天猫平台已有包括“破洞”在内的 83 个“恶意商标”，对超过 1.5 万个商家的 11 万件商品进行了投诉。[4] 在这种情况下，不仅仅被投诉的商户的正常经营受到了干扰，遭受了极大的损失，在恶意申请的商标获得注册后，还给没有被投诉的其他商户带来了经营上的困扰，很多关键词都不能使用了，难以找到合适的词汇来描述商品。

商标囤积和商标抢注的危害是巨大的，这些不是以商标使用为目的的商标囤积和商标抢注行为，所获得的商标权背离了商标的本质和功能，也破坏了商标财产权的正当性，若商标囤积和商标抢注行为肆意泛滥而不加以规制，则将从根本上摧毁商标权注册取得制度。

第二节　商标乱象的成因分析

对于中国近几年的大量商标注册申请，特别是连年高比例的增长速度，其背后的原因是什么？特别是，对于这样大量的没有实际需求的商标申请，为什么申请人

〔1〕 参见 https://zh.wikipedia.org/wiki/USB_Type-C，2018 年 9 月 23 日访问。

〔2〕 参见 http://tech.sina.com.cn/it/2017-07-19/doc-ifyiakwa30.shtml，2018 年 9 月 23 日访问。

〔3〕 参见 https://www.amazon.com/AmazonBasics-USB-Type-C-2-0-Cable/dp/B01GGKZ2SC，2018 年 9 月 23 日访问。

〔4〕 参见 https://zhuanlan.zhihu.com/p/981，2018 年 9 月 23 日访问。

还要费时费力地提出申请呢？

由于商标权注册取得制度的最大弊端，就是未使用商标通过注册程序获得商标权所带来的问题，因此对于我国商标领域的问题将围绕未使用商标的注册而展开。对于未使用商标的注册申请，大致可以分为两种情况：一种情况是商标申请人出于经营以外的目的而提出的商标注册申请，主要是商标抢注和商标囤积，这一部分主要是基于利益驱动；另一种情况是市场经营主体出于经营上的需要而提出的商标注册申请，主要是商标储备和商标防御，这一部分主要是基于一定的现实需求而做出的防御对策。对于第一类，由于其注册申请的目的并不是为了商标使用，从整体上看具有注册申请的不正当性，甚至恶意，但是在商标制度的允许范围内，也应该进一步剖析其存在的根源和合理性方面，从而更深入地理解和设计更加完善的商标权注册取得制度；对于第二类，虽然从其目的来说具有一定的正当性或合理性，然而其中也存在一定的违反商标本质的情况，对此我们需要将其从合理需求中剥离出来。

一、利益驱动

（一）商标抢注之利

商标抢注属于非商标功能目的的商标注册申请。这种注册申请不是基于商标功能，例如，为了识别商品或服务的来源，为了积累商誉等目的，而是为了将商标自身作为牟利的工具，其注册申请的目的并不是为了商标使用，而是为了将他人的商标通过商标注册制度据为己有，以对他人形成困扰或威胁而迫使对方不得不为了解除威胁而买单。通常情况下，这种代价是非常大的，这种情况就造成了商标抢注的利益是巨大的。

商标抢注的主要根源是利益驱动。由于商标抢注是有针对性的，目标直接指向他人有价值的商标，而他人商标的价值大小就决定了抢注后的利益的大小，这与抢注成本没有关系，因此，这就使抢注者针对价值较大的商标的抢注趋之若鹜，抢注群体越来越大。在巨大利益的驱使下，社会上涌现出了很多职业的商标抢注人或者抢注公司，商标抢注也愈演愈烈。例如，2015 年 10 月 9 日，河南一家酒业公司提交了“洪荒之力”商标的申请，申请注册在第 33 类中的“酒”上，申请号为 18034696，并于 2016 年 11 月 14 日获得注册。根据相关一些新闻报道，该商标“洪荒之力”的来源可能是当时热播的电视连续剧《花千骨》。[1] 在两年后，该商标以100万元的价格被转让，与当初申请商标时的花费1300元相比，转让价格是成本的769倍还多，获利巨大。

实际上，不仅该酒业公司提交了“洪荒之力”的商标申请，还有众多其他申请人也提交了关于“洪荒之力”的商标申请。该词语随着中国游泳运动员傅园慧在2016年8月8日接受采访时的使用，而迅速成为网络流行词语。通过在“中国商标局”的网站上查询，最早的“洪荒之力”商标申请是2015年9月25日，截止到2018年9月4日，共673件申请。由于该词语是在2016年8月8日的采访中迅速成为流行语，因此在该日期后的申请有659件，其中，2016年8月8日起3天内的申请就达到了38件。这些数据反映出，在利益驱动下对流行词语的商标抢注的疯狂。

(二) 商标囤积之利与“黄牛现象”和“资本身影”

商标囤积的获利是一个主要驱动根源。根据业内人士的经验，普通的注册商标价格是在2万~5万元左右，绝大部分的待售注册商标都是处于这个价格范围内，只有很小部分的注册商标会因商标名字特别等原因高于5万元甚至更高的价格。相比之下，通常情况下注册一个商标的成本仅仅在1000~2000元左右（官费300元，代理费在几百到上千元不等），甚至还有一些免费代理商标申请的公司，从而将一件商标申请成本降低到仅仅几百元人民币。而一旦能够转让成功，针对该商标的获利将是数十倍乃至数百倍甚至更高。虽然会有一些囤积的商标不能成功出售而造成资本“损耗”，但在整体上，将资本运作在商标囤积上的获利还是巨大的，甚至有人提出了“存银行不如投商标”“年化收益12%~500%”等言论。[2]

在商标囤积中还看到了“黄牛现象”。“黄牛现象”是生活中的用语，最早起源于票券资源的抢购囤积和转卖获利的行为，例如，大剧院戏票和火车票的倒卖等。现在也将该现象用于其他资源的抢购囤积和转卖获利的行为。“黄牛现象”需要有一定的生存土壤，包括被抢购资源的有限性，而商标资源的有限性程度就满足了这一生存土壤条件。另外，在商标资源的抢占和转卖上，工作分工也进一

〔1〕 参见 http://www.sohu.com/a/0427_2667，2018年9月23日访问。

〔2〕 参见 https://kuaibao.qq.com/s/822G1A93P00?refer=spider，2018年9月21日访问。

步细化，形成了一条分工明确的产业链，例如，囤积商标的商标注册申请工作以及寻找转让商标的商机的中介机构等。在搜索引擎中以“商标转让”为关键词进行搜索，则会搜索到大量的商标转让平台，在很多商标转让平台网站上，列出了大量的注册商标的转让信息，甚至很多商标已经明码标价，在几万元到十几万元甚至几十万元之间。这与网上购物非常相似，注册商标自身就是一种商品，与普通的商品没有任何区别。

另外，在商标囤积中还看到了资本身影。前文提到的，珠海两家关联公司在同一天分别申请注册商标数5060件和5753件，即使仅考虑官费每件申请300元，而不考虑可能的代理费，每家公司的注册申请的官费成本均超过150万元，总费用超过300万元。而后续被揭露出来的15个有关联的申请主体名下的超过7万件商标注册申请的情况，最低成本超过2100万元。从这些现象中均能够非常明显地看到资本的身影。

资本一旦介入，基于资本逐利的本质，势必会对商标囤积态势推波助澜。资本通过商标注册申请的囤积行为而介入，通过大规模的商标“制造”行为，大批量流水线生产出众多商标，下一步就是如何将这些“商标”商品推销出去来获利。根据资本逐利的本质，如果这些商标的制造成本大于将商标销售所获得的收入，则资本没有生存空间，这种商标囤积现象也就不攻自破了。但是，资本是血腥的，必然会瞄准需求甚至是人为制造出需求，以追逐利润。在下面进一步分析的现实需求中，既有企业在正常经营上的正常需求，也有人为制造出的不正常需求。而这些需求恰恰是资本为逐利而推动商标囤积继续得以生存的基础。

（三）政策助力商标“制造”

一些地方政府的政策导向，在主观上是为了鼓励市场主体提高商标保护意识，但是，有些政策在客观上也对这些商标乱象起到了推波助澜的作用。近年来，在加大知识产权保护的大背景下，很多地方政府为了提高本地区企业的商标注册申请量，推出了非常有吸引力的资助政策。例如，根据横琴新区管理委员会办公室2017年12月28日发布的《横琴新区促进知识产权工作暂行办法》[1]第9条的规定：“对新授权的商标资助如下：（一）对企业在国内注册商标的，经认定后，每个商

〔1〕参见珠海市横琴新区管理委员会办公室文件，珠横新办〔2017〕38号，http://www.hengqin.gov.cn/hengqin/xxgk/1/597b8ce1da214ce6b0298cb78f345d22.shtml，2018年9月30日访问。

标注册号给予800元扶持,一个申请人拥有多个商标注册号的,可按件分别扶持,单个企业可获扶持金额不超过5万元。”对比上述所说的一件普通商标注册申请的成本,如果能够将商标注册申请成本控制在800元以内,那么这个商标申请即使不做他用,即注册人本身不使用也不转让,也能够在这个政策下获得很大的经济利益。

二、现实需求

(一)正常的企业经营对商标注册申请行为的需求

市场经营主体出于经营上使用商标的需要和对自己使用商标的保护,对商标申请存在不同方面的需求,针对市场经营主体对商标的需求,我们对尚未实际使用的商标的申请按照不同的需求和阶段来具体分析。

市场主体出于经营上的需要,会提出针对未使用的商标注册申请,即市场主体通常在商业计划前需要提出准备性的商标注册申请。市场主体出于经营上使用商标的需要,在启动商业计划前会对所要使用的商标进行规划。这种规划属于“兵马未动、粮草先行”,因此,在商业计划开展之前在特定的商品或服务类别上提出注册商标申请,这种申请是出于实际使用的目的,但是,尚未实际使用。这种准备性注册申请具有其合理性,因为在商标投入使用后会产生较大的成本,若商标申请不能获得注册,则会给市场主体带来非常大的商业风险,从而也不利于市场主体建立商标战略和鼓励市场主体对商标的应用。

还有,市场经营主体出于对商标申请驳回风险的防控,也会提出超过使用需求的商标注册申请。我们试图从近几年的商标注册率来寻找可能的原因。2017年,工商总局商标局共审查商标注册申请425.2万件,核准注册商标279.2万件,根据这些数据进行计算可以得出,2017年商标申请审查的注册率是66%左右,也就是说将近146万件左右的商标注册申请没有获得注册。因此,较高的驳回量导致申请人提出大量的申请,从而对没有即时使用需求的商标也会提出申请,或者根据实际使用需求的更高倍数来提出商标注册申请。实际上,随着大量商标注册申请的提出,驳回率很可能会进一步提高,市场主体想要顺利获得商标注册的可能性将进一步降低,反过来会进一步刺激市场主体通过提高实际使用需求的倍数,来提出商标注册申请,造成恶性循环。

市场发展也增加了对注册商标的需求。例如,随着电商平台的迅速兴起,特别是电商平台在销售领域获得越来越大的市场份额，这也刺激了商标申请需求的迅速增长。原因在于，越来越多的电商平台要求入驻商户要有自己的注册商标，甚至有的平台要求入驻商户的商标注册在2年以上。由于入驻电商平台的商户没有提早提交商标注册申请，导致不能及时获得商标注册，或者因其商标申请被驳回而没有获得商标注册，在这种情况下，急于尽早入驻电商平台的商户只能转向寻求商标转让，这也为商标转让带来了一定的市场。在这种情况下，商标囤积者似乎为未能及时获得商标注册的商户的商业发展提供了有力的支持。

（二）应对抢注的防御性注册申请

市场主体在商标选定或使用后还可能进行商标的防御性注册申请。由于近似性判断的程序和决定权无法由该市场主体自行控制，市场主体在选定商标后，为避免他人针对其商标提出恶意申请或者不希望别人使用与其商标相近似的商标，该市场主体通常会选择主动注册一些与其所选定和使用的商标相近似的商标。例如，对于“小肥羊”商标，申请人在提交了该商标的注册申请后，还提出了对该商标的文字进行简单变换的其他商标，例如，“川肥羊”“小月巴羊”等，通过商标的在先性要求来阻止其他人对“小肥羊”商标的“搭便车”式的注册申请，这种行为就是一种防御性注册申请，是为了防止他人的模仿注册会造成与自己已注册的商标相混淆而进行的注册。在美国有防御商标（同一申请人就相同的商标不仅在自己生产的商品类别上注册，还在其他不同类别上注册，以抵御其他人仅仅更换商品类别来跟随注册）和联合商标（同一申请人在同一商品上不仅注册自己使用的商标，还将与该商标近似的其他商标，即该商标的一些变形进行注册，以防止其他人仅将商标进行简单变形来跟随注册），防御商标和联合商标为申请人提供了合法的防御性注册申请途径。而我国《商标法》仅规定了商品商标、服务商标和集体商标、证明商标，并没有防御商标和联合商标的制度，因此，无法通过防御商标和联合商标来主动防御，通常能够采取的防御手段就是这种主动性的围绕式注册申请，而在类别上，也经常见到全类注册的情形。

从商标本质来说，没有使用意图的未使用商标不应该获得注册，也不应该获得商标专用权，而且根据我国《商标法》，即使获得了注册，由于不会被使用，也将面临基于3年不使用而被撤销的风险。而现实中，这部分具有防御性质的商标具有一定合理性的需求，却没有在我国商标制度上得到满足，若有其他途径能够以合理的方式满足这种需求,则市场主体将不需要通过注册获得商标专用权的方式来实现这种需求。

另外,从成本和难度上考虑,市场主体也倾向于通过主动注册来防御他人的抢注,而不是等待他人抢注后再通过商标异议、商标无效或商标撤销等程序来挑战他人的商标申请或商标注册。在成本上,一旦他人抢先提出商标注册申请,市场主体通过商标异议、商标无效或商标撤销程序来挑战的成本,通常上是提出商标注册申请成本的10倍或更多倍以上,并且挑战难度通常也很大,成功率比较低。这也造成了很多市场主体针对大量的有可能该企业并不会使用的商标进行注册申请的情形。

(三)资源掠夺下的恐慌和商标"军备竞赛"

商标资源的有限性和商标囤积行为的垄断性申请造成了市场主体的恐慌。商标资源虽然从理论上讲是无限的,但是,实际上适合作为商标使用的常用汉字是有限的,这种有限性并不是绝对意义上的有限性,而是相对意义上的有限性,即适合作为商标使用的中文商标在容量的量级上是有限的。

根据商标局公布的数据,截至2017年年底,我国商标累计申请量2784.2万件,累计注册量1730.1万件,有效注册商标量1492万件。在千万级的量级上,商标注册申请的总量接近适合作为商标使用的中文商标的量级有限性程度越来越高,这与近年来市场主体发现在商标注册申请时,选择合适商标的难度越来越大的感受是一致的。这就造成了市场主体在商标资源被疯狂掠夺情形下的恐慌。

在恐慌中,为了保护自己,面对商标抢注和商标囤积的疯狂,原本只有正常商标注册需求的市场主体,也不得不参与到商标注册的疯狂的"军备竞赛"中。这种商标注册申请上的"军备竞赛"大大扰乱了正常的商标秩序和市场秩序。

三、司法的困境:面对商标抢注和囤积的智慧与无奈

在商标审查和相应的司法实践中,对于明显的商标囤积和商标抢注的行为,裁判者只能从《商标法》中寻找是否违反了相关可以撤销或无效的规定,例如,申请人的行为是否构成了《商标法》第32条的规定"申请商标注册不得损害他人现有的在先权利,也不得以不正当手段抢先注册他人已经使用并有一定影响的商标"。

这种迂回的操作使裁判者对于明显的恶意申请束手无策，也使合法经营并善意申请商标的经营者感到无奈，从而使公众对我国整个商标制度的公平合理产生了负面评价。

在司法实践中，在早期的案例中，法院即使认定或推断出"存在恶意"，也会表示单独的恶意不足以使所申请注册的商标无效的观点。例如，在美国格莱特公司诉商标评审委员会的行政诉讼案[1]中，美国格莱特公司在中国以外的多国拥有"Grandoe"商标注册并进行了长期使用，自然人郑某在中国抢先申请了"Grandoe"商标，但从未使用，根据相关证据显示其为典型的"职业商标抢注人"。美国格莱特公司提出了异议请求。关于申请中"存在恶意"是否能够作为异议该抢注申请的依据，法院只能依循目前的商标法律的规制，即便讨论和批判了申请中的恶意，但在法律适用上不得不受到限制。在行政诉讼的一审法院判决中，法院认为，即便推定出申请人主观上存在明知或应知某个在先商标的知名度而"搭便车"之恶意的可能，但是如果商标的注册行为均不违反《商标法》各具体条款之构成要件，仅针对在后商标的注册人的主观意图而言，不能使在后商标的注册违反《商标法》的有关规定。二审法院最终推翻了一审法院的判决，虽然法院也批判了申请中的恶意，例如"其通过美猴王商标网意图出售被异议商标牟取不正当利益，不具备实际使用该商标的目的，其恶意抢先注册行为明显"，但是其依据并不是申请人的恶意申请，而是援引了《商标法》第31条规定的在先权利条款，即美国格莱特公司享受在先的关于"Grandoe"的商号权。二审法院的论述和判决，既体现了法官在追求公平正义中的智慧，也体现了一种无奈。

在另外一个典型案例"360安钱宝"商标异议案[2]中，法院认为，根据在案证据显示，原告大量申请注册与他人知名品牌相近似的商标，大量公开售卖商标，法院依据最高人民法院《关于审理商标授权确权行政案件若干问题的规定》第24条的规定，以欺骗手段以外的其他方式扰乱商标注册秩序、损害公共利益、不正当占用公共资源或者谋取不正当利益的，法院可以认定其属于《商标法》第44条第1款规定的"其他不正当手段"。[3]

---

[1] 参见法院判决书(2013)高行终字第1254号。

[2] 参见判决书(2016)京73行初5991号和(2017)京行终4136号。

[3] 参见判决书(2016)京73行初5991号和(2017)京行终4136号。

虽然法院作出了诉争商标的注册已构成“其他不正当手段”的结论,但是该结论的论述逻辑值得商榷。法院认为上述商标申请注册行为“具有明显的抄袭、模仿他人商标的主观故意,同时其超出经营范围,非以使用为目的无正当理由大量囤积商标,并通过商标转让等手段谋取不正当利益的行为”,就此已经能够表明了该商标注册申请违反了诚实信用原则,明显属于恶意申请,但是,法院还进一步延伸了逻辑至“不正当地占用公共资源”“违反公序良俗原则,损害公共利益”,似乎这样才能与《商标法》第 44 条第 1 款中的“其他不正当手段”相契合。实际上这种典型的商标圈地或商标囤积行为,确实是占用了公共资源,但是,任何一个商标注册申请都是将公共资源(注册前该商标应属于共有领域)变为私有权利,因此,占用公共资源的申请行为自身不是不正当的,申请的数量自身也不是不正当的,而申请中的恶意才是不正当的。但是,仅仅依据恶意来规制又不能在现有商标法律框架中找到依据,这种适用情形是受限于现有商标法的框架内容,“其他不正当手段”情形的适用体现出了一种智慧和“趁手工具不足”的无奈。

四、对注册制度的错误认知和制度缺漏

(一)注册取得制度被质疑为商标乱象的根源

基于上述的大量未使用商标的注册申请,特别是商标囤积和商标抢注现象的愈演愈烈,很多声讨这种现象的声音将其归咎于我国的商标权注册取得制度,要求对商标权注册取得制度进行重新审视,或者直接认为应该采用使用取得制度来替代注册取得制度。

在商标抢注和商标囤积行为中,商标自身也被作为一种商品,通过商标注册程序来制造商标这种商品,然后将这种商品进行出售来获取利益。在这个经济链条中,只要销售获利(出售商标价格)大于制造成本(注册成本),这个链条就能够持续运转起来,而商标权注册取得制度为这个经济链条的运转提供了必要基础。试想,若仅仅通过商标注册行为不能获得权利,需要通过使用行为才能够产生权利,则该权利产生的成本会大幅提高,而相应的销售获利的预期也将不确定,因此,商标权注册取得制度是非商标功能目的的商标注册申请的必要条件。进一步来讲,在商标囤积中,前文所述的将在某一领域中已经使用的产品信息中的关键词,或者是产品描述中经常采用的描述词汇,甚至是通用技术用语等提出的商标注册申请,在商标申请获得注册后向相应的使用者提出侵权指控,这是对商标权的一种滥用,

而该滥用行为的实现基础正是商标权注册取得制度。从这方面分析,商标权注册取得制度是商标乱象的根源。

因此,有学者认为,“注册取得模式在理论上违背了传统商标理论,在实践中导致‘垃圾商标’泛滥成灾,是造成我国商标审查效率低下和商标使用混乱的罪魁祸首”。[1]

有的学者提出,应该废除注册取得制度,因为商标权的取得只能通过使用,注册不能取得商标权。这样的观点认为,商标是商业活动中使用的标记,商标是一种财产性权利,不能通过商标注册程序来获得或产生,只能通过使用来获得。商标在使用中产生商誉,商誉是商标的价值,基于此才能使商标成为一种财产权,仅仅通过注册行为不能产生财产权。即商标注册不能获得或授予财产权,仅仅是一种程序性的权利,并不是实体上的权利。如果商标注册行为不能产生或获得权利,则商标囤积和商标抢注行为中的注册申请对象就并不是真正的商标,也就不应该授予商标权。对此,有的学者认为,应该放弃注册取得制度而转向使用取得制度,即我国《商标法》应该明确规定,注册不是取得商标权的依据。例如,参照美国的基于实际使用的商标注册申请和基于意图使用的商标注册申请的模式,提出了构建“使用+申请”和“先申请、再使用、后注册”的注册程序,以达到公平和效率的兼顾。[2]

还有的学者提出,应该修改目前的注册取得制度,改为混合制度,如“注册+使用”取得模式或“注册或使用”取得模式。这种观点认为,针对目前我国的商标权注册取得制度中的问题,特别是商标抢注和商标囤积等乱象,应该改造目前的注册取得制度,但是,不是废除或取代注册取得制度,因为在使用取得制度中也存在难以克服的问题。有学者认为,在商标权注册取得制度与商标权使用取得制度这两种制度的优势互补和作用的充分发挥之间,寻找一个最佳契合点,形成“使用+注册”取得模式,取得商标权应当同时满足实际使用和商标注册两个

---

〔1〕 邓宏光:《我们凭什么取得商标权——商标权取得模式的中间道路》,载《环球法律评论》2009年第5期,第77页。

〔2〕 参见秦顺华、苏喆:《公平与效率结合的典范——〈兰哈姆法〉商标权取得制度管窥》,载《行政与法》2012年第2期,第111页;秦顺华:《论我国商标权取得制度——从商标的符号学分析谈起》,载《河北青年管理干部学院学报》2012年第3期,第75页;刘铁光:《规制商标“抢注”与“囤积”的制度检讨与改造》,载《法学》2016年第8期。

要件。[1] 也有的学者提出了另一种方案"使用或注册"取得模式,即我国《商标法》应从正面明确规定,基于使用也可以获得商标权,即商标注册人和使用人均享有商标专用权。[2]

(二)商标权取得制度之辩

当前社会上存在对注册取得制度的质疑,我国是否应该保持目前的商标权注册取得制度?在大部分学者对商标权注册取得制度提出质疑的同时,也有一些学者认为,应该坚持我国的商标权注册取得制度,作为支持观点的代表,张玉敏教授在其著作《商标注册与确权程序改革研究》中,论述了商标注册程序的基础和正当性,并且对商标注册程序的改革提供了多套建议方案。

商标权使用取得制度虽然从本质上体现了商标权作为一种财产权的正当性基础,但是,使用取得制度难以避免使用产生的商标权利之间的碰撞,这对于商业秩序来说危害非常大。而商标注册制度产生的价值就在于此,通过商标注册制度,能够以公示方式,提示相应的市场主体之间进行避让,由此克服了使用取得制度上的重要缺陷。因此,注册取得制度和使用取得制度之间的对比难以得出哪种取得制度更优。

接下来,通过考察同样采用了商标权注册取得制度的国家的商标抢注现象,来进行分析。

事实上,不仅在我国国内商标抢注已经成为一个重要问题,在海外,商标抢注问题也越来越严重。例如,我国商标恶意抢注的现象越来越严重。据报道,"王致和""狗不理""同仁堂""六必居"等数千个中国商标频遭海外抢注,[3] 国家工商总局商标局于 2017 年 8 月 31 日在其官方网站上发布了"海外商标抢注预警信息",[4] 该预警信息通知称:"近日我局收到相关函件,称有一名外籍商人将 120 多个中国玩具企业的厂名及商标以个人名义在智利工业产权局(INAPI)申请注册,主要涉及第 28 类玩具相关产品(相关案件信息见附件)。据了解,目前其大部分商标

[1] 参见邓宏光:《我们凭什么取得商标权——商标权取得模式的中间道路》,载《环球法律评论》2009 年第 5 期,第 77 页。

[2] 参见彭学龙:《寻求注册与使用在商标确权中的合理平衡》,载《法学研究》2010 年第 3 期,第 160 页。

[3] 参见张林林:《恶抢商标拟被禁,"炒标族"或将消失》,载《华商晨报》2009 年 7 月 23 日,载 http://www.p5w.net/news/gncj/7/t14.htm,2017 年 12 月 24 日访问。

[4] 参见 http://sbj.saic.gov.cn/tzgg/8/t831_4.html,2017 年 12 月 24 日访问。

注册申请已经进入公告程序，如无异议将可能在近日内获得批准。鉴于该抢注行为一旦成功，可能阻碍我国相关厂商的产品进入智利及南美周边国家市场，直接影响相关企业利益。”[1]可见，商标抢注不仅是我国商标体系中的一大问题，也是其他国家的一个问题，对我国企业在海外的商业活动也有重要的影响。

另外，以同样采用了商标权注册取得制度的韩国作为参考对象，我们从取得制度和申请注册成本两方面来对比。在我国，近几年商标申请的官费逐年降低，根据原国家计委、财政部计价格〔1995〕2404号文件的规定，商标注册申请的官费是1000元每件，随后在实务中，商标局开通了网上申报的途径，网上申报的商标注册申请的官费降低到800元每件，之后于2015年10月15日降低到600元每件，随后又于2017年4月1日进一步降低到300元每件。是否是因为商标申请的官费降低而催生市场主体申请了大量的没有实际需求的商标？对此我们进一步分析商标申请的成本构成。根据商标注册申请的实务，提出一件商标注册申请（一标一类）的成本包括官费和代理费，其中官费已经降低到300元，代理费（我们假定申请人委托了专业的商标代理机构来办理商标注册申请）假定为600元（在业内，虽然不同的代理机构的收费会不同，但是很多商标代理机构的商标申请代理费通常在300～800元左右）。从上述成本构成中可以看出，商标注册申请的官费降低，有可能促使申请人在原有费用预算范围内，可以选择申请更多的商标，从这方面推测，商标注册申请官费的降低有促进申请人增加申请的作用，但是，商标注册申请的成本不仅是官费，通常代理费应该高于官费，是申请成本中的主要部分，因此，难以得出商标注册申请的疯狂主要是官费降低造成的。事实上，其他国家的商标注册申请的成本也不高。我们对比一下同为注册取得制度国家的韩国的商标申请成本。韩国商标申请的官费为电子申请62000韩元（折合人民币约为380元），纸件申请为72000韩元（折合人民币约为440元），服务费方面不同的代理机构的费用会有差别，很多事务所的收费通常在100美元左右。因此，总体来讲，韩国申请人在韩国申请商标的成本与我国申请人在中国提交的商标注册申请的成本大致相当。但是，韩国的国民收入水平远远高于中国，在绝对值相同的情况下，韩国的商标注册申请成本与我国相比，在相对成本上是较低的。而在韩国的商标注册申请中，商标抢注和商标囤积的现象较少出现。

---

〔1〕 参见 http://sbj.saic.gov.cn/tzgg/8/t831_4.html，2017年12月24日访问。

通过上面的对比，得到的结果并不一致，有些国家商标抢注等现象比较严重，而有些国家商标抢注现象较少出现。因此，与上述学者的观点不同，似乎能够得出另一种可能性，即采用商标权注册取得制度并不必然造成商标抢注和商标囤积等乱象。

（三）错误认知和制度缺漏是商标乱象的主要根源

在上述商标乱象以及对注册取得制度的批评中，很大程度上反映了将注册取得制度理解为“注册为王”的错误认知，即只要抢到了注册就抢到了商标权，获得注册就获得了商标权，而忽略了商标的本质和商标的基本功能等对商标的基本认识。

商标抢注和商标囤积的行为人认为，只要抢先申请就能够抢先获得注册，一旦获得注册就能够将该商标权抢到手，不论该商标是否已经有他人在先使用，或者不论自己是否使用或意图使用该商标，都没有关系，因为商标注册制度不需要提供商标使用，因此，获得注册后就获得了权利，自己就是该商标的权利人。基于这种认知，在利益的驱使下，大量的商标申请人蜂拥而上，大规模地抢注和囤积商标，造成了这种商标乱象愈演愈烈。

针对这种乱象，一些学者在进行分析时也基于类似的认知，将问题归咎于商标注册制度，指出商标乱象的根源就在于商标权注册取得制度，并提出废除注册取得制度或者将注册取得制度改造为使用取得制度或混合制度。这种认知也是僵化地将注册取得制度理解为“注册获得权利”。实际上，注册取得制度应该是一个综合性的完整制度，并不仅仅是“通过注册获得商标权”这个单一环节。在注册取得制度中，应该通过制度规则来保障商标本质和商标功能的实现，在维护了商标本质和商标功能的同时，这些制度规则应该能够对商标乱象中的抢注行为和囤积行为加以规制。

从另一方面分析，目前我国的商标注册制度也存在一定的缺漏，而这些制度也助长了这种错误认知的泛滥，导致了商标乱象。例如，目前的《商标法》中对商标抢注和商标囤积行为的规制手段的欠缺，导致了司法上的困境，法院在面对商标抢注和商标囤积等行为时，有时不得不牵强地适用一些法律条文，例如，“其他不正当手段”“违反社会公德”等。而这种牵强适用反映出来的司法困境，也在社会上给出了错误导向，认为被规制掉的抢注和囤积行为是基于其他方面的原因，例如抢注和囤积的手段不够“巧妙”等，而不是因为这种行为违背了商标本质和商标功能等商标基本规制。

基于以上分析,似乎可以得出初步的结论,商标乱象的根源不在于注册取得制度的基本规则“注册取得商标权”,而在于对注册取得制度的认知错误以及注册取得制度上的一些制度缺漏。而基于商标本质和商标功能等对注册取得制度的正确认知和对这种制度缺漏所在如何进行完善,还需要对商标权注册取得制度进行深层次的剖析。

CHAPTER 02 >>

第二章　商标权注册取得制度的历史和理论考证

第一节　历史发展中的商标权注册取得制度

一、注册取得商标权的产生和演变

商标权注册取得制度是在商标诞生之后,随着商标注册制度的产生和发展一步一步形成的。对商标权注册取得制度的研究,首先要分析注册制度的产生和发展,因此对商标权注册取得制度的研究离不开对历史的考察。其次,由于商标权注册取得制度并不是一蹴而就的,而是逐步变化的,这些逐步变化是通过其细节的发展逐步体现出来的,因此,对商标权注册取得制度进行研究,也离不开对商标权注册取得制度构建过程中的基本要素的考察,例如,商标是如何形成的、商标权是如何获得的、商标的注册制度产生的根基,等等。另外,根据商标的历史起源,早期的商标权是通过商标使用获得的,并且是基于仿冒之诉来保护的,那么通过注册制度来获取权利的商标权注册取得制度是如何走上历史舞台的呢?这些问题可以首先从商标权注册取得制度的历史演变来探究。

商标权注册取得制度构建过程中的基本要素,首先不可避免地会涉及商标和商标权这两个要素。对于商标和商标权来讲,若从历史的角度来观察,那么商标最开始是如何产生的?具体来说,最开始的商标萌芽是如何诞生的,其萌芽状态是如何向真正的商标转变的?进一步又是如何产生商标权这样一项权利的?借用黑格尔(G. W. F. Hegel,1770 ~ 1831 年)在《法哲学原理》中的一句名言,存在即合理。商标的诞生和商标权的建立有其合理性,也预示着这是一种历史必然。从历史演变的角度,不仅要分析商标的本质和商标权,而且还要进一步分析商标权注册取得制度的合理性和必然性。当然,商标和商标权是基础要素,我们先从这两个基础要素入手。

现代商标法意义上的商标的概念是基本明确的,不过在不同国家或组织的商标法中有不同表述,世界知识产权组织(World Intellectual Property Organization, WIPO)在其网站上给出的定义是:商标是能够用来标识将一个企业的商品或服务与其他企业的商品或服务相区分的标识。[1]《美国商标法》中的表述是:商标一词包括由一个人使用的,或一个人有真诚的意图在商业中使用的,并申请在本法建立的主注册簿上注册的,用以对其商品,包括独特的产品,与他人生产的或销售的商品予以识别和区别的,和用以表明商品来源(即使该来源未指出)的任何文字、名称、符号或图形,或其组合。[2] 我国的《商标法》中列明了 4 种商标,分别是商品商标、服务商标和集体商标、证明商标。[3] 我们在本文中讨论的商标,基本上是以商品商标和服务商标为对象,具体论述中以商品商标为代表。我国《商标法》在第 3 条中给出了商标的定义。[4] 在这里需要说明的是,从《商标法》的内容中能够看出,《商标法》上的商标是一个完整的商标概念,这个完整概念与我们所见到的商标的标识是不同的,我们所见到的商标标识仅仅是商标的完整概念的一部分,商标的完整内容是在商业中应用于商品(或服务)上的标志,因此,完整的商标概念应该包含商标标志、将该标志与所应用商品(或服务)的关联关系以及这种关联关系在普通消费者心里留下的看不到摸不着的心理印记。

商标权与商标专用权的概念区分:商标权并不是与生俱来的不是一种自然的权利,而是一种依据国家主权来人为拟制的一种权利,其主要的目的是为了依据商标权或商标法来对市场经营行为进行规范。在此,需要在表述上进行说明和区分,在我国的《商标法》中采用的是商标专用权这个表述,而其他国家地区

---

〔1〕 "A trademark is a sign capable of distinguishing the goods or services of one enterprise from those of other enterprises." http://www.wipo.int/trademarks/en/,2017 年 8 月 5 日访问。

〔2〕《美国商标法》15 USC 1127.

〔3〕 我国《商标法》(2013 年 8 月 30 日修订)第 3 条。

〔4〕 我国《商标法》(2013 年 8 月 30 日修订)第 3 条,第 8 条"任何能够将自然人、法人或者其他组织的商品与他人的商品区别开的标志,包括文字、图形、字母、数字、三维标志、颜色组合和声音等,以及上述要素的组合,均可以作为商标申请注册"。

的商标法多采用商标权这个表述,因此,在本书中,商标权的称法是泛指,涵盖了我国《商标法》中的商标专用权的概念以及其他国家地区的商标权,特别是,也包括通过商标使用取得的商标权利。而商标专用权是特指通过商标注册取得制度所获得的商标权,例如我国《商标法》确立了通过注册行为取得商标专用权,虽然在我国《商标法》中也针对未注册商标给予了一定的保护,从而在一定程度上形成了商标权利,但是,这种不是通过注册程序取得的商标权利不在商标专用权的范围之内。

(一)商标财产权的确立和商标注册制度的建立

我们透过商标和商标权这两个要素,进一步探索商标权注册制度这个整体框架,反过来再审视在商标制度下支撑商标体系的两个重要要素到底是什么样的内容。具体来讲,首先基于商标的本质来分析商标权,进而分析商标注册制度,再进一步分析商标权以及商标权注册制度是构建在什么样的基础之上,通过讨论商标权在整个商标体系中应该如何去规范,从而针对商标权注册制度进行研究。

1. 商标和商标权利的产生

商标的历史是随着商品交换的产生而开始的。对于现代商标法意义上的商标来说,商标是一个完整概念,这个完整概念中会涉及三个要素,商标标志、商标标志所应用的商品(或服务)[1]以及将该标志与所应用商品的关联关系。其中关联关系的建立,特别是这种关联关系在普通消费者心里留下的看不到摸不着的心理印记,已经标示着商标完整概念的形成,而这个关联关系形成的心理印记是难以直接追踪探寻的。

我们能够容易关注和探寻的有两个要素,商标标志和商品。

对于第一个元素——商标标志,首先我们追溯标志(标记)的产生和使用情况。在很早的时代,人们为了实现某种目的就已经学会了在物体上留下标记,[2]为了宣示这个财产的所有权归属,或者用于表明一种组织关系等,比如说,军队的马身上也有一个作为军马的特殊标志,表明该马是军马的身份。这个

〔1〕 由于商标法中一般情形下服务与商品是并列等同的,例如第4条中的内容“对本法有关商品商标的规定,适用于服务商标”。

〔2〕 参见郑其斌著:《论商标权的本质》,人民法院出版社2009年版,第1页。

标志被称为 brand,它的本意就是在牲畜身上打上烙印(branding)以证明其权属或所有权归属。在商标产生之前的萌芽状态下,在某些情况下将某种标志应用在物品上面,由于这个时候的物品还不是商品,它不是用于在社会中进行商品交换的,所以,即使在这个物品上应用了这样的标记,在没有产生商品交换之前,这些标记也不能被视为是商标,也就是说,它还不具有现代商标法意义上的商标的基本概念。

第二元素就是商品。在物品变为商品后,随着商品的诞生,物品上的标志的作用也逐渐发生了变化。只有在商品诞生之后,用于在商品上的标记才有可能会被视为商标,即在商品出现之前是不会有商标的概念的。在商标诞生的初期,商品交易在生产者和消费者之间直接产生,虽然应用在商品上的标志能够在一定程度上起到商标的识别作用,不过消费者更多的是依据生产者的经营场所来区分商品的来源。[1] 随着贸易的发展,在生产者和消费者之间增加的销售者这个中间环节,使得商标的媒介作用越来越重要,消费者越来越依赖商品上的标志——商标,来区分该商品的生产者是谁,商标的识别来源的功能被进一步体现出来,而仿冒出现的可能性也增大了。

在英美法中逐步发展出了对商标保护的仿冒诉讼这种特别机制。在 18 世纪之前,商标欲获得保护必须以存在故意冒用原告标识、姓名或记号的行为为前提。当时的普通法院在审理仿冒之诉时,主要考虑三个因素,即主观故意、损害性以及虚假陈述等。[2] 依照仿冒之诉的商标保护,还不是对商标权的保护,而仅仅是一种基于竞争法的救济,例如,他人在没有虚假陈述的情况下使用了相同的商标,商标的权利人还不能阻止他人这种使用相同商标的行为。进入 19 世纪 20 年代后,普通法院对商人的保护有了新的突破,已经不再拘泥于严格适用主观故意、损害性和虚假陈述等三要件,而是做了扩大解释。[3] 在没有直接虚假陈述的情形下,法官依据造成虚假宣传后果的推断认定为侵权,但本质上还是以虚假宣传为要件,只不过不是直接的虚假宣传行为。此时对于商标的保护在本质上还是以欺诈为基础,并没有将商标作为一种财产权利。

---

〔1〕 参见 Benjamin G. Paster, Trademarks-Their Early History, 551 TMR 59(1969)551。
〔2〕 余俊著:《商标法律进化论》,华中科技大学出版社 2011 年版,第 76 页。
〔3〕 余俊著:《商标法律进化论》,华中科技大学出版社 2011 年版,第 81 页。

但是,在实践中,采用欺诈之诉对于商标的权利人来说是非常困难并且成本很高的,原告要提供大量的证据证明自己通过商标使用已经获得了商誉,而且在不同的案件中,原告不得不在每起诉讼中反复提交相同的证据。[1] 随着商标的作用越来越大,商人对商标的价值也越来越看重,因此,商人们迫切需要商标在法律上获得实体上的权利。[2]

2. 竞争法不能满足商标保护需求导致了商标财产权的确立

在没有商标的成文制定法时,商标还不能被视为是一种权利,或者说像物权那样的财产权。[3] 从现代商标法律制度的内容来看,只有在给予商标以财产权属性之后,才真正产生了现代商标法意义上的商标权,即商标财产权的确立拉开了现代商标法的序幕。

基于商人对商标权的迫切需求,自 19 世纪 60 年代开始,主张将商标确立为财产的提议开始在英国兴起,例如,1862 年来自谢菲尔德的两位议员,向英国下议院提交了一份名为《修正与商标假冒、盗用或占用相关的法律,并在特定情形下强化商标所有人国际保护利益的法案》,这就是所谓的“谢菲尔德法案”,[4]其中心议题其实就是建议明确将商标成为“财产”。[5] 虽然谢菲尔德法案最终被否决,但该法案将“商标是否应当被视为财产”的议题鲜明地提了出来,并引起了广泛的讨论。该法案为商标财产权的确立起到了先驱的作用,唤醒了英国社会对商标财产属性的认知。

在针对谢菲尔德法案的讨论过程中,由于谢菲尔德法案提出了商标注册制度,因此反对声音中涉及了其中一个原因,即若通过注册而不是使用就可以获得商标权的话,将会产生欺诈注册或大量诉讼。[6] 这种担忧的情形实际上也出现在我国当前的商标状况中,因此,非常有必要遵循历史来重新审视我们对注册取得制度的认知。

---

〔1〕 参见 Bejamin G. Paster, Trademarks-Their Early History, 551 TMR 59, 第 121 页; 转引自 Select Committee, Q. 743。

〔2〕 参见 Bejamin G. Paster, Trademarks-Their Early History, 551 TMR 59, 第 85 页。

〔3〕 参见[澳]布拉德·谢尔曼、[英]莱昂内尔·本特利著:《现代知识产权法的演进——1760—1911 英国的历程》,金海军译,北京大学出版社 2006 年版,第 198 页。

〔4〕 参见余俊著:《商标法律进化论》,华中科技大学出版社 2011 年版,第 86 ~ 87 页。

〔5〕 参见余俊著:《商标法律进化论》,华中科技大学出版社 2011 年版,第 86 页。

〔6〕 参见余俊著:《商标法律进化论》,华中科技大学出版社 2011 年版,第 89 页。

在英国,商标财产权的观点逐渐获得了司法和立法的认可。早期通过一些判例在司法领域确认了商标财产权,但是这仅仅是在商标侵权纠纷中获得救济方面的实践,商人群体还推动了商标立法上对商标财产权的认可。在商标财产权属性在司法上被承认之后,为了对商标权利进行规范,则需要一部法律来调整商标的各项事务,例如商标权属、权利范围、侵权救济等多个方面。虽然 1862 年的谢菲尔德法案以失败告终,但在利益集团的不懈努力下,英国于 1875 年 8 月 13 日通过了《1875 年设立商标注册处之法案》,该法律是以商标注册为对象而制定的法律。

3. 商标法的建立是以商标注册制度为开端和基本内容的

法国在 1857 年制定的《关于使用原则和不审查原则为内容的制造标记和商标的法律》被认为是世界上第一部商标法,[1]商标权基于使用取得,注册具有证据效力。[2] 自此,商标注册制度开始出现。[3] 英国的《1875 年设立商标注册处之法案》是英国历史上第一部商标法。[4] 该法律是以商标注册为对象而制定的法律。从世界范围来看,专门的商标保护立法是从建立商标注册制度开始的。[5] 布拉德·谢尔曼和莱昂内尔·本特利通过对英国知识产权法律发展的历史考察,认为知识产权登记制度的设立是现代知识产权法的两个显著特征之一,[6]1875 年 8 月 13 日通过的英国历史上第一部商标法设立商标注册处,在法律文本中设专条规定了商标注册法规。[7] 除了承认注册商标的法定财产权以及制定注册目录供公共查阅(便于商人尽早发现其正在使用或意图使用的标记是否与已注册商标相冲突),该法还赋予了商标权人仅凭商标注册证明提起侵权之诉的权利,从而减轻了原告证明商标显著性的负担。其中该法在第 2 条规定,注册与公开使用具有

---

〔1〕 参见郑其斌著:《论商标权的本质》,人民法院出版社 2009 年版,第 1 页、第 73 页;载百度百科,https://baike. baidu. com/item/法国知识产权法典/252? fr = aladdin,2017 年 8 月 12 日访问。

〔2〕 参见张玉敏著:《商标注册与确权程序改革研究》,知识产权出版社 2016 年版,第 57 ~58 页。

〔3〕 参见谢冬伟著:《中国商标法的效率与公平》,立信会计出版社 2012 年版,第 2 页。转引自郑成思著:《知识产权法——新世纪初的若干研究重点》,法律出版社 2004 年版,第 15 页。

〔4〕 参见余俊著:《商标法律进化论》,华中科技大学出版社 2011 年版,第 102 页。

〔5〕 参见张玉敏著:《商标注册与确权程序改革研究》,知识产权出版社 2016 年版,第 57 页。

〔6〕 参见张玉敏著:《商标注册与确权程序改革研究》,知识产权出版社 2016 年版,第 57 ~58 页。转引自[澳]布拉德·谢尔曼、[英]莱昂内尔·本特利著:《现代知识产权法的演进——1760—1911 英国的历程》,金海军译,北京大学出版社 2012 年版,第 61 页。

〔7〕 参见余俊著:《商标法律进化论》,华中科技大学出版社 2011 年版,第 119 页。

同等效力。[1] 随着商标注册制度的建立,商标体系和商标法律制度也逐渐被完善起来。

不论是采用商标权注册取得制度的国家还是采用商标权使用取得制度的国家,商标注册都是商标法和商标体系中非常重要的内容。换句话说,无论采用商标权注册取得制度的国家还是商标权使用取得制度的国家,都建立了商标注册制度。

4. 商标注册制度与商标专用权

商标专用权是在商标注册制度的基础上产生的,没有商标注册制度就没有商标专用权。商标专用权是指商标所有人依法对其注册商标所享有的专有权利。[2]

对于商标专用权的内容,有狭义的理解和广义的理解。狭义的理解是商标权人对其商标具有专有使用的权利,其重点在于商标的专有使用;而广义的理解更为合理,指商标注册人依法享有的权利,包括注册商标的专有使用权、禁止权、转让权、许可权等,其中禁止权、许可权和转让权等都是在专有使用权的基础上直接延伸出来的,因此,商标专用权应该是在商标注册制度下的商标权的完整权利。

(二)商标权注册取得制度与使用取得制度的演变

从法国和英国各自的首部商标法的内容来看,即使建立了商标注册制度,商标权利的取得方式还是根植于商标使用行为,这种基于竞争法保护的基本模式,商标注册制度只不过是在商标使用取得制度这个根基上的附属物而已。

到20世纪初,商标注册逐渐演变为产生商标权的效果,进而商标权取得模式也逐渐发生了从使用取得制度朝向注册取得制度的演化。[3] 1905年《英国商标法》和1964年《法国商标法》标示着商标注册制度的这种变化。[4] 例如,1905年英国商标法允许有意使用的商标合法注册,即尚未使用但是有意图使用对商标也能够获得合法注册,从而获得商标法的保护,即取得商标权。[5] 这就表明了英国的商标法已经接纳了商标权注册取得制度。法国在1857年制定的商标法仍然采用

〔1〕 参见余俊著:《商标法律进化论》,华中科技大学出版社2011年版,第107页。

〔2〕 例如,我国《商标法》第3条规定:“经商标局核准注册的商标为注册商标,包括商品商标、服务商标和集体商标、证明商标;商标注册人享有商标专用权,受法律保护。”

〔3〕 参见谢冬伟著:《中国商标法的效率与公平》,立信会计出版社2012年版,第22页。

〔4〕 参见王春燕:《商标保护法律框架的比较研究》,载《法商研究》2001年第4期。

〔5〕 参见余俊著:《商标法律进化论》,华中科技大学出版社2011年版,第113页。

使用原则，但是，在1964年的商标法中修改为通过商标注册来获得商标权，即从商标权使用取得模式完全转变为商标权注册取得模式。〔1〕后来这种商标注册制度被其他国家采纳，例如在日本商标以注册形式加以保护的制度始于1884年，在1884年6月7日颁布的商标条例中，规定了商标注册制度。〔2〕瑞士在1995年5月修订了商标法，该修改的新《商标法》于1995年7月1日正式实施，商标权利的认定由原来的使用在先改成注册在先。〔3〕

在演化进程中，除了从使用取得制度朝向注册取得制度的演化，还出现了一种反向演化，即从商标权注册取得制度朝向商标权使用取得制度的演化，更准确地说，是在商标权注册取得制度中逐步引入商标使用的要素。〔4〕德国的商标制度开始采用的注册原则，但是，在司法实践中逐步认可了通过使用获得商标权，1995年1月生效的《德国商标法》第4条也明确规定了，通过使用来获得商标保护的途径。〔5〕与德国的制度相仿，丹麦、芬兰、瑞典等北欧国家的商标法也同时体现了注册原则和使用原则。〔6〕英国1994年颁布的《英国商标法》确立了通过商标注册能够获得商标权，不过，该法还明确规定商标注册不影响与假冒相关的法律，即在商标注册取得商标权的途径之外，仍然保留以假冒之诉来对商标进行普通法保护的途径。〔7〕

二、商标注册制度确立的现实原因

从商标权使用取得的初始取得途径朝向注册取得制度的转变，与人们认识到使用取得方式和注册取得方式的利弊相关。在进行理论分析之前，我们首先从现实情况中寻找最朴素的原因。首先需要明确的是，对商标权使用取得制度的分析，所针对的情形是在没有建立注册制度时（如在采取了商标权使用取得制度的国家引入注册制度之前）或者在注册制度以外（如采取了混合制度的国家，仍然存在没有进行注册但是通过商标使用而获得的商标权）的情形，没有将商标注册制度（不

〔1〕参见谢冬伟著：《中国商标法的效率与公平》，立信会计出版社2012年版，第23页。
〔2〕参见陆普舜著：《各国商标法律与实务》，中国工商出版社2006年版，第54页。
〔3〕参见陆普舜著：《各国商标法律与实务》，中国工商出版社2006年版，第315页。
〔4〕参见谢冬伟著：《中国商标法的效率与公平》，立信会计出版社2012年版，第24页。
〔5〕参见王春燕：《商标保护法律框架的比较研究》，载《法商研究》2001年第4期。
〔6〕参见王春燕：《商标保护法律框架的比较研究》，载《法商研究》2001年第4期。
〔7〕参见王春燕：《商标保护法律框架的比较研究》，载《法商研究》2001年第4期。

是注册取得制度）考虑在内，以避免商标注册制度对不同的取得制度进行分析时的干扰，因为商标注册制度和商标权注册取得制度之间有一些共同之处，而该共同之处与使用取得制度是相互独立的，因此，剔除了商标注册制度的干扰，我们能够更加清晰地观察商标权使用取得制度的真实面目，从而对两种不同的取得制度之间的区别也能够有更清晰准确的理解。

在剔除了商标注册制度的干扰后，针对商标权使用取得制度的理解，也有助于后面针对含有商标注册制度的商标权使用取得制度的分析，以及将之与商标权注册取得制度的对比。对含有注册制度的商标权使用取得制度的分析和比较将在后面章节进行讨论。

（一）使用取得制度存在的问题

1. 使用取得的商标权的法律状态不明确和不稳定

使用取得制度中存在的首要问题，是通过使用取得的权利的法律状态是不明确的，并且也可能是不稳定的。这体现在使用人在使用商标后，其是否获得了商标，仍是不明确的，有可能该使用人认为其经过了一定时间和一定程度的商标使用，已经获得了商标权，但是，此时没有任何检验手段来确认其权利的法律状态，即是否满足商标法的要求，例如，其商标已经具有了第二含义或者其商标已经获得了显著性。通常情况下，检验其权利的法律状态的唯一方式就是提起诉讼。那么，此时若商标使用人发现有人侵犯了其商标权，而意欲维权时，这种权利的法律状态的不明确性将使其处于两难的尴尬境地。若商标使用人直接主张权利提起侵权之诉，有可能其在先的商标使用行为尚不足以支持其通过使用获得的商标权，并且诉讼成本很高，一旦败诉将得不偿失。但是，若不主张权利进行维权，他人的侵权行为将会持续，商标使用人的损失将会扩大，特别是若任由他人持续使用而不主张权利，反而有可能会丧失权利，即他人通过持续的使用反而获得了商标权，或基于懈怠原则，而丧失了以后主张制止他人侵权行为的权利。另外，这种通过使用获得的权利也有可能是不稳定的，有可能在一个诉讼中法院认为基于该案的情况，其在先的商标使用获得了商标权，然而在上诉中或者在另一个不同法院的案件中，上诉法院或另一个地区的法院认为，其在先的商标使用尚不能表明其商标获得了显著性，认为其没有获得商标权，这就造成了其商标权是不稳定的。

因此,使用取得的商标权的法律状态的不明确性和不稳定性给商标使用人带来了极大的困扰。

2. 使用取得的商标权的权属不明确,容易造成权利冲突

根据使用取得原则,商标权应该由该商标的最早使用者获得。[1] 伴随着上面所述的使用取得的商标权的法律状态的不明确性和不稳定性,在没有建立注册制度时或者在注册制度以外,由于没有相关的商标使用信息,例如,使用人信息、所使用的商标标志和所应用的商品或服务的信息等,某一个商标的使用人不能确信其就是该商标的权利人,有可能还存在比他更早使用该商标的使用人,若是有这种情况存在,则当前的使用人就不一定能够获取该商标的商标权。并且,不同的使用人使用相同或近似商标的情形会时有发生,有可能是同一时期使用或者先后使用,这就造成了权利上的冲突;即使由于地域不同而各自拥有不同范围的商标权,对其进一步依靠商标扩展其商业活动的计划也会造成限制。一个商标使用人一旦发现其使用行为在他人的使用行为之后,由此丧失了权利,那么该使用人此前在该商标上的所有投入将付之东流,这就造成了在商标使用投入上的困境。例如,美国 1975 年的 Blue Bell Inc. v. Farah Mfg. Co. 案件中,[2] 原告 Blue Bell 公司和被告 Farah 公司都是服装制造商,于 1973 年先后就新款男装采用了相同的"Time Out"商标,双方都是真诚地采纳了这一商标,当双方的商品在市场上相遇时,才发现对方使用了与自己相同的商标。双方在诉讼中都认为,就男士服装使用相同的商标显然会造成消费者的混淆。因此,相应的问题就是,谁先在商业活动中使用了这一商标,谁就具有优先权和商标权,即"使用"就成了确定优先权和商标权的关键,最终法院经过审理认为,被告 Farah 公司先于原告 Blue Bell 公司使用了这一商标,并禁止原告 Blue Bell 公司继续使用相关的商标。[3]

3. 使用取得的商标权在时间节点上的状态具有不确定性

商标使用人的使用行为是持续的,随着这种持续使用,其商标的显著性方面的状态也是逐渐变化的。在这种持续、逐渐变化的过程中,很难定位究竟在哪个时间节点上该商标达到了具有显著性或者获得第二含义的状态从而获得

---

〔1〕 参见王春燕:《商标保护法律框架的比较研究》,载《法商研究》2001 年第 4 期。

〔2〕 参见美国法院判决 508 F.2d 1260(5th Cir. 1975)。

〔3〕 参见李明德著:《美国知识产权法》(第 2 版),法律出版社 2014 年版,第 510 页。

了权利。特别是在不同使用人在同一时期或者时间上先后相距不远的时期持续使用相同或近似商标的情形下,很难判断究竟是哪个使用人的使用行为先达到了具有显著性或者获得第二含义的状态,从而抢先获得了商标。因此,使用取得的商标权在时间节点上的状态的不确定性,不但给商标使用人带来困扰,也会造成相应的纠纷难以查明事实,造成法院判断上的困难,并伴随着诉讼成本的显著增加。

4. 使用取得的商标权的权利自身内容具有不确定性

使用取得的商标权的权利自身内容的不确定性是指商标使用行为中的商标标识与商品的范围是不明确的。具体的商标使用行为在商标标识上有可能在不同时期会有变化,有时这种变化是显著的,但是,有很多时候是不显著的,例如,可口可乐/Coca Cola 的英文商标的变化,不仅仅是字形上的变化,也包括颜色的变化。一个典型的例子就是 Google 图标的变化,谷歌网站首页的 Google 图标经常会发生变化。显然,显著变化会造成商标权的权利内容的变化,即商标权的改变,其在先的使用行为不能视为是对显著改变后的商标标识的使用。但是,商标标识的不显著的变化,不一定会造成商标权内容的变化,这就造成了其权利自身的内容是不明确的。另外,商标使用行为在所应用的商品上也具有不确定性,与商标标识的变化不同,所应用的某一种商品自身不会发生变化,但是,所应用的商品的种类会有不同,例如,同一个商标标识应用在多个商品上,但是,这种在多种商品上的应用是有变化的,例如,间断性的针对不同商品的应用。其中,不同的商品之间有可能会被视为相近似的商品,因此,在一种商品上的使用行为,有可能产生针对另一种相近似的未使用商品的保护。

基于上面的分析,使用取得的商标权的权利自身内容的不明确性,就造成了商标使用行为中的商标标识与商品的范围是不明确的。

5. 使用取得的商标权利的地域范围具有不确定性

使用取得的商标权利的地域范围是不明确的,由于商标使用行为所获得的权利的效力范围仅限于商标的使用地域范围,而商标使用的地域范围在很多情形下是不明确的,即该使用地域范围的边界是不明确的。该边界与行政区划中的边界的原则不同,商标使用人能够通过证据证明的使用地域,是通过一个个具体使用行为来确定的,这些具体使用行为都是一个个的单点区域,通过这些单点区域所形成的区域的边界是不可能明确的,在司法实践中也只能大致确定其范围。虽然在很多案件中，大致的使用地域范围能够解决案件中的争议，但是，对于商标权来说，其不仅是针对某一个案件来发挥作用，而是应该给权利人以范围明确的权利。另外，在某些案件中，也可能出现较为复杂的情形，例如，商标使用行为主要集中在甲地，少量使用在乙地，在甲地的使用程度能够表明该商标获得了显著性，并因此已经获得了商标权利，但是，在乙地的使用程度并不足以证明该商标已经获得了显著性，那么该商标权的效力范围是否涵盖乙地？再考虑另一种情形，商标使用人在甲地和乙地的大量使用能够表明该商标已经获得了显著性并由此获得了商标权，但是，在甲地和乙地之间的区域是否是该商标权的效力范围呢？在现实中的案件情况可能比上述的举例更为复杂，从而造成了使用取得的商标权的权利的地域范围是不明确的。

6. 使用取得的商标权在行使权利时的成本过高

通过使用取得的商标权，在商标权人意欲行使权利时，首先需要证明其享有商标权，并且需要证明其权利内容，特别是权利范围，例如，商标标识、所应用的商品或服务、使用地域范围，以及该商标已经通过使用获得了显著性等，而根据前文所述，使用取得的商标权具有在时间节点上的状态的不确定性、权利自身内容的不确定性、权利的地域范围的不确定性等，这些不明确性都需要商标权人提供大量的证据来消除，而这些仅仅是诉讼程序中作为门槛的第一步，这就造成了通过使用取得的商标权在行使权利时的成本过高。例如，苏格兰佩斯利沃瑟斯庞公司的代表丹尼尔辛克莱尔就指出，该企业曾在苏格兰地区就仿冒行为获得 3 份永久禁令和 1 份普通禁令，其中一份禁令就花费了 300～400 英镑，[1]这件事发生在 17 世纪，当时这个数目的金钱是巨大的。另外，若商标使用人想针对不同侵权者提起诉讼，那么在每一个诉讼中，商标使用人都需要完整地走过这个门槛，这就加剧了诉讼成本过高的困境。

（二）推动注册取得制度扩张的原因分析

除了前文所述的商标权使用取得制度中的缺点，还有一些在商品经济发展中的现实原因推动了注册取得制度的扩张。

---

〔1〕 参见余俊著：《商标法律进化论》，华中科技大学出版社 2011 年版，第 121 页；转引自 Select Committee，Q. 1681－1682。

1. 国内的要求

随着交通运输工具的发展，商品的流通领域也逐步扩大，原来在局部地区流通的商品被销售到遥远的其他地区，商标权使用取得制度中的缺点被不断地暴露出来，并且对所期望的商标保护的阻力越来越大，特别是对于国土面积比较大的国家，这就促进了对商标权取得制度进行改革的需求。最直接的改变是在商标权使用取得制度中引入商标注册程序，在这种情况下，通过商标注册程序而获得注册的商标的性质是一个非常关键的问题。若该商标注册程序仅仅是对通过使用获得的商标权的确认，虽然通过商标注册程序中的公示作用能够弥补当前使用取得制度中的一些缺陷，但是，所获得的商标权在权利实质上并没有改变，仍然存在较大的不确定性以及由此带来的风险。因此，采用这种做法的国家仍是少数，大多数国家采取的是该商标注册程序能够起到授权的作用，这样就产生了商标权注册取得制度，不论原来的商标权使用取得制度是否保留，都导致了商标权注册取得制度的扩张。扩张结果是，大多数国家采取了完全的商标权注册取得制度，或者通过商标法立法将原来采用的使用取得制度修改为注册取得制度，或者初始立法即为注册取得制度；而少量的国家保留了两种取得制度，形成使用取得制度和注册取得制度并存的混合制度。

2. 在双边谈判博弈中的现实需求

在某国与其他国家的双边谈判中，为了能够进行更好的博弈，还促成了对国内法的修改的需求，即建立商标注册取得制度。

我们以英国为例。在英国的商标法进程中，注册取得制度是英国与其他国家在针对商标保护的双边谈判博弈中实现的。[1] 英国目前采用了商标权注册取得制度，而英国的商标保护的起源是使用获得商标权利。经过了工业革命的英国在生产技术上远远领先于其他国家，因此，英国出产的商品获得了良好的市场声誉。英国制造的商品被大量出口到其他国家，但是其他国家有大量的仿冒英国商标的行为，为了保护英国商人的利益，需要对获得了良好商誉的英国商标给予强有力的保护。由此，英国要求其他国家对英国商标提供保护。而英国在与其他国家的双边谈判中遭遇了困难，由于英国国内并没有商标注册制度，外国人的商标无法在英国通过注册行为获得保护，因此，根据对等原则，英国也难以要求其他国家对英国

[1] 参见余俊著：《商标法律进化论》，华中科技大学出版社 2011 年版，第 122 ~ 123 页。

商人的商标进行保护。[1] 对此,基于在双边谈判博弈中的现实需求,推动了英国采用商标权注册取得制度。

美国在改造国内法时采用了与英国不同的方式。根据《保护工业产权巴黎公约》(Paris Convention for the Protection of Industrial Property)中确立的优先权原则,申请人在一个成员国(通常是申请人的所在国)的商标申请能够为其向外国提出申请提供优先权依据,不过由于美国采用了商标权使用取得制度,其本国的商标申请只有在有实际使用的情况下才能提出,而外国人通过其本国申请向美国提出商标申请时,由于其本国商标法没有要求实际使用才能提出商标申请的规定,这就造成了美国申请人相对于外国人在美国的商标申请中处于了劣势地位,因此,1988 年《美国商标法》做出了修改,允许申请人基于"意图使用"(intent to use)而申请商标。这样,依据所引入的基于意图使用的商标申请,美国能够使本国的申请人在向外国申请时获得本国优先权,而又不会实质改变本国已经确立的商标权使用取得制度。

3. 全球一体化经济大环境以及国际条约的推动力量

随着经济的发展,从商人的需求来说,越来越希望跨越国界的壁垒,在全球形成一体化的经济大环境。经济全球化带来了商品、技术、信息、服务、资金和人员等生产要素的跨国家和跨地区的流动,从而有利于物质资源、生产要素在全球范围内的合理配置。[2] 产品间的溢出效应以及广告的溢出效应有利于扩大商标的影响力范围,这也意味着商标利益关系的涉及范围更广,它不限于国内市场,极有可能跨越国家或地区,因此,对商标的国际保护有一定的推动作用。[3] 在这种推动作用下,若采用商标权使用取得制度,一国商人想要到其他国家获得商标保护时,则需要到该国实际使用商标后才能获得权利。而商标权注册取得制度,则具有在权利范围上的确定性和程序上的便利性等诸多优点,因此,越来越多地被各国所采纳。

伴随着这种推动作用,国际上也产生了一系列的涉及商标保护的国际条约。例如,1883 年通过的《保护工业产权巴黎公约》确立了优先权原则,即一国申请人

---

〔1〕 参见余俊著:《商标法律进化论》,华中科技大学出版社 2011 年版,第 122 ~ 123 页。
〔2〕 参见叶新年:《经济全球化的挑战与发展中国家的对策》,载《江西社会科学》2002 年第 8 期。
〔3〕 参见余俊著:《商标法律进化论》,华中科技大学出版社 2011 年版,第 143 页。

到另一国提出商标申请,可以要求本国申请的优先权;1891 年签订的《商标国际注册马德里协定》(Madrid Agreement Concerning the International Registration of Marks)建立了商标的国际注册制度,根据该协定,一个商标在原属国获得注册后,注册人可以以该注册为基础,向世界知识产权组织国际局提出商标国际注册申请,并在其欲寻求保护的国家指定延伸保护,被指定的国家需要在 12 个月内做出是否予以保护的决定。为了能够享受这些国际条约的有利之处,各国也积极修改国内法律来满足国际条约的要求,这也进一步加速了商标权注册取得制度的扩张。

三、我国商标权注册取得制度的沿革

(一)新中国之前的商标制度

1. 晚清时期的商标权取得制度具有浓厚的列强标记

中国的商标立法始于清末,清末保护商标的规定,最初反映在清政府与帝国主义列强签订的条约中。清末时期的商标制度主要是在外国的压力下建立的,所建立的商标制度在商标权取得方式上也受到外国列强的左右。1902 年 9 月 5 日中英两国签订了《续议通商行船条约》,在该条约第 7 款中,英方代表提出在中国由南北洋通商大臣于其各自管辖境内设立牌号(商标)注册局所。〔1〕而对于商标注册的日常管理,则完全由英帝国主义控制的海关负责。另外,于 1904 年 2 月拟订出的《商牌挂号章程》第 2 条,将呈请挂号的注册商标(商标注册)区分为洋牌和华牌,其中洋牌是指外商在中国使用的、已经在其本国注册的商标,之后在我国重新注册的商标,华牌是指外商直接在我国使用的、尚未在外国注册的商标。〔2〕这个章程进行了多次修改,于 1904 年 6 月,清政府商务部结合各国商标法令,重新修订成《商标注册试办章程》,〔3〕但随着辛亥革命的爆发和清政府的垮台,这个章程最终没有实施。根据这个章程判断,虽然洋牌和华牌的主要区别在于外商是否在其本国注册,不过都需要其在中国重新注册,因此,就当时所要采用的商标制度在商标权取得方式上看,应该属于商标权注册取得制度。

---

〔1〕参见左旭初著:《中国商标法律史》,知识产权出版社 2005 年版,第 106 页。
〔2〕参见左旭初著:《中国商标法律史》,知识产权出版社 2005 年版,第 106 页。
〔3〕参见左旭初著:《中国商标法律史》,知识产权出版社 2005 年版,第 106 页。

2. 中华民国时期的商标权取得制度以注册主义为根基

北洋政府时期，我国于1923年5月3日颁布了第一部付诸实施的《商标法》。[1] 根据该1923年《商标法》第1条规定，“凡因表彰自己所生产、制造、加工、拣选、批售或经纪之商品，欲专用商标者，须依本法呈请注册”，即未注册商标是不能享有商标专用权的，因此，1923年《商标法》采取的应该是商标权注册取得制度。在优先权方面，1923年《商标法》采取了使用在先的原则，即根据第3条的规定，2人以上于同一商品以相同或近似之商标分别呈请注册时，应准实际最先使用者注册。[2] 另外，1923年《商标法》还对商标使用提出了要求，例如，根据第19条的规定，商标注册后无正当事由，迄未使用已满1年或停止使用已满2年者，商标局得以其职权或据利害关系人之呈请撤销之。[3]

1927年南京政府成立，在南京国民政府执政期间，对当时的《商标法》进行了两次修正。第一次修正时针对商标使用在先主义进行了激烈讨论，根据马寅初的观点，虽然认为使用在先的最大问题在于商标专用权不确定，但仍兼采使用在先，主要有以下考虑：其一，是历史原因，若完全将使用在先推翻而采用先申请原则，恐影响甚大；其二，防止恶意注册，恶意注册是注册主义的最大弊端。[4] 第一次修正虽然针对1923年《商标法》中的使用在先进行了讨论，但最终并没有修改。在1935年的第二次修正时，仍然采用使用在先原则，但是，增加了在中国境内使用的限制。[5] 1948年公布的《〈商标法〉草案》第13条规定，2人以上于同一商品以相同或近似之商标分别呈请注册时，应准最先呈请者注册。这是对商标取得原则的重大调整，该草案和当时社会的主流观点预示着商标权取得制度将从注册主义兼采使用主义转向注册主义。[6]

（二）新中国成立之后的商标权注册制度

1. 强制注册（全面注册原则）时期

新中国刚刚成立之初，1950年7月28日政务院通过了《商标注册暂行条例》，

---

[1] 参见张玉敏著：《商标注册与确权程序改革研究》，知识产权出版社2016年版，第5~6页。

[2] 参见左旭初著：《中国商标法律史》，知识产权出版社2005年版，第143页。

[3] 参见左旭初著：《中国商标法律史》，知识产权出版社2005年版，第143页。

[4] 参见张玉敏著：《商标注册与确权程序改革研究》，知识产权出版社2016年版，第9页。

[5] 即将第3条修改为：“二人以上于同一商品以相同或近似之商标分别呈请注册时，应准在中华民国境内实际最先使用并无中断者注册。”

[6] 参见张玉敏著：《商标注册与确权程序改革研究》，知识产权出版社2016年版，第8~12页。

该条例采用了商标权注册取得制度和先申请原则。随后在 1963 年 4 月 10 日国务院公布了《商标管理条例》，采用了强制注册商标制度，例如，根据第 2 条的规定，企业使用的商标，应当向中央工商行政管理局申请注册。强制注册原则将商标注册与商标使用画上了等号，即未注册商标是不能使用的，而使用的商标应该是注册商标，这就开启了全面注册时期。

在注册制度上，《商标管理条例》采用了先申请制度，两个或者两个以上的企业申请商标注册的时候，如果商标相同或者近似，准许最先申请的注册。《商标管理条例》也针对商标使用提出了要求，根据第 11 条规定，商标经核准注册后，若商标停止使用已满 1 年未经核准保留的，则中央工商行政管理局予以公告撤销。在这种全面注册原则下，在针对商标的认知上，商标主要被当做管理对象来对待，管理的色彩非常浓厚，这与当时中国的经济环境有关。

2. 从全面注册向自愿注册原则的转变

1982 年制定的《商标法》开启了从全面注册原则向自愿注册原则的转变。1982 年《商标法》是改革开放以后的第一部商标法，它废弃了《商标管理条例》确立的全面注册原则，采用了自愿注册原则，例如，1982 年《商标法》第 4 条规定，“需要取得商标专用权的，应当向商标局申请注册”。基于自愿注册原则的基本制度，1982 年《商标法》给未注册商标留出了一定的生存空间，即未注册商标在不违反法律、法规的规定（如不违反 1982 年《商标法》第 34 条的规定）的情况下可以使用，但是对未注册商标没有给予保护。在注册制度上，根据 1982 年《商标法》第 3 条和第 18 条的规定，延续了注册取得原则和先申请原则。

在对商标的认知上，1982 年《商标法》体现了商标从被管理对象转变为具有私权属性的权利，即将商标二分为注册商标和未注册商标，市场主体具有自由选择权。但在保护上，只保护注册商标，而对未注册商标没有任何保护，即使是在先使用的商标也没有任何的保护（即便是非财产权方面）。

在对商标注册制度的认知上，1982 年《商标法》主要为注册即取得商标权，注册取得的是一种绝对的商标财产权，例如，根据 1982 年《商标法》第 38 条的规定，“未经注册商标所有人的许可，在同一种商品或者类似商品上使用与其注册商标相同或者近似的商标的”属于侵犯注册商标专用权。这是一种绝对权利的范围边界，尚未引入构成混淆的要求，这体现出将注册制度作为一种简单的权利取得制度，而不是将注册制度作为一种综合性制度，缺少制度弹性。特别是，没有从商标本质和商标基本功能等方面看待或设置注册制度，因此，在注册制度中缺少维护商标本质和商标功能的规制，例如，缺少对商标的真实使用目的的要求、商标注册中的诚实信用原则等。

值得关注的是，1993 年修改的《商标法》首次引入了针对诚实信用的一些具体规定，具体体现在第 27 条的禁止以欺骗手段或者其他不正当手段取得商标注册的内容，[1] 当然，这只是针对申请人在提出注册申请时不能采用欺骗手段，例如，伪造一些证明材料等，仅仅是将注册取得制度作为绝对的权利取得制度朝向综合性制度转变的一点萌芽。

3. 从绝对的注册取得制度朝向注册与使用逐步并重的转变

2001 年《商标法》开启了将注册取得制度从绝对的注册取得朝向注册与使用逐步并重的转变。2001 年 10 月 27 日对《商标法》进行了第二次修改，仍沿用了自愿注册原则和注册取得原则的基本原则，不过此次对《商标法》修改的幅度比较大，特别是增加了较多的维护商标领域的诚实信用和公平竞争的规定。例如，增加了关于诚实信用原则的一些具体要求，并且将这些要求作为他人可以提出商标异议请求或撤销请求的依据，包括对代理人的限制、[2] 对在先权利的保护、[3] 对在先使用的未注册商标的保护，[4] 以及对注册申请中的欺骗手段等的规制 [5] 等。特别是其中的“申请商标注册不得损害他人现有的在先权利”以及“申请商标注册不得以不正当手段抢先注册他人已经使用并有一定影响的商标”等规定，体现出了对商标注册制度在认知上的转变，不只是将注册取得制度简单地作为绝对的通过注册即可获得权利的概念，而是给商标使用以一定的分量，在先使用的未注册商标具有了一定的地位。因为根据商标本质，商标的功能是通过商标使用实现的，因此，在商标使用和商标注册这两个要素之间的对决中，2001 年《商标法》给予了在先商标

[1] 1993 年《商标法》第 27 条规定：“已经注册的商标，违反本法第八条规定的，或者是以欺骗手段或者其他不正当手段取得注册的，由商标局撤销该注册商标；其他单位或者个人可以请求商标评审委员会裁定撤销该注册商标。”

[2] 如 2001 年《商标法》第 15 条规定，“未经授权，代理人或者代表人以自己的名义将被代理人或者被代表人的商标进行注册，被代理人或者被代表人提出异议的，不予注册并禁止使用”。

[3] 例如，2001 年《商标法》第 31 条中规定，“申请商标注册不得损害他人现有的在先权利”。

[4] 例如，2001 年《商标法》第 31 条中规定的申请商标注册不得以不正当手段抢先注册他人已经使用并有一定影响的商标。

[5] 例如，2001 年《商标法》第 41 条第 1 款规定的已经注册的商标是以欺骗手段或者其他不正当手段取得注册的，由商标局撤销该注册商标，其他单位或者个人可以请求商标评审委员会裁定撤销该注册商标。

使用以优先地位。这体现出了我国的商标权注册取得制度开启了从绝对的注册取得朝向注册与使用逐步并重的转变。当然,在注册制度的总体上,注册仍然占据绝对优势地位,这也体现了注册取得制度的基础,例如2001年《商标法》还首次引入了驰名商标的规定,增加了对驰名商标的保护,不过在保护中对注册驰名商标和未注册驰名商标进行了区别对待。[1]

2013年《商标法》的修改进一步增大了注册与使用逐步并重的趋势,加大了商标使用在商标权注册取得制度中的地位。例如,2013年《商标法》加强了未注册但在先使用商标的地位,在第59条规定中,给予在先使用但未注册的商标以一定程度的保护,即在先使用人仍然有权继续使用其商标,但是仅限于在原有范围内,这也称为先用抗辩权。不过这种保护并不是给予未注册商标以商标权。另外,2013年《商标法》还在第64条规定中增加了在商标侵权赔偿问题中对商标使用的要求,[2]即近3年没有使用的商标,也不能证明其他损失的,被控侵权人不承担赔偿责任。这项规定对于不以使用为目的的商标申请所造成的商标囤积和商标抢注,形成了一定程度的规制作用。

在注册取得制度的整体上,2013年《商标法》在第7条规定中,明确引入了诚实信用原则条款,这给我国的商标权注册取得制度增加了制度弹性。在2001年《商标法》中虽然引入了与诚实信用原则相关的一些具体规定,但是,诚实信用原则本身没有作为条款内容出现;而在2013年《商标法》中引入的诚实信用原则条款,其目的在于强调市场主体在从事有关商标的活动时,应遵守诚实守信的原则(虽然诚实信用原则作为《民法通则》中规定的基本原则也自然应适用于商标领域),同时对日益泛滥的商标囤积和商标抢注行为予以在原则上进行了规制。虽然该条款仅仅在原则层面上进行了规制,但是,对于具体条款的适用起到了指导作用。另外,在法院是否能够在案件中直接适用该基本原则的问题上,目前仍然存在争论,

---

[1] 根据2001年《商标法》第13条的规定:"就相同或者类似商品申请注册的商标是复制、摹仿或者翻译他人未在中国注册的驰名商标,容易导致混淆的,不予注册并禁止使用。就不相同或者不相类似商品申请注册的商标是复制、摹仿或者翻译他人已经在中国注册的驰名商标,误导公众,致使该驰名商标注册人的利益可能受到损害的,不予注册并禁止使用。"

[2] 2013年《商标法》第64条规定:"注册商标专用权人请求赔偿,被控侵权人以注册商标专用权人未使用注册商标提出抗辩的,人民法院可以要求注册商标专用权人提供此前三年内实际使用该注册商标的证据。注册商标专用权人不能证明此前三年内实际使用过该注册商标,也不能证明因侵权行为受到其他损失的,被控侵权人不承担赔偿责任。"

但是,根据目前一些观点,并不排除法院在日后的商标确权以及维权案件中,根据案件的具体情况来直接适用的可能性。除了诚实信用原则条款,2013 年《商标法》还进一步增加了诚实信用原则的一些具体要求,使商标权注册取得制度更加完善,主要内容包括禁止抢注因业务往来等关系明知他人已经在先使用的商标,[1]以及对商标代理机构的诚实信用原则上的要求。[2]

综合上面所述的我国商标发展历史,我国商标制度大致经历了 4 个时期:晚清时期、民国时期、新中国初期和当前商标法时期(1982～2013 年)。在第一个和第三个时期中,商标权取得制度受到特定的历史环境的影响,在制度选取上并没有多少讨论和比较。而在第二个和第四个时期,在商标权取得制度上都进行了讨论和修改。但是最终,这两个时期的选择都是采用了商标权注册取得制度。特别是,从 1982 年～2013 年的当前商标法的制定和历次修改中,我国对商标的认知以及对商标权注册取得制度的认知,逐步从绝对的商标权和绝对的商标权注册取得制度朝向注册与使用逐步并重的方向发展,增加了注册取得制度的弹性,使注册取得制度中的商标权更加符合商标本质。

当然,我国目前的商标权注册取得制度还在完善过程中,仍然存在一些对注册取得制度的认知上的误区,也存在一些制度上的缺漏,由此导致了当前商标实务中的一些乱象。

从我国的商标权取得制度的产生来说,由于中国的商标制度是舶来品,因此中国商标制度的发展没有经历过使用取得模式,尤其是对当前《商标法》的制定和修改,都是在对国际上已经存在的商标制度进行研究和参考中,根据我国的国情制定出的我国的商标法律制度,从而最终确定了商标权取得模式采用注册取得。因此,在对中国商标权取得制度的研究中,商标取得制度在国际化视角下的发展也是重要的研究内容。

---

〔1〕 例如,2013 年《商标法》第 15 条第 2 款规定:"就同一种商品或者类似商品申请注册的商标与他人在先使用的未注册商标相同或者近似,申请人与该他人具有前款规定以外的合同、业务往来关系或者其他关系而明知该他人商标存在,该他人提出异议的,不予注册。"

〔2〕 例如,根据 2013 年《商标法》第 19 条的规定:"商标代理机构应当遵循诚实信用原则,遵守法律、行政法规,按照被代理人的委托办理商标注册申请或者其他商标事宜;对在代理过程中知悉的被代理人的商业秘密,负有保密义务。委托人申请注册的商标可能存在本法规定不得注册情形的,商标代理机构应当明确告知委托人。商标代理机构知道或者应当知道委托人申请注册的商标属于本法第十五条和第三十二条规定情形的,不得接受其委托。商标代理机构除对其代理服务申请商标注册外,不得申请注册其他商标。"

第二节　国际视野下的商标权注册取得制度

一、各国商标权注册取得制度的现状

(一)各国在商标权取得制度上的整体情况

目前,大部分国家及地区的商标法都规定了商标权注册取得制度,少数国家如美国一直坚持商标权使用取得制度,并且采用的是单一的使用取得制度,其商标注册程序被认为,仅仅是对已经通过使用行为获得的商标权的行政确认。还有一些国家采用商标权注册取得制度和商标权使用取得制度并存的混合制度,[1]但是,两种不同取得方式所占的地位有可能不同。根据谢冬伟先生依据陆普舜先生主编的《各国商标法律与实务》(2006 年 3 月第 1 版)的统计,该书介绍的 186 个国家和地区中,有 128 个采用商标权注册取得制度,52 个采用商标权使用取得制度,6 个采用商标权注册取得制度和商标权使用取得制度并存的混合制度。[2] 其中,需要说明的是,结合上一节所介绍的商标权使用取得制度与商标权注册取得制度的演变情形,采用商标权使用取得制度的国家也有商标注册制度,只不过商标注册制度不被认为是获取商标权利的途径,如美国。而采用商标权注册取得制度的国家中,或多或少对商标使用都有一些保护,只不过商标使用不被认为是获取商标权利的途径,对仅仅使用而未注册的商标的保护是有限的或者保护程度是非常低的,不过这并不是从商标权或商标所有权方面进行保护的。

(二)采用商标权注册取得制度国家中的注册取得制度的建立过程

对于采用了商标权注册取得制度的国家,其注册取得制度的建立有两种情形。一种是转变而来,从使用取得转变为注册取得,特别是较早建立了商标制度的国家,如英国和法国;另一种则是商标制度建立时间相对较晚的国家,从已经建立了商标制度甚至是商标制度已经进行了演化的国家进行借鉴,从一开始建立商标法

〔1〕 参见谢冬伟著:《中国商标法的效率与公平》,立信会计出版社 2012 年版,第 2 页。
〔2〕 参见谢冬伟著:《中国商标法的效率与公平》,立信会计出版社 2012 年版,第 2 页。

时就采用商标权注册取得模式，例如日本和中国。[1]

对于第一种情形，即从使用取得转变为注册取得的情形，这些国家在商标取得制度上经历了不同发展阶段，以英国为例，可以分为 3 个阶段。第一阶段是商标财产权性质的确认以及使用取得制度的建立。英国最初建立的商标制度是以仿冒之诉来保护商标权的，之后在司法中逐渐承认了商标财产权，这种权利的取得和保护模式直指商标的本质，即通过使用取得权利；第二阶段是商标注册制度的建立。在发展过程中，为了克服单纯的通过使用取得权利的一些弊端，例如，商标信息不公开等，以《1875 年设立商标注册处之法案》的颁布为标志建立了商标注册制度，但是，此时的商标权注册制度仅仅是商标权使用取得制度的一个附属，该法案仅仅在商标注册程序方面做规定，并没有确立通过注册程序可以获得权利，因此，商标权还是通过使用来获得的。第三阶段是由商标权使用取得制度转换为商标权注册取得制度的阶段。代表着这个转换的标志是 1905 年《英国商标法》。从英国的历程中可以看出，最终由使用取得制度转变为注册取得制度还是有其现实原因的，由于使用取得制度和注册取得制度之间各有利弊，没有哪一种单纯的取得制度是完美的，因此商标权取得制度的转变，代表了这些国家在两种取得制度之间的平衡结果和最终选择。

对于第二种情形，即借鉴其他国家的制度而构建本国的商标取得制度的情形。例如中国，民国时期的商标取得制度是在借鉴他国的经验基础上确立的，虽然在商标法修改过程中经历了使用在先主义和注册在先主义的大讨论，但最终保持了注册在先原则。在新中国的当前《商标法》的制定过程中，也借鉴了他国的经验，因此在 1982 年的首次版本中直接采用了注册取得原则和先申请原则。

（三）商标权注册取得制度下对商标使用行为的保护

根据上述对大部分国家施行的商标权取得制度的统计，商标权注册取得制度已经成为当前世界各国商标法律中确立的商标权取得模式的主流。进一步讲，对于未注册商标即商标使用的保护，由于这种保护会直接与注册取得的商标权产生一定的冲突，因此，需要对商标权注册取得制度下的商标使用行为的保护情形，也进行仔细分析。根据谢冬伟先生的统计，主要有以下几种情形（这些情形之间不是互斥的，不同情形有可能共存于同一个商标法律制度中）：

---

〔1〕 参见王春燕著：《商标保护法律框架的比较研究》，载《法商研究》2001 年第 4 期。

(1)以商标注册行为来取得商标权为基本原则,但是,在先商标使用行为能够享有一定的优先权,[1]例如巴西。[2]

(2)以商标注册行为来取得商标权为基本原则,但是在先商标使用行为能够获得一定的保护,例如,在原有范围内继续使用,[3]如意大利。[4]

(3)以商标注册行为来取得商标权为基本原则,但是,在先商标使用行为能够用于阻止他人的申请行为。[5] 中国采用了针对商标使用行为的这种保护方式。[6]。

(四)商标权注册取得制度和商标权使用取得制度并存的混合制度

有少数国家采用了商标权注册取得制度和商标权使用取得制度并存的混合制度,即商标权的取得方式有商标注册和商标使用两种方式并存。对于两种取得制度并存的情形,关键问题就是通过注册取得制度获得的商标权与通过使用取得制度获得的商标权之间的关系。通常情况下,由于注册取得制度下的商标权的时间节点、权利范围等方面都非常明确,因此,通过注册取得的商标权比通过使用取得的商标权要处于优势地位,并且对通过使用取得的商标权的要求比较高。例如,现行《德国商标法》第4条规定了3种获得商标保护的途径,即商标注册、获得了第二含义的商标使用以及《保护工业产权巴黎公约》所规定的驰名商标。[7] 其中商标注册途径和商标使用途径分别代表了商标权注册取得制度和商标权使用取得制度,因此,德国应该被视为兼采两种制度的国家。[8] 丹麦也是典型的采用混合制度的国家,在丹麦商标权除了通过注册可以获得外,还可以通过在商品或服务上使用或联系使用商标而获得,但是,使用获得的商标权不能排斥注册取得的商标权。[9]

---

〔1〕 参见谢冬伟著:《中国商标法的效率与公平》,立信会计出版社2012年版,第25页。

〔2〕 巴西法律属于大陆法系,其商标法采用申请在先原则,商标的在先申请人有资格获得商标注册。任何善意地在商标申请日或优先权日前至少6个月在巴西于相同或近似商品上使用相同或近似商标,将有优先获得商标注册的权利。

〔3〕 参见谢冬伟著:《中国商标法的效率与公平》,立信会计出版社2012年版,第25页。

〔4〕 《意大利商标法》第9条规定:"如并非驰名商标或仅具有地方知名度的未注册商标由他人在先使用,那么该人应有权继续使用商标,也有权在广告上使用商标,但须在同一地域并不与商标注册相抵触。"

〔5〕 参见《意大利商标法》第9条。

〔6〕 我国《商标法》第32条规定:"申请商标注册不得损害他人现有的在先权利,也不得以不正当手段抢先注册他人已经使用并有一定影响的商标。"

〔7〕 参见《德国商标法》第4条。

〔8〕 参见梁虞:《未注册商标法律保护的比较研究》,载《法制与社会》2012年第36期。

〔9〕 参见陆普舜著:《各国商标法律与实务》,中国工商出版社2006年版,第232、240页。

下面以德国为例来分析混合制度的商标规则。最早的《德国商标法》于1968年制定，最新的《德国商标法》于1994年10月25日制定，1995年1月1日实施生效，后经过多次修订，目前最新版本是2017年7月17日修订版。[1]

1.《德国商标法》确定了通过注册取得商标权的制度，也规定了通过使用取得商标权的途径

现行《德国商标法》第4条规定了3种获得商标保护的途径，即商标注册、获得了第二含义的商标使用和《保护工业产权巴黎公约》所规定的驰名商标。[2] 除了对驰名商标的保护之外，商标注册途径和商标使用途径分别代表了商标权注册取得制度和商标权使用取得制度，因此，德国应该被视为兼采两种制度。《德国商标法》第4条明确规定了通过商标使用获得商标保护的途径，即获得了一定公众认知度的未注册商标所有人享有商标权。但根据德国学者的意见，这一规定并不意味着德国转而采用了商标权使用取得制度，而只是在将未注册商标视为享有先用权的权利这一意义上做出了规定。[3] 虽然在原则上商标法的规定同等地适用于注册商标和未注册商标，但是，对未注册商标的保护仍然依靠竞争法或者侵权法。[4]

2. 通过在先性来协调注册商标与未注册商标之间的冲突

基于欧洲共同体委员会发布的《商标指令》的要求，《德国商标法》在第12条做出了规定，如果一个注册商标与另一个享有先用权的未注册商标相冲突，那么，根据先用权赋予其所有人禁止在后商标的使用的权利，该在先的未注册商标能够撤销在后的注册商标。[5] 因此，通过注册取得的商标权与通过使用取得的未注册商标权之间的冲突，还是通过在先性来判断哪个权利是有效的，不过在实务中，通

---

〔1〕 参见德国专利商标局官网，http://www. gesetze-im-internet. de/markeng/BJNR0994. html，2018年5月22日访问。

〔2〕 参见《德国商标法》第4条。

〔3〕 参见王春燕：《商标保护法律框架的比较研究》，载《法商研究》2001年第4期。转引自 Horst-Peter Gotting，“Protection of Well-Known”，*Unregistered Marks in Europe and the United States*，IIC Vol. 31，No. 4/2000，pp. 395－396。

〔4〕 参见王春燕：《商标保护法律框架的比较研究》，载《法商研究》2001年第4期。转引自 Horst-Peter Gotting，“Protection of Well-Known”，*Unregistered Marks in Europe and the United States*，IIC Vol. 31，No. 4/2000，pp. 395－396。

〔5〕 参见王春燕：《商标保护法律框架的比较研究》，载《法商研究》2001年第4期。转引自 Horst-Peter Gotting，“Protection of Well-Known”，*Unregistered Marks in Europe and the United States*，IIC Vol. 31，No. 4/2000，pp. 395－396，19。同时参见《德国商标法》第12条c的内容。

过使用取得的未注册商标权在确定在先权利日方面，难以像注册取得的商标权那样容易确定一个精准日期，因此，通过使用取得的未注册商标权在在先性的博弈上处于不利的地位。

二、使用取得制度代表：美国的立法和实践

各国在商标权取得制度上的制度设置不尽相同，各有特点。为了能够从不同的角度来分析商标权注册取得制度，在此选取了美国的商标制度作为比较分析的对象。

美国是典型的采取商标专用权使用取得的国家，通过对美国的商标制度的分析可以更加清晰地对比使用取得制度和注册取得制度之间的差异。经过研究发现，美国的商标专用权取得制度的基本原则采取了使用取得模式，但是，美国的商标制度中也存在注册制度，更进一步的研究分析会发现，美国的商标制度中并不是纯粹的使用取得，也存在注册取得的成分，即通过商标注册能够获得一定程度的权利，虽然通过注册取得的那部分权利存在限制，但也体现出了通过注册能够取得一定的商标权益。因此，针对美国的商标制度的分析是非常有意义的。

美国是典型的采用商标权使用取得制度的国家，在美国的商标领域中，不仅仅采用单纯的商标使用取得模式，而且还建立了商标注册制度，这就对研究商标权使用取得和商标权注册取得之间的关系提供了很好的案例。另外，虽然美国的商标注册制度不是商标权取得模式，但是，这也为研究商标注册与商标取得之间的关系提供了一个参照。

（一）使用取得模式：使用与地域之间的纠结

美国是典型的采用商标权使用取得制度的国家，即商标权的取得方式是通过使用获得商标权。根据普通法，商标使用者在商业活动中使用其商标，通过商标使用行为使其商标获得了显著性，从而可以获得排他性的商标权。例如美国最高法院在 1916 年汉诺威一案中的观点："普通法的商标以及排他性使用的权利，当然属于财产权的范围（商标法判例）。但是，某人的权利仅仅在这样的意义上才是财产权，即持续享有营业信誉和来自于商标的商誉，以及免于他人的干扰。"[1]

---

[1] 李明德著：《美国知识产权法》（第二版），法律出版社 2014 年版，第 508～509 页。参见 Hanover Star Milling Co.，v. Metcalf，240 U.S. 90（1916）。

对于商标使用和商标权的关系，可以参考美国1975年的Blue Bell Inc. v. Farah Mfg. Co.[1]案件中法院的观点："获得商标权，需要将采用和在商业中的使用结合起来。所以在普通法中，商标权的确立，既不是商标的构思也不是广告宣传，相反，当带有商标的商品投入市场之时，商标权就产生了。"[2]

1. 能够获得权利的商标使用

由于商标权是通过商标使用确定的，因此对"商标使用"的规定就至关重要了。

(1)使用方式。

根据普通法和联邦商标法，商标的使用应当符合在商业中使用，该要求也规定了使用的方式。美国商标法《兰哈姆法》第1127条规定了商标使用的具体要求。包括在商品上使用，例如，设置在商品、商品容器或标签、商品的相关文件上等；以及在服务上使用，包括该服务的销售或广告上等。[3]

根据商标判例法，商标的使用必须是充分的使用(sufficient use)或者是真实的使用(bona fide use)，而不能仅仅为象征性的使用(token use)，并且具体使用行为也要符合商业使用的要求。对于商标使用是否符合《兰哈姆法》中规定的"在商业中使用"的要求，我们可以通过美国1975年的Blue Bell Inc. v. Farah Mfg. Co.[4]案件来详细了解，这个经典案例中涉及了原被告双方不同类型的具体使用行为，有些使用行为被认为符合"在商业中使用"的要求，而有些行为被认为不符合相关规定。在该案中，原告Blue Bell公司和被告Farah公司都是男士服装制造商，都采纳并使用了相同的商标"Time Out"，并应用在外表看起来基本上相同的产品上。

被告Farah公司所主张的使用行为包括：进行大量的带有新标识的广告活动；将包括"Time Out"休闲裤的成品服装交给其销售人员；向大量的客户展示了"Time Out"服装的样品，但商标标识并没有附着在休闲裤上；向12个区域销售经理中的每一个都发放了一套带有"Time Out"商标的休闲裤，并且销售人员支付了服装费用；向顾客展示了这些商品。首次发送给客户的商品是在1973年9月才进行。

原告Blue Bell公司主张的使用行为包括：广告活动；制造了几百个带有"Time

[1] 参见美国法院判决508 F. 2d 1260(5th Cir. 1975)。

[2] 李明德著：《美国知识产权法》(第2版)，法律出版社2014年版，第510页。

[3] § 45(15 U. S. C. § 1127).

[4] 参见美国法院判决508 F. 2d 1260(5th Cir. 1975)。

Out”文字和形状的图标标贴，将标贴附着在已经标识有“Mr. Hicks”商标的休闲裤上；之后间歇发货带有两个标签的裤子，不过是以“Mr. Hicks”为品类。直到1975年10月被告才开始规划商品的发货时间。

上诉法院认为，Farah公司向12个区域销售经理的销售和发货不是“Time Out”商标的有效的首次使用，因为秘密的、未公开的内部运输，通常不足以满足“使用”这个概念。不过，Blue Bell公司最初的行为也不满足商标使用的要求，理由是商标法的基本原则要求标签或设计必须贴在商品上，而商品实际上是为了在商业交易中承载该商标的，而顾客订购的是“Mr. Hicks”品类的休闲裤，虽然商品可以有多个商标标识，但每个商标的使用必须是善意的，仅仅是采纳而没有真正使用的标识，试图为将来保留它，就不会创建商标的权利。

上诉法院认可的产生商标权利的行为是Farah公司于1973年9月的针对首次订单的发货行为，而Blue Bell公司直到10月才将应用商标的服装发货给客户。由此，上诉法院认为Farah公司获得了“Time Out”的商标权。法院同时还表明，虽然对顾客的销售不是商标使用的必要条件，但它们在本案情况下是具有决定性的。从此案中能够看出，能够产生商标权的“在商业中使用”，是一种真实的在商业活动中的使用行为，而不能仅仅为象征性的使用。

另外，根据上述案例中的法院观点和《兰哈姆法》中的关于“在商业中使用”的规定，广告行为不被视为是能够获得商标权的商标使用行为，这与其他国家的规定是不同的。

(2)能够产生权利的使用程度。

在是否具有显著性的问题上，美国法院在司法实践上将商标分为4种类别，并且认为不同类型的商标在显著性的要求上也是不同的。例如，在Abercrobie & Fitch Co v. Hunting World Inc. 案件[1]和Zatarain's Inc. v. Oak Grove Smokehouse Inc. 案件中，[2]法院根据商标状态和可保护的难易程度把商标划分为4种类型，分别为通用名称、描述性商标、暗示性商标以及任意性或臆造性商标。其中，描述性商标是指描述商品或服务的自身特点，例如颜色、气味、功能、尺寸或成分等。描述

〔1〕 参见美国法院判决537 F. 2d 4；1976 U. S. App. LEXIS；189 U. S. P. Q. (BNA)759；189 U. S. P. Q. (BNA)769。

〔2〕 参见美国法院判决698 F. 2d 786；1983 U. S. App. LEXIS；217 U. S. P. Q. (BNA)988。

性商标通常不能获得保护，除非该商标已经通过使用获得了在相关消费群体头脑中的第二含义，才能获得保护。第二含义的概念是指一个名称具有其原始和首要含义，而经过与某特定商品相关联地长期使用后，该名称被相关公众所认知，用来特别指代该商品。而对于暗示性商标、任意性或臆造性商标来说，不需要证明该商标的第二含义就能够获得保护，也就是说，这些商标只要经过使用就能够具有显著性，从而获得保护。不过，法院在判例中也表明了，在确定某一个商标是属于哪种类别时，有时并不是容易判断的。因此，在美国的通过使用取得商标权的模式中，对于不同商标来说，获得商标权所要求的商标使用程度也是不同的。对于暗示性商标、任意性或臆造性商标来说，并没有特别的商标使用程度上的要求，不需要像描述性商标那样，必须通过长期使用获得第二含义后才能获得商标权。

在商标权的使用取得制度中，与商标使用紧密相关联的是使用地域，因此在证明某商标是否通过长期使用而获得第二含义时，也是与使用地域相关联的。例如在 Zatarain's Inc. v. Oak Grove Smokehouse Inc. 案件[1]中，通过一系列证据，特别是对消费者所做的调查问卷的证据，法院认定原告的描述性商标"Fish-Fri"在新奥尔良地区获得了第二含义，而不是泛指该商标获得了第二含义而没有限定地域。

2. 通过使用所获得权利的范围和效力

根据美国普通法，商标权只有与实际商业活动联系在一起才能成为财产权。由于商标使用具有地域性的特点，通过商标使用获得的商标权的范围和效力也具有地域性。因此，普通法上对此有"茶叶与玫瑰原则"(Tea and Rose Rule)[2]之说。产生优先权的商标使用的一般规则及限制是，在同一市场(地域)使用相同商标的竞争者之间，谁先占用了该商标谁将获得该商标使用的优先权。但是，若两个使用者是在相互远离的不同市场上，相互独立地在同一类商品上使用相同商标，那么谁将获得该商标使用的优先权，在法律上就不那么重要了，除非第二个使用者选择该商标是为了妨害第一个使用者的利益，以预先阻碍第一个使用者的商业扩张。若第一个使用者在较远的市场上的使用活动是规模很小的、零星的和微不足道的，造成其市场穿透力是很微弱的，那么第一个使用者就没有对抗后来的使用者在此处

[1] 参见美国法院判决 698 F. 2d 786；1983 U. S. App. LEXIS ；217 U. S. P. Q. (BNA)988。

[2] Barret, Margreth, "Intellectual Property Cases and Materials", St. Paul, Minnesota: Thomson/West, 2006, pp. 854 – 863.

市场上善意使用该商标来获得保护的权利。其中，对于善意使用的判断，需要根据案件的情况来综合判断，若后来的使用者只是不知道存在在先使用者的情况是不足以证明善意的。如果在后使用者进行了相关的商标注册和使用的检索而没有发现有在先的使用相同商标的使用者，则能够表明其善意。

针对普通法上的商标权利的范围和效力，即通过使用获得的商标权的范围和效力，我们可以通过一个案例来进一步分析地域性在使用取得商标权制度中的巨大作用。在 United Drug Co. v. Theodore Rectanus Co. 案件〔1〕中，原、被告双方在大约 25 ~ 30 年的争议期间，在相关的药品上均使用了相同的"Rex"这个商标，而且是在广泛分布的不同地点使用，而且双方当事人都是善意使用，均不知道对方的使用。对此，我们可以通过仔细检验在该商标案件中双方的具体商标使用行为来分析商标使用行为所获得的权利的效力和范围。

在该案件中，双方在使用行为上的基本事实是：原告在 1877 年左右，在马萨诸塞州黑弗里尔市的 Ellen Regis 开始小范围地合成和分销医用药剂，并在该商品盒子和包装上使用了"Rex"。而被告则在 1883 年左右采用了"Rex"文字作为其药剂的商标，并在路易斯维尔市及周边地区持续地且大量地使用该商标，同时花费金钱做广告和建立贸易。

二审法院认为，原、被告双方的使用行为都是善意的真实使用，但是双方当事人的使用地域不同，这就使各个当事人所获得的权利的效力范围不同，即原告在其使用地域马萨诸塞州获得了该商标的商标权，而被告在其使用地域肯塔基州获得了该商标的商标权。当原告的使用该商标的行为从马萨诸塞州扩展到肯塔基州时，虽然原告在马萨诸塞州的使用比被告在肯塔基州的使用早，但是，在肯塔基州的使用行为原告比被告晚，原告实际上是后来使用者，因此，在肯塔基州这个地域中，该商标的权利人应该是被告而不是原告。最终法院驳回了原告的诉讼请求，并且判令原告停止在肯塔基州使用该商标的侵权行为。

在本案中，还有一个问题值得注意，被告的在后使用行为应该是善意的。即两个使用者是在相互远离的不同市场上，相互独立地在同一类商品上使用相同商标时，那么第二个使用者虽然是在第二地域使用，但其使用行为应该是善意的，否则其不能用其在第二地域的使用行为来对抗第一使用者在后扩张到第二地域

〔1〕 参见美国法院判决 248 U. S. 90（39 S. Ct. 48，63 L. Ed. 141）。

而引发的冲突。这对于商标权注册取得制度具有非常重要的借鉴作用,例如,对于如何协调注册但是并未使用的商标的权利人与在另一地域的在先善意使用者之间的冲突。

另外,在地域性的作用下,同一个商标(在相同商品上的相同标识)可以由多个主体获得,这与商标权注册取得制度有非常大的区别。即在商标权使用取得制度中,通过地域性隔绝了同一个商标的不同权利主体之间的冲突,而在商标权注册取得制度中,因为注册体系的统一性,不会出现同一商标的两个权利主体。

在该案中,美国最高法院认为,在商标中,除了通过商标使用而获得的权利以外没有其他的财产权,商标法也只不过是广义的不正当竞争法的一部分。针对某个具体商标的权利,是基于其使用而不仅仅是采纳了该商标,除了与已存在的商业相关联以外是不可能产生权利的。因此,通过商标使用所获得的商标权的范围,仅仅是在其使用地域有效,在使用地域以外是没有商标权利的,甚至连商标权的优先权都不能确立。而另一使用者在后在另一地域使用应该是善意的要求,也只是从竞争法上的利益平衡来考量,而不是商标权的权利范围。

从案例检索中可以发现,仅仅涉及商标使用获得权利的情形基本上都是在20世纪初之前,而随着美国的商标注册制度的建立,相关的案例就涉及了商标使用和商标注册之间的关系和冲突。

(二)使用取得制度下的商标注册制度的实践

美国的商标体系分为联邦商标体系和各州的州商标体系。联邦商标体系基于联邦商标法即现行的《兰哈姆法》而确立,美国的联邦商标体系中设立了主簿注册(principal register)和辅簿注册(supplemental register)两种注册制度。将商标注册分为主簿注册和辅簿注册是1920年商标法的做法。按照当时的要求,美国人想要获得商标注册,必须是对已经使用的商标,同时,当时的大多数国家的商标法都要求,外国人在本国的商标注册应当以其原属国的注册为基础。这样当美国人通过使用在美国获得了联邦注册后,才能去其他国家申请商标注册,这就会将美国人置于不利的位置上。为了改变这种状况,1920年商标法创立了主簿注册和辅簿注册。按照规定,申请主簿注册的商标应当是在商业中实际使用的商标,而申请辅簿注册的商标可以是尚未使用的商标。但是,随着越来越多的国家放弃了原来的做法,不再要求外国人的商标注册申请以其原属国的注册为基础,辅簿注册的作用就越来越小了。[1] 另外，除了联邦商标注册制度，各州还有各自的商标法和注册制度。联邦商标体系在美国的商标制度中起到了主要作用，因此，我们对美国商标注册制度的研究将以联邦注册制度为主，以州注册制度为辅。

1. 提出商标联邦注册申请的途径

虽然美国采用了使用取得商标权的制度，但是《兰哈姆法》还规定了商标注册制度。根据美国法律和加入的国际条约的规定，在美国提出商标注册申请有以下5种途径：①基于真实使用提出商标注册申请；②基于真实使用目的提出商标注册申请；③基于外国优先权申请提出商标注册申请；④基于原始国商标权注册而提出的商标注册申请；⑤基于马德里国际条约提出商标延伸保护。

（1）基于在美国商业中的实际使用（use in commerce）提出的商标注册申请。[2]

第一种申请是第一种注册申请的方式，是最原始的方式，符合美国的通过使用获得商标权的制度。在通过商标使用获得的权利的基础上，美国商标法《兰哈姆法》第1条（a）款[3]规定了这种申请的依据，即允许商标权人以在先的实际商标使用为依据提出联邦注册申请，因此，这种申请也被称为"Section 1(a)"申请。

这种商标使用必须是在商业中的真实使用，并不是为了保持权利存续的简单使用或象征性使用。在申请时还应该提交一份经过证明的声明（宣誓书），写明该商标已在商业中实际使用，并载明使用该商标的最早时间、地点，并同时提供商标使用的图样。[4] 在申请提交后，审查员会对该商标申请进行初步审查，若审查员发现该申请中存在驳回事由或缺陷，会发出审查意见通知书要求申请人进行答复。在审查程序中，其中一个主要的审查内容就是显著性的审查，审查员若认为该商标申请中是描述性的，就会发出审查意见通知书，载明反对意见（rejection）。若申请人答复后使得申请克服了驳回事由或缺陷，则该申请就通过了初步审查程序。之后美国专利商标局（United States Patent and Trademark Office，USPTO）会公告该商标申请并启动异议程序，若在异议期内没有人提出异议申请或者所提出的异议申请在审查后发现不能成立，则该商标申请获得注册。

〔1〕 参见李明德著：《美国知识产权法》（第二版），法律出版社2014年版，第521页。

〔2〕 相关内容可参见美国专利商标局官网，https://www.uspto.gov/trademark/trademark-timelines/section-1a-timeline-application-based-use-commerce，2017年11月19日访问。

〔3〕 § 1(15 U.S.C. § 1051). Application for Registration; Verification.

〔4〕 § 1(15 U.S.C. § 1051).

(2)基于使用意图提出的商标注册申请(intent to use application)。[1]

第二种注册申请的方式是在1998年对《兰哈姆法》进行修订时新加入的,写在了美国商标法《兰哈姆法》第1条(b)款中,因此这种申请也被称为"Section 1(b)"申请。在这种申请中,不要求在提交申请时就提交商标的使用证明,而是提交一份意图使用该商标的声明即可。[2] 这类申请在初步审查通过后,美国专利商标局会对该商标进行公告并启动异议程序,若在异议期内没有人提出异议申请或者所提出的异议申请在审查后发现不能成立,美国专利商标局会发出授权通知,不过该授权通知并不是表明该商标申请已经获得了注册,美国专利商标局还会要求申请人提交该商标在美国已经实际使用的证明,在提交了使用证明后,该商标申请才能最终获得注册。商标使用的证明的提交期限可以延长,但是,最长期限不能超过36个月。

上述两种注册申请的途径之间的区别主要在申请程序和使用要求上,第一种申请途径要求在提出申请时就已经实际使用了商标,而后一种申请途径并不要求在申请时已经实际使用,但至少有真实的使用意图,由于真实的使用意图是通过宣誓书来证明的,有可能该宣誓书并不是真实的,或者申请人在提交申请后由于主观或客观原因改变了申请时的意图,此申请途径要求申请人在最终获得注册之前必须提交商标使用证据,否则不能获得最终的注册,因此,这种基于使用意图的申请并不是放弃了对商标使用的要求,而是延迟到商标的可注册审查之后,作为最后一个注册要求。因此,这两种申请都是基于商标使用行为才能获得注册的情形,这也符合美国的商标权使用取得制度的特点。

(3)基于外国优先权的商标注册申请。[3]

在这类申请中,主要是基于《保护工业产权巴黎公约》中确立的优先权制度,对于商标申请来说,是自在一个成员国提出的商标注册申请的申请日起6个月内,申请人向美国随后提出了商标注册申请并要求了在先申请的优先权。这种申请是基于美国商标法《兰哈姆法》第44条(d)款[4]提出的申请,也被称为是

---

〔1〕 相关内容可参见美国专利商标局官网,https://www.uspto.gov/trademark/trademark-timelines/section-1b-timeline-application-based-intent-use,2017年11月19日访问。

〔2〕 § 1(15 U.S.C. § 1051).

〔3〕 相关内容可参见美国专利商标局官网,https://www.uspto.gov/trademark/trademark-timelines/section-44d-timeline-application-based-foreign-application,2017年11月19日访问。

〔4〕 § 44(15 U.S.C. § 1126).

"Section 44(d)"申请。在这类申请的审查程序中,审查员会对申请进行初步审查,若没有发现该申请中存在驳回事由,则审查员会发出中止审理通知书(Suspension Letter),中止本申请的继续审理,要求申请人提交其优先权申请的注册文件,在中止期间,审查员会时常要求申请人提交其优先权申请的审查状态。若申请人提交了其优先权申请获得了注册的答复,审查员会基于其优先权申请的注册而向申请人发出美国申请的授权通知,并对该申请进行公告,使该申请进入 30 天的异议期。若在异议期内没有人提出异议申请或者所提出的异议申请在审查后发现不能成立,则该申请获得注册。

与上两种申请的主要不同之处在于,此类申请并没有要求申请人提交在美国的商标使用证明,不过美国申请是否能够获得注册,取决于其优先权申请是否能够获得注册。因此,这种申请并不符合美国的商标权使用取得制度的特点,而是美国加入国际条约所造成的。

(4)基于原始国商标权注册而提出的商标注册申请。[1]

这种申请是指申请人基于国外已注册的申请向美国专利商标局提出的商标注册申请。这种申请是基于美国商标法《兰哈姆法》第 44 条(e)款提出的申请,也被称为是"Section 44(e)"申请。[2] 其中在提出注册申请时,需要提交在原始国已经获得注册的商标的文本,包括商标文件副本和注册证书等。虽然在该条文中提及了申请人必须声明是真实的使用意图,但是实务中并不要求申请人提交意图使用声明,因为提出此类申请的潜在前提就是申请人有真实的使用意图,根据此条文的申请一旦提出,就是假定申请人有意图在美国使用,否则不应该依据此条文来提交申请。虽然依据《兰哈姆法》第 44 条(e)款提出的申请,提交了在原始国的商标注册证据,但是,这并不表明该申请一定会在美国获得注册,美国审查员会对该申请进行独立审查,例如,检索该申请是否与在先的美国申请构成相近似而发生冲突等。需要强调的是,此条文规定,在获得注册前不得要求该商标在商业中使用,因此,在审查过程中,审查员并不要求申请人提交任何商标的使用证明。这在实质上与美国的商标权使

---

〔1〕 相关内容可参见美国专利商标局官网,https://www. uspto. gov/trademark/trademark-timelines/section-44e-timeline-application-based-foreign-registration,2017 年 11 月 19 日访问。

〔2〕 § 44(15 U. S. C. § 1126).

用取得制度是不一致的。

(5)基于马德里国际条约提出商标延伸保护。[1]

这种申请实际上是基于马德里国际条约的国际申请,不是直接向美国专利商标局的申请,其中申请人依据马德里国际条约提出的商标申请中要求针对美国的延伸保护,因此根据国际条约,视为是向美国提出的商标注册申请。在美国商标法《兰哈姆法》第 66 条(a)款[2]中,给出了针对马德里国际注册申请的规定,因此这种申请方式也被称为“Section66(a)”申请。美国商标法《兰哈姆法》第 66 条(a)款的规定,申请人需要提交在美国商业中使用该商标的真实意图的声明,但是并没有要求提交商标使用证明。

上述 5 种申请中,前两种的申请人主要是美国申请人通常采用的申请途径,而后三种都是基于美国以外的申请人在美国提出的,主要是外国人提出申请的途径,这些途径主要是因为美国为了加入国际条约而设置的。在这 5 种申请途径中,前两种申请中,申请人都需要提交商标使用证明才能最终获得商标注册,而后三种申请中,申请人不提交商标使用证明也有可能获得商标注册。这种现象就引发了一个问题,美国的商标权使用取得制度中也存在了没有经过商标使用而仅仅是注册行为就获得商标注册的情况,这是否会损害美国的基于商标使用来获得商标权的商标权使用取得制度?

2. 商标联邦注册制度在注册申请程序上的要求

(1)注册申请过程中的程序。

①初步审查程序:商标申请提交后会进入美国专利商标局的审查流程中,审查员会按照《兰哈姆法》的相关规定对驳回理由的绝对事由和相对事由进行审查,针对相对事由的审查必须要进行在先商标的检索。若发现该商标申请有不符合规定之处,审查员会发出审查意见通知书,例如,该商标申请与在先商标构成相近似而不符合在先性的要求或者该商标申请不具有显著性。针对审查意见通知书,申请人需要在规定期限内进行答复,例如,提供答辩意见或证据等,然后审查员针对申请人的答复继续进行审查。这样的“审查意见通知书”和“申请人答复”有可能没

[1] 相关内容可参见美国专利商标局官网,https://www.uspto.gov/trademark/trademark-timelines/section-66a-timeline-application-based-madrid-protocol,2017 年 11 月 19 日访问。

[2] Sec. 66(15 U.S.C. § 1141f).

有发生(如审查员没有发现该商标申请存在任何缺陷),也有可能会发生多个回合。若审查员认为该商标申请不存在缺陷,那么该商标申请就通过了初步审查程序,美国专利商标局将在《商标公告》中予以公布,该商标申请进入异议期,公众可以针对该商标申请提出异议。

需要说明的是,虽然美国采用商标权使用取得制度,但是在注册申请审查程序中,审查员只能检索在先的商标申请和注册信息,而无法检索在先的商标使用情况。而在实务中,企业常常会委托商标律师进行商标监视服务,即不仅仅检索商标申请和注册情况,还会通过一些检索手段,例如检索一些杂志、期刊和行业发布资料等文件,以监视在商业中使用商标的行为。因此,审查员的检索和审查更大程度上是一种“纸面”上的审查。

②异议程序:在通过了初步审查程序并予以公布的商标申请,将接受30天的公众异议期。此时,公众可以对公告的商标申请提出异议请求。例如,某个公司认为公告的商标申请与其在先已经使用的商标申请构成相近似,那么该公司可以在异议期内对该商标提出异议请求,请求美国专利商标局驳回该商标申请。异议的审理机构是美国专利商标局的商标复审委员会。在异议期限内若没有人针对该公告的商标申请提出异议请求,则该商标申请获得注册。在异议期内若有人提出异议,则商标复审委员会会进行审理。如果所提出的异议请求在审理后被认为不成立,则该商标申请获得注册。

(2)注册后的撤销程序。

某商标获得注册后即为有效的注册商标,若相关人认为该商标不符合商标法的相关规定,可以提出撤销申请。这对相关人来讲是一种救济程序。对于普通的撤销理由,例如,该商标不具有显著性、与在先商标构成相近似等,撤销申请必须在注册后的5年之内提出;对于特殊的撤销理由,例如,该商标是通过欺诈手段获得的或者该商标已经变成了商品的通用名称,则撤销申请不受5年的限制,也可以在注册5年后提出。普通撤销理由在注册5年后不得提出的限制,是针对商标注册的一种保护,因此,从这个意义上说,注册超过5年的商标也被称为“不可争议商标”。

在审查过程中,基于审查资料的限制,审查员只能通过检索获得在先商标申请的信息,所以,审查员的审查是针对联邦商标注册申请的数据进行的。而根据美国所采用的商标权使用取得模式,在先商标不仅是在先的联邦注册申请,更重要的还应该包括在先使用的商标，然而在先使用的商标的信息在注册审查程序中是无法获得的，因此，这种商标注册制度是一种“纸面”上的审查注册制度。

（三）联邦商标注册的效力——权利加固和权利扩张

美国的联邦商标注册究竟能够起到多大的作用，即联邦商标注册的效力范围是什么？对于联邦商标注册的效力范围的分析，其应该包含：对于商标使用行为和商标注册行为同在的情况下，商标注册对于商标权的有效性是否有加固作用？商标注册在商标通过使用所获得的权利范围上，是否有权利范围的扩展？对于不通过使用行为而仅仅通过注册行为获得的商标权，其是否有实质的权利范围？换句话说，单纯的商标注册行为是否能够创设权利？这些问题对于商标权取得制度研究，特别是商标权注册取得制度研究来说是非常重要的。如果美国联邦商标注册仅仅是一个形式，而没有实质的权利效力，那么为什么美国还要建立联邦商标注册制度，并且每年都会有数十万件的商标申请？反过来，若美国的联邦商标注册制度能够创设一定的权利，那么对于基于外国优先权的商标注册申请、基于原始国商标权注册而提出的商标注册申请以及基于马德里国际条约提出商标延伸保护这三种途径获得的商标注册，由于其并不要求申请人提供商标使用证明也能够获得注册，这就造成了美国的商标制度中也存在仅仅通过注册行为而不是使用行为创设的商标权，那么这样创设的商标权的效力范围是什么？

1. 对于商标使用行为和商标注册行为同在的情况下，商标注册对于商标权的有效性是否有加固作用？

在商标使用行为和商标注册行为共存的情况下，商标注册行为对于商标的有效性来说，具有加固作用。例如，在美国商标法《兰哈姆法》第 15 条[1]中规定了商标的不可争议性（incontestable），即若某商标已经注册超过 5 年，并且一直在其注册所指定的商品或服务上持续使用，若该商标不存在可撤销的一些情形，也不存在侵犯他人在先权利的一些情形，则该商标就成为不可争议的。针对描述性的商标，若其依据美国商标法《兰哈姆法》第 15 条的规定已经成为不可争议的商标，则其显著性是不可争议的，注册商标的权利人不需要通过提供使用证明来证明该商标已经获得了第二含义，法院也会认可该商标具有显著性。因此，商标注册对于商标权

〔1〕 § 15（15 U. S. C. § 1065）. Incontestability of Right to Use Mark Under Certain Conditions.

的有效性具有加固作用。例如,某个商标在审查过程中没有被认为是描述性的,因此审查员没有要求申请人提交商标使用证据来证明该商标获得了第二含义,并给予了注册。而获得注册超过5年之后,在商标侵权诉讼中,有可能法院认为该商标是描述性的(虽然在具体案件中由于不可争议性条款的原因,法院不会考虑该商标是否是描述性的问题),而此时注册商标的权利人并不需要提交使用证据来证明第二含义,法院基于商标的不可争议性也会认为该商标具有显著性。

进一步说,在美国商标法《兰哈姆法》第33条(b)款〔1〕中也表明了,若某注册商标依据美国商标法《兰哈姆法》第15条的规定已经成为不可争议的商标,则商标的注册将成为该商标有效性、商标权属以及商标注册人所享有商标专用权的决定性证据。

因此,对于商标使用行为和商标注册行为同在的情况下,商标注册对于商标权的有效性具有加固作用。不过,这种加固作用只是在特定条件下的法律推断,并不是在已有的通过商标使用所获得的权利范围基础上的扩展。并且,这种法律推断与商标固有显著性的法律推断类似。

2. 商标注册在商标通过使用所获得的权利范围上是否有权利范围上的扩展?

根据在美国商标判例中法院的观点,例如在 Filipino Yellow Pages Inc. v. Asian Journal Pubs Inc. 案件〔2〕中,法院认为,商标注册在商标有效性问题上只能起到一定的假设作用,其影响的是举证责任的分担,即在商标获得注册之前,使用人需要举证该商标已经具有显著性等,而获得注册的商标会被假设认为是有效的,但是该假设不能对抗任何依据举证的反驳,即在有反驳理由和依据的情况下,商标的权利人仍然要证明商标的有效性而不能以商标获得了注册为有效的依据或理由。商标注册本身并不能产生任何权利,而仅仅是针对已经存在权利的确认。〔3〕但是,现实中商标注册所起到的作用确实是这样吗?根据美国商标诉讼案件中的一些实践,本文认为,商标注册行为在商标通过使用所获得的权利范围的基础上对商标权的权利范围有扩展作用。

---

〔1〕 § 33(15 U. S. C. § 1115). Registration as Evidence of Right to Exclusive Use;Defenses.

〔2〕 198 F. 3d 1143;1999 U. S. App. LEXIS ;53 U. S. P. Q. 2D(BNA)1001;99 Cal. Daily Op. Service 9511;99 Daily Journal DAR.

〔3〕 “The Court noted that federal law does not create trademarks”,参见 Jerry Glover,“US Supreme Court Strikes Down Trademark Disparagement Law”, http://lsglegal. com/us-supreme-court-strikes-trademark-disparagement-law/,2018 年 5 月 21 日访问。

根据美国商标法《兰哈姆法》第 33 条(a)款[1]的规定,商标注册可以作为商标专用权的证据,即商标注册应该作为证据被采纳,并且应该作为证明商标有效性、商标权属以及商标注册人所享有商标专用权的表面证据,但是,该商标注册不应排除他人证明其具有法律或衡平法上的抗辩权。另外,在美国商标法《兰哈姆法》第 7 条(b)款中也规定了,注册证书可以作为证明商标有效性、商标权属以及商标注册人所享有商标专用权的表面证据。同时,在美国商标法《兰哈姆法》第 7 条(c)款中给出了关于推定使用的规定,即根据本章所述的商标在主簿注册的情况,应该被视为该商标的推定使用,给予其在与该注册相关联的商品或服务上的在全国范围内相对于任何其他人的优先权,除非该人没有放弃其商标并且其在该注册的申请之前已经使用了该商标,或者已经提交了注册申请(其中该申请正在审查中或者已经获得了注册),或者已经提交了注册该商标的外国申请,其中该人基于其外国申请已经获得了优先权并且根据《兰哈姆法》第 44 条(d)款及时地提交了注册该商标的申请,该申请正在审查中或者已经获得了注册。[2]

基于该注册申请被视为在全国范围内的推定使用,虽然法院认为商标注册不能产生任何权利,而仅仅是对已经存在的权利的确认,但实际上该商标的注册行为所带来的推定使用会产生一定程度的权利,或者换句话说,在原来的基于商标使用所获得的权利范围上向外扩展了。对此,我们可以通过区分注册商标在商标使用地区的效力和非使用地区的效力,来进一步研究商标注册在商标通过使用所获得的权利范围上,是否有权利范围上的扩展。

由于美国采用商标权使用取得制度,如上所述,根据美国商标法的字面规定,注册只具有商标权有效性的表面证据的效力和推定使用的效力,联邦商标注册在非使用地区的推定使用的效力,不能对抗其他人在该商标的注册日之前在注册人的非使用地域的实际使用,但是否能够对抗非注册人在注册人的注册日之后,在注册人的非使用地域的实际使用?这能够判断美国联邦注册的效力,即将商标基于使用获得的权利与商标基于注册获得的权利剥离开,从而能够检验单纯由商标的注册所获得的权利或效力。举个例子,甲公司在 A 地使用某商标后提交联邦注册申请并获得了注册,甲公司没有在 B 地使用过该商标。乙公司在 B 地使用了相同

---

[1] § 33(15 U.S.C. § 1115). Registration as Evidence of Right to Exclusive use; Defenses.

[2] § 7(15 U.S.C. § 1057). Certificates of Registration.

的商标。那么,若乙公司在B地的使用是在甲公司的注册日之前,则甲公司是否在乙公司的使用地域B地具有一定的权利?若乙公司在B地的使用是在甲公司的注册日之后,那么甲公司能够用其注册商标指控乙公司在B地的使用行为侵权吗?通过对这两个问题的分析,能够将商标基于使用获得的权利与商标基于注册获得的权利剥离开。

对此,可以通过一些判例来回答上述问题。例如,在What-A-Burger Va v. Whataburger Corpus Christie案件[1]中,原告在自己所在区域通过商标使用获得了涉案商标的注册,被告在遥远的另一地在后使用了该商标,原告在获得商标注册后,在得知被告的商标使用行为后没有立即提起诉讼,而是在30多年后才提起诉讼,从而引发了注册商标在该商标的未使用地区与在后实际使用之间的冲突。该案件虽然涉及了权利懈怠的问题,不过也涉及了注册商标的效力与使用商标获得的权利之间的冲突问题。该案中,法院明确地讨论了一种注册商标的效力与使用商标获得的权利之间的冲突规则,法院认为,根据《兰哈姆法》第33(b)(5)条的规定,被告可以针对注册商标权进行在先使用的抗辩,从而能够在限定地域继续使用该商标,其条件是:(1)被告在原告的商标获得注册之日之前就已经采用了该商标;(2)被告采纳该商标时并不知情原告的在先使用该商标的情况;(3)被告持续使用该商标至今。在满足上述3个条件的基础上,被告能够继续使用该商标,但是只能在其在先持续使用的地域内继续使用。在该案中,由于被告早于原告商标注册之日的"What-A-Burger"餐馆,经过转让已经不属于被告所有,而被告没有提供其他证据来证明其早于原告商标的注册日的商标使用行为,因此,法院最终确认原告享有该商标的商标权,而被告不具有在先使用商标形成的抗辩权。关于该商标的权属,原告拥有该商标的所有权,而被告不享有任何权利。在关于是否产生权利懈怠的问题上,法院指出原告仅仅有在先的商标注册尚不能针对他人的在后使用行为提起诉讼,例如,原告的代表在第一次发现被告的商标使用行为时,原告因为没有在被告的使用地域使用,而尚不具有权利起诉被告侵权,从而确认了原告在30年前得知被告的商标使用行为后没有提起法律行动并没有构成权利懈怠。但是,法院也相应地确定了被告是否构成侵权的问题,即使原告方Texas What-A-Burger公司意图寻求禁止被告在弗吉尼亚地区使用该商标,根据本案情况,原告不能获得这

[1] 参见美国法院判决357 F. 3d 441;2004 U. S. App. LEXIS 2245;69 U. S. P. Q. 2D(BNA)1829。

样的禁令，虽然在先的联邦商标注册权利人具有在全国范围内的优先权，但是直到该在先权利人证明了在后使用者进入了其商业地域范围，法院才能考虑混淆可能性的问题，从而判断侵权问题，因此，法院支持了被告提出的确认不侵权的诉讼请求。但是，从该案的情况中可以推导，一旦原告将注册商标的使用范围扩展到了被告的使用地域，原告的商标使用和被告的商标使用在该使用地域有发生商标混淆的可能时，法院则会认为，原告在被告的商标使用地域进行使用后，是可以针对被告提起侵权诉讼的。

因此，根据上文所述，根据《兰哈姆法》第33(b)(5)条的规定以及相关判例，联邦商标注册行为在商标通过使用所获得的权利范围的基础上，对商标权的权利范围有扩展作用，即单纯的联邦商标注册行为能够产生一定的权利。

3. 对于不通过使用行为而仅仅通过注册行为获得的一定权利，其是否有实质的权利范围？如果商标注册在商标通过使用所获得的权利范围上有权利范围上的扩展，那么这种扩展的权利是什么权利？即单纯的商标注册行为是否能够创设商标专用权？

根据美国商标诉讼案件中的一些实践，笔者认为，商标注册行为在商标通过使用所获得的权利范围的基础上，对商标权的权利范围有扩展作用，这种扩展作用所产生的权利不是商标专用权，而仅仅是一种商标专用权的优先权。

根据对上面一个问题的论述，商标注册行为在商标通过使用所获得的权利范围的基础上，对商标权的权利范围有扩展作用，即不通过使用行为而仅仅通过注册行为能够获得一定的权利。对于该权利的性质和权利内容，我们还可以回到What-A-Burger Va v. Whataburger Corpus Christie案件[1]中进行进一步的研究。在该案中，法官指出，如果某一方想扩展其商标的使用地域范围，这应该是注册商标权利人而不是在后的使用者的权利。法院还进一步指出，虽然注册商标的权利人具有使用商标的专用权(exclusive right)，且能够在全国范围内获得保护，但是，在注册商标权利人未使用商标的地区，该保护仅仅是潜在的，其竞争者能够在该地域使用商标直到注册商标权利人将商标的使用范围扩展到该地域为止。因此，在注册商标权利人尚未将商标的使用范围扩展到其他地域时，在其他地域，注册商标权人仅仅具有获得商标专用权的优先权，而不能获得商标专用权。当然，该优先权在一定

〔1〕 参见美国法院判决357 F. 3d 441；2004 U. S. App. LEXIS 2245；69 U. S. P. Q. 2D(BNA)1829。

的条件下可以直接转变为实体上的商标专用权，例如，注册商标的权利人将商标使用从其原始使用地域扩展到其他地域。不过，该商标专用权的优先权并不是实体上的权利，例如，注册商标的权利人没有任何意图将商标使用范围扩展到某一个地域或者放弃未来在某一个地域使用该商标的计划，这种主观意图可以作为该注册商标权利人放弃了在该另一地域的商标权的证据，即该商标专用权的优先权在转化为实体上的权利之前就丧失了。

结合上面所述，根据《兰哈姆法》第33(b)(5)条的规定以及相关判例，联邦商标注册具有创设一定商标权利的效力，虽然仅仅依据商标注册行为，在商标非使用地域获得的是商标专用权的优先权，但是，在商标注册权利人在原来的非使用地区进行商标使用时，该优先权能够转变为实体的商标专用权。这与商标权注册取得制度中通过注册获得的商标权利相比，具有一定程度的类似之处。

4. 通过商标使用产生的权利与通过商标注册行为产生的权利范围之间的冲突和优先级

在通过商标使用产生的权利与通过商标注册行为产生的权利范围之间发生冲突的时候，就产生了哪种权利优先的问题。对于这种冲突，我们可以针对不同的情况进行分析。

(1)在商标注册权利人的商标使用地域。

商标注册权利人通过实际使用，在使用地域获得的商标权是实体上的商标专用权，该权利的获得与该商标的注册没有实质的关系。对于商标注册行为所取得的权利范围来讲，商标在使用地域所获得的权利，类似于其注册所获得的权利范围的大本营。因此，在商标注册权利人的商标使用地域，该商标权的效力要优先于非注册人在注册人的使用之后的实际使用所获得的权利。不过，这种权利冲突之间在优先级别上的比较是基于商标使用而不是商标注册。

(2)在商标注册权利人的非使用地域。

根据《兰哈姆法》第33条(15 U.S.C. § 1115)(b)款第5项[1]的规定，在注册商标已经成为不可争议商标的基础上，则商标的注册将成为该商标有效性、商标权属以及商标注册人所享有商标专用权的决定性证据。但是，这种决定性证据应受到侵权判断原则的限制，并且受到其他一些抗辩权的限制，例如，商标侵权的被

---

〔1〕 § 33(15 U.S.C. § 1115). Registration as Evidence of Right to Exclusive Use; Defenses.

告可以针对注册商标专用权进行在先使用的抗辩，从而能够在限定地域继续使用该商标，其条件是：①被告在原告的商标推定使用日期之前，或在1988年《美国商标法》生效日之前提交的商标申请的依据本法所获得的注册的注册日之前，或者在依据1881年《美国商标法》或1905年《美国商标法》所进行的商标公布的公布日之前，就已经采用了该商标；②被告采纳该商标时并不知情原告的在先使用该商标的情况；③被告持续使用该商标至今。根据目前的美国商标法，商标申请被视为商标的推定使用，因此被告要想援引《兰哈姆法》第33条(15 U.S.C. § 1115)(b)款第(5)项的规定来主张抗辩权，被告的商标使用行为应该在商标的申请日之前。其中对于上述条款中提及的注册日，其是依据修订前的商标法的规定，因此从目前的一般状况来看，被告目前开始的使用应该不能符合该注册日之前的条件。另外，上述条款中提及的商标的公布日也是依据旧法(1881年《美国商标法》或1905年《美国商标法》)，目前应该不存在该情形。因此，在商标注册权利人的非使用地域，非注册人在商标注册权利人的申请日之前的实际使用所产生的权利效力，要优于商标联邦注册权利人基于商标注册行为所获得的权利效力(商标专用权的优先权)。

根据上述规定进一步推理可以得出，在商标注册权利人的非使用地域，商标联邦注册权利人基于商标注册行为所获得的权利效力(商标专用权的优先权)要优于非注册人在商标注册权利人的申请日之后的实际使用所产生的权利效力。当然，由于商标联邦注册权利人基于商标注册行为所获得的权利效力仅仅是商标专用权的优先权，还不是真正的商标专用权，因此，此时商标联邦注册权利人还不能在非使用地域行使其商标专用权，即还不能起诉在其非使用地域使用该商标的其他人。

(3)在冲突解决规则中对注册商标权利人保护的倾斜。

在上述针对通过商标使用产生的权利与通过商标注册行为产生的权利范围之间的冲突的一个解决规则中，非注册人在商标注册权利人的申请日之前的实际使用所产生的权利效力，即侵权抗辩权的一个条件就是善意使用，对此，若该使用人知晓了注册商标权利人的在先使用，那么该使用人不能主张其抗辩权。其中的“知晓”(knowledge)的要求比恶意的范围要大得多，即对侵权抗辩权的限制很大，这也能够看出，美国商标法对非注册人依据其在商标注册权利人的申请日之前的实际使用所产生的权利效力的要求非常高。因此，在常态下，注册商标权利人通过商标注册行为在非使用地域所产生的权利具有非常高的效力，仅仅在某些例外的情形下，才给予在商标注册权利人的申请日之前在商标注册权利人的使用地之外实际使用的非注册人以一定的抗辩权，并且只能在申请日之前的使用地域继续使用而不能扩展到其他地域。因此，从上述冲突解决规则中能够明显地看出，对注册商标权利人保护的倾斜。

（4）在冲突解决规则中对美国当事人保护的倾斜。

需要强调的是，关于该使用人对注册商标权利人的在先使用的知晓，通常情况下，所述的在先使用仅仅限于注册商标权利人在美国本土的在先使用，若注册商标权利人的在先使用是在美国以外，则不属于该使用人知晓了注册商标权利人的在先使用的情况。例如，在 Person's Co. v. Christman 案件[1]中，被告 Christman 是一个美国人，在日本出差时获知原告日本 Person's 公司的"Person's"商标，之后被告在美国开始生产带有"Person's"商标的商品。在两者商标之间的冲突中，美国商标复审委员会认为，原告 Person's 公司在被告申请日之前的使用发生于日本，不能在美国建立对抗被告"善意"使用该商标的优先权，被告在美国的使用是善意的。虽然被告获取商标的方式是拷贝了原告在日本的商标，但是，这种商标获取方式并不能证明被告是恶意的，即从外国的商标使用中拷贝一个商标并不是恶意，除非该外国商标在美国已经驰名，或者这种拷贝的目的是为了妨碍在国外的在先商标使用者将业务扩展到美国。因此，在认定被告的商标使用为善意的基础上维持了被告的注册商标，而原告在日本的使用在美国没有任何效果，在被告采用该商标时，原告在美国没有建立任何商誉，最终撤销了原告的注册商标。在上诉中，美国联邦巡回上诉法院明确了观点，在外国的商标使用者进入到美国市场之前，若知晓了在美国以外的商标使用，仍不能排除在美国采纳和使用相同商标的善意。对此，联邦巡回上诉法院将此案与在先判例（Woman's World Shops Inc. v. Lane Bryant Inc.）案进行了区分，关键在于所知晓的在先使用是否是在美国境内，即对在先使用的知晓应该限于对美国境内的在先使用的知晓，对美国以外的在先使用的知晓并不能排除在美国采纳和使用相同商标的善意。

在上述案件中，联邦巡回上诉法院体现出了对美国当事人保护的倾斜，特别是在针对善意的判断标准上，以及在将该案与在先援引案例进行区分时，因此该案件

---

〔1〕 参见美国法院判决 900 F. 2d 1565；1990 U. S. App. LEXIS 5591；14 U. S. P. Q. 2D（BNA）1477。

与在先案件的区别在于,所知晓的在先使用是否是在美国境内。在通常的商业活动中,首次在外国使用商标的人基本上都是美国以外的外国人,即该外国人通常会先在其本国使用其商标,在本国经过一段时间使用后,才可能会将与该商标使用相关联的商业活动扩展到美国,在这个空当期间,美国人(当然也包括其他国家的人,但基本上应该是美国人)可以抢先在美国采纳并使用该商标从而获得优先权。因此,可以说在上述的冲突解决规则中,具有明显的对美国当事人保护的倾斜。

进一步讲,与商标权注册取得制度的国家常见的通过注册来抢注外国商标的情形相比,这种“抢占”方式是通过在美国的在先使用实现的。基于使用获得商标权的理念来说,具有一定的合理性。与不同使用人在美国国内的两个相距较远的市场的使用来对比,这种合理性是以国别来区分市场为基础的,通过国别将两个不同使用人相互隔绝开。随着全球经济一体化的进程,以及信息传播技术和交通工具的发展,整个世界已经形成了一个完整的市场。因此,这种合理性的依据在全球经济一体化的进程中正在丧失其正当性基础。

(四)州注册的效力——权利扩张之注册贯穿全州地域

在联邦商标注册体系之外,美国还有各州的州商标注册体系。州商标注册制度也能够使商标的注册获取一定的权利范围。

在 National Ass’n for Healthcare Communication v. Central Arkansas Area Agency on Aging Inc. 案件中,[1]原告 Carelink 公司在先使用“Carelink”这个商标,首次在阿肯色州的销售是在 1992 年,然后在 1995 年后在阿肯色州扩大了销售。被告在阿肯色州的 6 个郡经营,在后使用了相同的商标“Carelink”,并在阿肯色州获得了州商标注册。在此案中,原告在普通法上的商标权与被告依据州注册的商标权发生了冲突。在上诉审理中,法院认为,原告依据首次的在先使用获得的市场穿透力是微乎其微的,该首次使用者不能获得对抗善意的在后使用者在涉案地域的商标使用。但是,被告获得了州注册,州商标注册赋予了权利人在整个州的区域中使用该商标的专用权,但是,受限于他人在具体区域市场中善意的在先使用的抗辩权。当时由于被告仅仅在阿肯色州的 6 个郡提供服务,并没有证据表明其具有明确的向阿肯色州其他地方扩展的商业计划。因此,法院也没有支持被告提出的在整个

---

〔1〕 参见美国法院判决 119 F. Supp. 2d 884(E. D. Ark. 2000)。

阿肯色州获得禁令的诉讼请求。不过,法院在该判决的附带意见部分中明确表示,若被告日后决定在阿肯色州的其他地方扩展,其州商标注册将使原告处于被逐出市场的危险境地。也就是说,由于被告仅仅在6个郡使用了涉案商标,在其他地方被告没有实际使用商标,也没有使用商标的计划,因此,被告尚不能获得禁令,但是基于其州商标注册,其在这些其他地方具有优先权。因此,从该案中可以看出,州商标注册自身也能够为注册权利人带来一定程度的权利,即商标专用权的优先权,而且在一定条件下,该优先权能够转化为商标专用权。

三、使用取得转变为注册取得的代表:英国的立法和实践

英国的商标制度非常有特点,英国在商标制度起源过程中,坚定地采用了商标专用权使用取得制度,但是,随着商标制度的发展,又完全转变为商标权注册取得制度和商标专用权使用取得制度并存的模式,在这种并存模式中存在商标权注册取得制度和商标专用权使用取得制度之间的冲突和协调,构成复杂而又相互依存的状况,因此,研究英国的商标专用权取得制度的转变和并存,对研究商标权注册取得制度来说也是非常有帮助的。

(一)取得制度的演化——从使用取得转变为注册取得和使用取得并存

英国商标法来源于仿冒之诉和欺诈之诉为依据的侵权法,英国早在1618年就开始对商标实行“使用在先”的原则。例如,1618年发生在英格兰的商标侵权案(Southern v. How)。[1] 在该案中,一家高质量布料的制造商起诉一家低质量布料的制造商,后者在其低质量布料上使用了原告在高质量布料上使用的商标,在此情况下,英国的衡平法院受理了该案,并针对模仿行为颁发了禁令,禁止了混淆商品出处的行为。[2] 通过判例法依据仿冒之诉对商标提供救济这种保护,意味着禁止仿冒他人商品,但这种保护不是从保护商标独占性的角度出发的,而是从禁止欺骗消费者以及商品来源上的混淆出发的。[3] 因此,此时基于商标所享有的权利,仅仅是基于仿冒之诉的救济权,若是没有被告的主观故意、损害性以及虚假陈述等要

---

〔1〕 参见谢冬伟著:《中国商标法的效率与公平》,立信会计出版社2012年版,第2页。转引自郑成思著:《知识产权法——新世纪初的若干研究重点》,法律出版社2004年版,第152页。

〔2〕 参见谢冬伟著:《中国商标法的效率与公平》,立信会计出版社2012年版,第2页。转引自王春燕著:《商标保护法律框架的比较研究》,载《法商研究》2001年第4期,第17页。

〔3〕 参见谢冬伟著:《中国商标法的效率与公平》,立信会计出版社2012年版,第2页。

素，权利人是无法行使基于其商标的权利的，权利人并没有基于其使用的商标获得商标权即对商标进行支配的权利。

1742 年，上议院大法官霍德威克（Lord Hardwicks）在“布兰主尔得诉希尔”案件中，肯定了历史上商标判例的效力，这确立了商标“使用在先”的原则，也开启了英国普通法对商标实行保护的源头，[1]这也成为普通法保护商标权的依据。

“谢菲尔德法案”除了强烈地提出了商标财产权的要求，另一个重要贡献就是提出了商标注册制度，该法案虽然最后胎死腹中，但是，对商标权的财产权保护的呼声没有停止。1863 年审结的另一个案件“Edelsten v. Edelsten”，涉及了商标财产权的问题，法院表明将依据财产权保护原则进行审理。[2] 至此，在司法上首先确立了商标权具有财产权的属性，这也为后续的对商标权提供作为财产权的商标专用权保护奠定了基础。但是，此时的具有财产权属性的商标权的获得，还是依据商标使用而获得。即使赋予了通过使用获得的商标权以财产权地位，“谢菲尔德法案”中提出的商标注册制度还是引发了很大的争议或担忧，那就是，若将商标注册作为获取商标权的方式，则很可能会造成在注册商标后并不使用的情况即商标圈地，或者抢注他人已经使用的商标即商标抢注。[3]

虽然已经意识到并讨论了商标圈地和商标抢注的问题，但是最终，英国仍于 1875 年建立了商标注册制度，于 1875 年 8 月 13 日通过了《1875 年设立商标注册处之法案》，该法律是以商标注册为对象而制定的法律。由于英国并不要求所有商标必须进行注册，至此，对于未注册商标仍然按照普通法的仿冒之诉进行保护，而对于注册商标则增加了商标法这个成文法的保护，即普通法和成文法的双重保护。对于注册商标的双重保护也体现了英国在商标专利权取得制度上采取了使用取得和注册取得并存模式，这与美国的以商标专用权使用取得制度为基本模式是不同的。

1875 年《英国商标法》以及后来的 1938 年《英国商标法》对各国商标制度产生了很大影响，不过随着国际政治经济环境的发展和变化，在英国实行了 50 多年的 1938 年《英国商标法》已经不能适应当时英国状况的要求，英国于 1994 年 10 月制

[1] 参见何勤华主编：《英国法律发达史》，法律出版社 1999 年版，第 312 页。

[2] 在该案中，大法官韦斯特伯里勋爵指出：“本案焦点在于原告是否对其遭遇被告模仿的商标权享有财产权。”“在法律上，适当的救济通常是就‘欺骗’提起诉讼，证明被告方的‘欺诈故意’是案件的核心，但是本院将只依据财产权保护原则进行审理。证明被告欺诈或原告信誉因被告销售次品受损都不再是禁令救济的必要条件。” 参见余俊著：《商标法律进化论》，华中科技大学出版社 2011 年版，第 92～93 页。

[3] 参见余俊著：《商标法律进化论》，华中科技大学出版社 2011 年版，第 89 页。

定了新的商标法，即1994年《英国商标法》，该商标法经过了多次修正，最近一次修正是在2017年4月27日。在当前有效的1994年《英国商标法》第2条规定中，“注册商标是基于本法通过商标注册所获得的财产权，注册商标的权利人享有依据本法所提供的的权利和救济。而对于未注册商标，没有阻止侵权或取得损害赔偿的法律程序，但是，本法并不影响关于仿冒之诉的法律”。[1] 该条款明确表明了，1994年《英国商标法》仅仅针对注册商标提供保护，而不涉及对未注册商标的保护，未注册商标仍然可以依据普通法进行保护，即通过商标使用依据仿冒之诉来获得保护，体现了英国商标制度中商标专用权注册取得和使用取得并存的情形。

（二）在注册取得制度中强调商标使用要素

英国的商标注册制度中采用先申请原则，例如，根据1994年《英国商标法》第5条、第6条的规定，若一件注册商标申请与在先商标构成相同或者与在先商标构成相近似且具有混淆可能，则该商标不能获得注册。其中在先商标是指申请日早于涉案申请的申请日的在先注册商标申请，包括直接向英国知识产权局（Uk Intellectual Property Office，UKIPO）提交的注册商标申请，也包括依据国际条约或多边条约等申请的欧盟商标或国际商标，还包括未申请的但是依据《保护工业产权巴黎公约》或世界贸易组织（World Trade Organization，WTO）规则作为驰名商标获得保护的商标，其中在判断申请日时还应该考虑优先权日的情况。

先申请原则与注册取得制度相结合，这就有可能造成在英国最初立法时所引发一个担忧，即若将商标注册作为获取商标权的方式，则很可能会造成在注册商标后并不使用的情况即商标圈地，或者抢注他人已经使用的商标即商标抢注。[2] 对此，我们通过考察英国采取的整个商标注册制度会发现，在英国商标专用权取得制度中，商标注册制度强调商标使用要素，由此能够尽可能降低不以使用为目的的商标注册所带来的负面影响。

1. 在商标注册申请程序中强调商标使用要素

根据1994年《英国商标法》第32条的规定，在申请人向英国知识产权局提交

---

〔1〕 2. (1) A registered trade mark is a property right obtained by the registration of the trade mark under this Act and the proprietor of a registered trade mark has the rights and remedies provided by this Act. (2) No proceedings lie to prevent or recover damages for the infringement of an unregistered trade mark as such; but nothing in this Act affects the law relating to passing off.

〔2〕 参见余俊著：《商标法律进化论》，华中科技大学出版社2011年版，第89页。

商标注册申请时,除了需要提交请求书、商标图样以及所使用的该商标图样的商品或服务等表明该商标申请内容的必要信息和文件,申请人还需要提交一份声明,表明该商标已经被申请人或在其同意下由他人实际使用在所申请注册的商品或服务上,或者申请人具有将按照其申请那样来使用该商标的真实意图。[1]

与美国采取的常规做法中所要求的必须提供使用证据才能获得最终注册不同,英国的商标注册制度中,并不完全要求申请人实际使用了该商标才能获得注册,对于基于使用意图的注册申请,也能够获得注册,而美国的基于使用意图的注册申请虽然可以提出申请,但是,在没有提交商标使用证明的情况下不能获得注册。

虽然英国在进行商标注册申请时对商标使用的要求不像美国所要求的实际使用那样严格,例如申请基础可以为实际使用,也可以仅为真实的使用意图,即申请须声明该商标使用于有关的商品或服务上,或该申请人有善意使用该商标的意图,但是对于以使用意图为基础的商标注册申请来说,虽然申请人看似仅仅提交了一份声明,且不能直接证明该声明是否是真实的,然而该使用意图的声明是具有约束力的,或者说一旦违反是具有法律后果的。在实务中,该声明表明了所提交的商标注册申请的基础,即真实的使用目的,而一旦有证据表明申请人自提交申请时并没有真实的使用意图,则据此可以驳回或撤销其注册商标。例如,根据 1994 年《英国商标法》第 3 条第 6 款的规定,出于恶意提出申请的,或商标申请达到恶意程度的商标不得注册。若申请人在提交申请时并没有真实的使用意图,却提交了 1994 年《英国商标法》第 32 条所要求的声明,那么这将属于恶意申请。而恶意申请是可以作为绝对理由驳回的基础的,无须存在其他条件(如混淆或误导、驰名等),只要能够证明"恶意",就足以驳回商标申请。当然,证明"恶意"本身也不是一件容易的事情,需要结合众多客观事实综合判断。[2] 不过,一旦有证据证明申请人在申请时并没有使用意图,则将导致该商标直接被驳回或撤销,例如,在"DEMONALE"英

〔1〕 32. (1) An application for registration of a trade mark shall be made to the registrar. (2) The application shall contain: (a) a request for registration of a trade mark, (b) the name and address of the applicant, (c) a statement of the goods or services in relation to which it is sought to register the trade mark, and (d) a representation of the trade mark. (3) The application shall state that the trade mark is being used, by the applicant or with his consent, in relation to those goods or services, or that he has a bona fide intention that it should be so used. (4) The application shall be subject to the payment of the application fee and such class fees as may be appropriate.

〔2〕 Frederick Mostert、吴琼、李佳星:《各国关于恶意抢注商标的法律应用比较》,载《中国知识产权》2017 年第 2 期,载 http://www.chinaipmagazine.com/journal-show.asp? 2590.html。

国商标异议上诉案(申请号:33)的判决中,Geoffrey Hobbs 法官指出,本案根据法案第 3 条第 6 款的异议,关于申请人违反了法定的要求。法案第 32 条第 3 款要求申请人真实地声明其有善意的意图将"DEMONALE"作为商标使用(本人使用或授权他人使用)在啤酒上。其注册申请包含了具有该效力的声明,但是,他并没有此意图也无法真实地主张其曾有此意图。这就足以根据第 3 条第 6 款驳回被异议商标的注册申请了。[1]

2. 异议程序中对商标使用的要求降低了不使用的注册商标的负面影响

由于自 2007 年 10 月 1 日之后,英国商标审查员将不会在审查阶段以有冲突的在先商标为由而驳回,[2] 即针对相对理由不进行驳回,而是依赖在先申请的权利人在异议程序中提出异议请求来解决,因此,异议程序就显得更加重要了。然而,若在先申请的权利人获得注册后长时间没有使用商标,从而造成该商标长期占位而成为"僵尸"商标,则在先权利人有可能不能依据其在先"僵尸"商标提出商标异议请求。对于在先申请的效力,根据 1994 年《英国商标法》第 6 条第 3 款[3]的规定,通常情况下,若在先申请已经失效,那么在失效后的一年内,该在先申请仍然具有阻碍他人在后商标申请的效力,不过在特殊情况下,该在先申请将失去阻碍他人在后商标申请的效力。这种特殊情况是,该在先申请的商标在失效前两年内没有真实的使用。另外,根据 2004 年 5 月 5 日修正的 1994 年《英国商标法》第 6A 条[4]的规定,在异议程序中,如果引证的在先商标在被异议商标的公布日前的 5

---

[1] Frederick Mostert、吴琼、李佳星:《各国关于恶意抢注商标的法律应用比较》,载《中国知识产权》2017 年第 2 期,载 http://www.chinaipmagazine.com/journal-show.asp? 2590.html。

[2] 参见张俊琴:《英国调整商标异议制度》,载《中华商标》2007 年第 11 期。

[3] A trade mark within subsection(1)(a) or(b) whose registration expires shall continue to be taken into account in determining the registrability of a later mark for a period of one year after the expiry unless the registrar is satisfied that there was no bona fide use of the mark during the two years immediately preceding the expiry.

[4] 6A Raising of relative grounds in opposition proceedings in case of non-use:(1) This section applies where(a) an application for registration of a trade mark has been published,(b) there is an earlier trade mark of a kind falling within section 6(1)(a),(b) or(ba) in relation to which the conditions set out in section 5(1),(2) or (3) obtain, and(c) the registration procedure for the earlier trade mark was completed before the start of the period of five years ending with the date of publication. (2) In opposition proceedings, the registrar shall not refuse to register the trade mark by reason of the earlier trade mark unless the use conditions are met. (3) The use conditions are met if –(a) within the period of five years ending with the date of publication of the application the earlier trade mark has been put to genuine use in the United Kingdom by the proprietor or with his consent in relation to the goods or services for which it is registered, or(b) the earlier trade mark has not been so used, but there are proper reasons for non-use.

年之前已经完成了注册，并且在这5年内没有实际使用或者没有合理的不使用的理由，那么不能依据这样的在先商标来阻碍在后商标即被异议商标的注册。

因此，对于不以使用为目的的商标注册来说，虽然其能够通过审查程序获得注册，从而将该商标进行占位，但是，该占位也是有限度的。英国商标注册制度中的异议程序的设置，将这种不使用而注册所带来的负面影响大大降低了，因为在注册商标申请的审查程序中，由于审查员不依据与在先商标相冲突这种相对事由进行驳回，因此他人真实使用的在后申请不会因在先的“僵尸”商标的占位而受阻，而对于“僵尸”商标的所有人来说，由于其长时间的不使用商标，因此也不能依据其在先的“僵尸”商标在异议程序中阻碍真实使用的在后申请的注册。

3. 无效程序（invalidity procedure）中对商标使用的要求降低了不使用的注册商标的负面影响

在商标获得注册后还可能引发商标的无效程序。对于未能及时提出异议或者异议失败的权利人，可以针对获得注册的商标向英国知识产权局提起无效程序，即无效宣告请求。[1] 与上述在异议程序中对引证商标的使用要求类似，根据1994年《英国商标法》第47条第2A款[2]的规定，如果无效请求所依据的在先商标是在无效宣告请求之日前5年以前获得注册的，并且没有真实使用该商标或者没有不使用的合理理由，则该在先商标不能用来宣告被挑战的注册商标的无效。对于在无效宣告请求之日前5年以前就获得注册，并且不满足使用要求（实际使用或具有不使用的合理理由）的在先商标，显然是一种对资源的不合理占用和浪费，基于无效程序中对商标使用的要求，这种长期不使用的在先注册商标，不能阻碍真实使用的在后获得注册的商标的有效性，体现了公平原则。

4. 在商标注册后的使用要求

在上述异议程序中和无效程序中，对商标的使用要求能够降低未使用但获得注册的在先商标对真实使用的在后商标的阻止，从而降低了不以使用为目的的商

---

〔1〕 参见张俊琴：《英国调整商标异议制度》，载《中华商标》2007年第11期。

〔2〕 47(2A) But the registration of a trade mark may not be declared invalid on the ground that there is an earlier trade mark unless—

(a) the registration procedure for the earlier trade mark was completed within the period of five years ending with the date of the application for the declaration,

(b) the registration procedure for the earlier trade mark was not completed before that date, or

(c) the use conditions are met.

标注册所带来的负面影响，不过这种规制是对不使用的在先商标的一种被动规制，这种不使用的在先商标还一直存在于商标注册簿上。而根据1994年《英国商标法》第46条的规定，若注册商标在一定期限不满足使用要求，则该注册商标可以被撤销，这是对不使用的在先商标的一种主动规制。

根据1994年《英国商标法》第46条第1款[1]的内容，如果注册商标在完成注册程序后5年内，没有在英国被注册商标的所有人或得到其同意的其他人在所注册的商品或服务上真正使用，并且不存在未使用的合理理由，则该注册商标可以被撤销。或者，若注册商标连续5年暂停使用，并且不存在未使用的合理理由，则该注册商标可以被撤销。因此，注册商标必须投入真正使用才能维持有效，否则是可以被撤销的。根据该条款，其他人可以将这种仅依据注册而取得的商标权撤销掉，因此，该规定是对不使用的在先商标的一种主动规制。

综合上面所述，实际使用虽然在商标申请中并不是必要条件，但是，在英国商标注册制度中，商标使用是一个非常重要的要求，并且这种要求贯穿在整个商标制度中。

(三)注册取得制度在公平和效率上的考量

1. 审查程序中不审查驳回注册的相对事由——追求效率与异议程序中追求公平的关系

在商标注册申请审查程序中，通过前后环节之间的关联设置，使在程序整体上能够达到公平和效率的统一。

在审查程序中，审查员不针对驳回注册的相对事由进行驳回，而仅针对驳回注册的绝对事由进行驳回。例如，对于商标的在先性要求，即所申请注册的商标不能与在先商标相冲突，属于驳回注册的相对事由。在商标注册审查程序中，审查员会对在先性问题进行考虑，但不会依据该相对事由驳回商标申请，即自2007年10月1日起，英国知识产权局对于商标申请的审查中，将不再以可能存在冲突的在先商标为由而主动驳回在后申请的商标申请，而是留到了异议程序中，由

[1] 46. (1) The registration of a trade mark may be revoked on any of the following grounds—(a) that within the period of five years following the date of completion of the registration procedure it has not been put to genuine use in the United Kingdom, by the proprietor or with his consent, in relation to the goods or services for which it is registered, and there are no proper reasons for non-use; (b) that such use has been suspended for an uninterrupted period of five years, and there are no proper reasons for non-use.

在先商标的权利人对在后申请提出异议请求来解决。[1] 根据1994年《英国商标法》第37条第2款的规定,[2]商标审查员在审查过程中会对在先商标进行其认为必要的程度的检索。若检索中发现了有在先商标,审查员会发出通知,由申请人选择是否继续该商标申请,但是审查员不会据此来驳回。若申请人继续该商标申请,在没有其他缺陷(驳回注册的绝对事由)的前提下,审查员仍然会将该商标申请进行公告。不过审查员会同时将其检索报告发送给在先商标的所有人,由在先商标的所有人决定是否提出异议请求。这是一种典型的居间处理手段。根据1994年《英国商标法》第7条[3]的规定,如果注册商标申请人诚实地使用了所申请的商标,并且该商标使用与一项在先商标是共存使用的,则英国知识产权局不能依据该在先商标来驳回该商标申请,除非该在先商标的权利人在异议程序中依据该在先商标提出了异议请求。因此,商标在先性要求中的申请商标与在先商标之间的冲突,是双方当事人在异议程序解决的。这有效地节约了英国知识产权局的行政资源,这样的举措大大地提高了行政效率,但是似乎是牺牲了公平,将矛盾推给了双方当事人。不过,英国的商标注册程序在异议程序上非常灵活,给公众提供了灵活的可选参与方式。根据1994年《英国商标法》第38条的规定,在商标注册申请被公布后,任何人都可以针对该公布的商标申请提出异议请求。因此,虽然在审查过程中,审查员不针对驳回注册的相对事由进行驳回,但是商标审查程序提供了在公布后由公众进行监督的机会。对于公众的意见,有两种提出方式,一种是以异议请求的方式提出,在异议请求中,要阐明该异议所依据的理由,另一种方式,不是以异议请求方式提出,而是仅仅作为公众意见,在这种方式中意见的提出者不是该程序的当事人。这就给公众提供了灵活的可选择的方式,有利于鼓励公众对商标申请的监督。

2. 在商标异议程序中引入事先指示制度在公平和效率上考量

英国知识产权局于2004年在异议程序中引入了事先指示制度,即异议请求提出后并且在被异议商标申请人已经提交反诉之后、在双方当事人提交证据材料之前,异议审查员针对以与在先商标发生冲突为由的异议请求,对该商标异议案件可能的结果做出事先的指示或通知,该事先指示并不具有约束力,主要是给双方当事

[1] 参见张俊琴:《英国调整商标异议制度》,载《中华商标》2007年第11期。

[2] 37 Examination of Application.

[3] 7 Raising of Relative Grounds in Case of Honest Concurrent Use.

人提供参考意见。[1] 这种事先指示制度有如下特点:①事先指示制度仅针对所申请注册的商标与在先商标构成相同或近似而可能造成混淆的理由提出的异议请求,若商标异议请求不是基于上述理由提出的,则不会有事先指示;②并不是所有的商标异议请求都会有事先指示,例如,如果任何一方当事人明确不要求事先指示,或者异议审查员认为案件的结果难以预测,则该异议请求案件中审查员不会发出事先指示;[2] ③虽然该事先指示本身不具有约束力,但是,若双方当事人接受了事先指示,则具有约束力。

从上述事先指示制度的特点可以看出,审查员的事先指示通常在针对一些比较简单或明显的异议案件时比较有效,例如根据异议案件的基本事实很容易判断出结果的情形。若案件情况比较复杂,造成案件结果不容易判断,有可能审查员难以做出判断而无法给出事先指示,或者即使审查员给出了事先指示,但双方当事人认为该意见不能令人信服而不予接受。因此,这种事先指示制度可以被比喻为是一种简易程序,只不过该简易程序的选择得到了双方当事人的认可。因此,该事先指示制度在公平和效率方面实现了兼顾和统一。

(四)注册取得商标权的范围及权利之间的冲突

商标申请一旦获得注册,则全国有效,没有在地域上的差别,并且申请日被视为注册日。与通过商标使用获得的权利不同,通过商标注册取得的商标专用权会在英国全国有效,不受该商标的具体使用地域的限制。根据1994年《英国商标法》第9条的规定,注册商标的所有人具有该商标的专用权,在英国没有获得该所有人同意的商标使用属于侵权。并且,根据1994年《英国商标法》第40条第3款的规定,一件商标申请在获得注册时,应被视为在提交该注册申请之日获得了注册,并且该日期应被视为基于商标法的注册日。

对是否构成侵权的判定不以权利人的使用为基础,体现了商标注册的财产权属性。1994年《英国商标法》第10条规定了侵权判定原则,即认定构成侵权的条件。若他人在商业中使用与注册商标相同的商标标识,并且是在与注册商标所注册的相同的商品或服务上使用,则其商标使用行为属于对该注册商标的侵权;若他人在商业中使用与注册商标相同的商标标识,并且是在与注册商标所注册的类似

〔1〕 参见张俊琴:《英国调整商标异议制度》,载《中华商标》2007年第11期,第22~23页。

〔2〕 参见汪泽、徐琳:《商标异议制度比较研究》,载《中华商标》2011年第2期。

的商品或服务上使用，或者他人在商业中使用与注册商标近似的商标标识，并且是在与注册商标所注册的相同或类似的商品或服务上使用，且这种使用相对于相关公众来讲存在构成混淆的可能，则这种商标使用行为属于对该注册商标的侵权。另外，第10条第3款还规定了一种被认为是侵权的情形，即若他人在商品或服务上使用与注册商标相同或近似的商标，并且不正当地利用了该注册商标的显著特征或声誉，或者对该注册商标的显著特征或声誉有损害，则其商标使用行为构成商标侵权。在上述关于构成侵权的判定原则中，可以看出注册商标具有明确的权利范围，这对权利人以及其他主体（如权利人的竞争者）来讲，都具有非常积极的意义，清晰的权利范围的边界，能够帮助企业可信赖地制定其商标策略以及商标使用规则。

对于未注册商标与注册商标之间的冲突，英国商标法给予了在先使用的未注册商标的先用使用抗辩权。根据1994年《英国商标法》第11条第3款的规定，仅在某一特定地域有效的在先权利，在该地域的商业上的商标使用不视为是对注册商标的侵权，其中该在先权利是指由某人或其前任在先连续地使用在商品或服务上的未注册商标或其他标识，该在先使用应早于该注册商标在所注册的商品或服务上由注册商标所有人使用的日期或注册日期，对此，若其在特定地域的使用能够得到任何法律，特别是关于仿冒的法律的保护，则在先权利会被视为在其使用地域有效。因此，在特定区域使用商标的在先使用者有权继续在原范围使用商标。第11条的规定体现了未注册商标与注册商标之间的冲突解决规则，很明显，英国虽然针对未注册商标进行保护，但是，这种仅仅依据商标使用获得的权利是一种处于弱势地位的权利，仅仅有类似于被动地防御的效果。依据商标的在先使用获得的权利，在没有通过商标注册程序获得注册的加固作用下，其权利效力级别是非常有限的，不仅仅需要与注册商标的注册日（根据第40条第3款的规定申请日视为注册日）相比，还需要与注册商标的使用日相比，若晚于任何一个对比日期，则不具有抗辩权。因此，通过商标注册所获得的商标专用权不仅有地域（特别是未使用的地域）上的扩张作用，而且还能够借助其使用日期（特别是使用日期早于申请日的情形）在与未注册商标的冲突中获得一定的优势地位。

对于注册商标与注册商标之间的冲突，根据1994年《英国商标法》第11条第1款的规定，注册商标还具有保护其商标使用免于遭到其他注册商标的侵权指控的作用，即若使用的商标是注册商标，即使该注册是在后注册，使用该商标也不被视为是对在先注册商标的侵权,除非该在后注册的商标被无效掉,因为一旦注册商标被无效了,即为自始无效,就像是从没有获得注册那样。因此,注册商标还具有保护对注册商标的使用不被他人起诉商标侵权的自我保护作用。

这一规定与通过商标使用取得的商标权利不同,在商标专用权使用取得模式下,由于没有获得权利的形式标志,例如,在 Blue Bell Inc. v. Farah Mfg. Co.〔1〕案件中,针对同一个商标的使用与他人的使用发生冲突时,双方比拼的是谁最先进行了商标法意义上的商标使用,而在实际的商业活动中,当事人是不可能像法院审查案件时的方式那样去管理商标使用行为的,因此有可能一方当事人实际投入使用一段时间后的商标与他人的商标发生冲突时,被判定为在后商标使用,不仅不能获得商标权,而且还面临侵权的后果。这对于企业的经营来说有太大的风险,不利于企业的经营活动,也不利于整个社会的经济发展。

另外,这一规定与美国采用的商标专用权使用取得制度中通过注册申请程序获得的商标权也不同,在美国的商标制度中,已经通过注册程序取得的商标权也有可能被撤销注册,例如,在 Zatarain's Inc. v. Oak Grove Smokehouse Inc. 案件中,〔2〕对于"Chick-Fri"这个商标,虽然该商标经过了使用并且也获得了联邦商标注册,但是在案件审理中法院认为该商标的使用程度不够,尚未通过使用获得第二含义,从而认为该商标不具有显著性,法院最终判定撤销原告已经获得注册并且投入使用的商标。那么对于商标的使用人来讲,虽然法院的判决在显著性判断上具有一定的道理,但是,这样的已经进行了使用的注册商标仍是不稳定的,这种商标制度给企业的经营活动带来了过大的不确定性,不利于经济发展的需要。

四、国际协调下的商标注册制度

面对各国商标法的地域性限制,同时又要适应经济全球化要求的在全球范围内对商标事务进行协调和规范的要求,特别是国际贸易的发展要求获得商标跨国保护或国际保护,因此,就产生了国际条约的建立基础。目前涉及商标制度的国际条约主要有《保护工业产权巴黎公约》、《与贸易有关的知识产权协定》(Agreement on Trade-Related Aspects of Intellectual Property Rights, TRIPs)、马德里国际条约(包

〔1〕 参见美国法院判决 508 F. 2d 1260(5th Cir. 1975)。

〔2〕 参见美国法院判决 698 F. 2d 786;1983 U. S. App. LEXIS ;217 U. S. P. Q. (BNA)988。

括《商标国际注册马德里协定》和《商标国际注册马德里协定有关议定书》)、《商标法条约》(Trademark Law Treaty,TLT)以及《商标法新加坡条约》(Singapore Treaty on the Law of Trademarks,STLT)等。

对于这些国际条约,其主要功能是对成员国的约束作用,从而使各国之间在某些条款上相互一致或者符合类似的原则。结合其与本文所研究主题之间的关系,本文主要关注这些条约中涉及商标权取得制度方面的条款,特别是这些国际条约在商标权取得制度上的属性以及对取得制度的影响和发展趋势。

(一)国际公约中的权利取得制度的属性

1.《保护工业产权巴黎公约》在商标权取得制度上呈开放性

《保护工业产权巴黎公约》(以下简称《巴黎公约》),于1883年通过的,《巴黎公约》应该是最早的关于知识产权的国际条约,适用于最广义的工业产权,包括专利、商标、工业品外观设计、实用新型、服务商标、厂商名称、地理标志以及制止不正当竞争。[1]《巴黎公约》是帮助创作者在别国确保自己的智力作品受到保护的首要一步。《巴黎公约》的主要贡献在于确立了优先权的概念和国民待遇原则。

关于协调各成员国之间在商标注册制度上的规则,主要体现在第6条的相应条款中。

《巴黎公约》明确认可了同一商标在不同国家所受保护的独立性。根据《巴黎公约》第6条[2]规定了同一商标在不同国家所受保护的独立性。但是,作为第一部涉及知识产权的国际条约,其协调的基础是比较困难的,因此在统一各国制度的程度上是非常有限的。不过,《巴黎公约》第6条同时也对各成员国在商标注册制度上做出了约束,例如,本联盟任何国家对本联盟国家的国民提出的商标注册申请,不得以未在原属国申请、注册或续展为由而予以拒绝,也不得使注册无效。[3]

《巴黎公约》在协调各国商标注册制度方面的一个重要贡献是确立了"在本联盟一个国家注册的商标在本联盟其他国家所受的保护"的原则,具体内容可参见

〔1〕 参见WIPO网站资料,http://www.wipo.int/treaties/zh/ip/paris/,2018年5月22日访问。

〔2〕 参见WIPO网站资料,http://www.wipo.int/wipolex/zh/treaties/text.jsp?file_id=9,2018年5月22日访问。

〔3〕 参见WIPO网站资料,http://www.wipo.int/wipolex/zh/treaties/text.jsp?file_id=9,2018年5月22日访问。

《巴黎公约》第 6 条之五的规定。[1] 同时,《巴黎公约》还进一步限制了各成员国对驳回这类商标注册的限制,即除了一些特定情况(侵犯他人权利、缺乏显著性、违反道德或公共秩序等)外,对该条所适用的商标,既不得拒绝注册也不得使注册无效。根据前文所述,虽然《巴黎公约》在协调各国的商标注册制度方面的规定较少,但是,作为第一部涉及商标注册制度的国际条约,其为后续的国际条约的建立奠定了基础。

《巴黎公约》在商标权取得制度上的属性是开放的。其中与商标有关的重要条款都没有涉及商标权取得制度的问题。《巴黎公约》的一个重要贡献是在包括商标在内的知识产权领域建立了优先权制度和国民待遇原则,这些制度是协调各国包括商标制度在内的知识产权制度的重要基础,因此,《巴黎公约》可以被认为是一个协调和适应各国商标制度的基础条约。

不过,在这个基础条约中,《巴黎公约》中没有对商标权的取得制度进行规范。一方面是在《巴黎公约》缔结时期(1883 年通过),很多国家的商标权取得制度还在演变之中,例如,英国的《1875 年设立商标注册处之法案》中规定了商标注册制度,但是仍然采用权利使用取得制度,而法国在 1857 年制定的商标法仍然采用使用原则;另一方面是作为基础条约,难以在关键制度上在各国之间形成共识,因此,需要采用更加开放的机制,才能将各国都包容在同一个条约中。

2.《与贸易有关的知识产权协定》在国际层面强化了商标权注册取得制度,也兼顾了使用取得制度

《与贸易有关的知识产权协定》是关贸总协定乌拉圭回合谈判的 21 个最后文件之一,于 1994 年 4 月 15 日由各国代表签字,并于 1995 年 1 月 1 日起生效。[2] 在商标保护方面,尽管之前国际社会已签订了一些国际公约,例如,《巴黎公约》,但是,原有的国际公约和协定相对于迅速发展的商标权利的保护来说,还不能满足需求,需要改善。《与贸易有关的知识产权协定》被认为是当前世界范围内知识产权保护领域中涉及面广、保护水平高、保护力度大、制约力强的一个国际公约,[3]《与贸易有关的知识产权协定》对商标的保护,较之前的《保护工业产权巴黎公约》有

---

〔1〕 参见 WIPO 网站资料,http://www.wipo.int/wipolex/zh/treaties/text.jsp? file_id = 9,2018 年 5 月 22 日访问。

〔2〕 参见 http://www.ipr.gov.cn/zhuanti/law/conventions/wto/trips.html; http://www.npc.gov.cn/npc/xinwen/2007 - 12/07/content_49.htm,2018 年 5 月 22 日访问。

〔3〕 参见 http://www.ipr.gov.cn/zhuanti/law/conventions/wto/trips.html; http://www.npc.gov.cn/npc/xinwen/2007 - 12/07/content_49.htm,2018 年 5 月 22 日访问。

了显著的加强。

《与贸易有关的知识产权协定》在第二部分第2节列举了对商标保护的相关内容,包括商标和服务标记协议规定了商标和服务标记的符号、使用期限、所有人的权利、在许可转让中的一系列义务,以及驰名商标应享有更多的保护。关于商标注册制度来说,《与贸易有关的知识产权协定》中给出了两类要求,一类是各成员国都应该遵守的必要性义务,另一类是各成员可以选择的选择性义务。

(1)《与贸易有关的知识产权协定》中的必要性义务设定了所有成员国必须遵守的商标注册最低标准义务,其制度构建主要是以大陆法系国家采用的商标权注册取得制度为基础,同时也吸收了普通法系例如美国,所采用的商标专用权使用取得制度的内容,内容不但涉及商标注册制度的实体条件,也包括商标注册制度的程序上的要求。[1]

《与贸易有关的知识产权协定》中的必要性义务赋予各成员以自由选择权,体现了各国商标注册制度的多样性,实际上这些条款也表明了协调各国商标注册制度一致性方面的困难。

在可保护客体的要求上,《与贸易有关的知识产权协定》第15条第1款规定了,任何标记或标记的组合,只要能够将某一企业的货物和服务区别于其他企业的货物或服务,即能够构成商标。这给出了必要性义务,这些义务在商标专用权使用取得制度和商标权注册取得制度中已经被广泛接受。对于固有显著性和使用获得显著性的规定,第15条第1款作为选择性义务做出了规定,该规定已经被大多数国家所接受。不过对于商标标识的形式要求,第15条第1款虽然给出了选择性义务,即作为注册的条件,各成员可要求这些标识应为视觉上可感知的,但是,目前大多数国家均未采纳该要求,例如,声音商标在很多国家都被接受可以作为商标。

(2)在商标注册制度中强化对商标使用的要求,兼顾了使用取得制度的实践。在商标注册申请程序中,商标使用不是提出商标申请的必要条件,即根据TRIPs第15条第3款的规定,一商标的实际使用不得作为接受申请的一项条件,这是一项必要性义务。对于采用了商标权注册取得制度的国家的申请人来说,这是符合这类申请人的本国申请规则的。

---

[1] 参见杨建锋:《论TRIPs协定下商标注册制度》,复旦大学2009年博士学位论文。

商标使用可以成为商标注册的必要条件，这是一项选择性义务，也列在第15条第3款中，当然，成员国也可以选择不将商标使用作为商标注册的必要条件。在商标专用权使用取得制度中，商标使用是获得商标注册的必要条件，而在商标权注册取得制度中，商标使用不是获得商标注册的必要条件。因此，对于采用商标权注册取得制度的国家的申请人，在向商标专用权使用取得制度的国家提出申请时，会遭遇到阻碍，即使依据了第15条第3款所述的必要性义务，申请人不需要进行商标使用也可以提出商标申请，但是，在获得注册方面还是有障碍的，例如，美国的基于使用意图的申请，该条款主要是受到美国的影响。不过，结合《巴黎公约》第6条之五的规定，本联盟其他国家应与在原属国注册那样接受申请和给予保护，因此，对于采用商标权注册取得制度的国家的申请人，若其在本国获得了商标注册，那么即使其没有在采用商标专用权使用取得制度的国家进行商标使用，其也能够在该国获得注册。

根据《与贸易有关的知识产权协定》第15条第3款的规定，各成员国不得仅以自申请日起3年期满后商标未按原意使用为由拒绝该申请。这也是一项必要性义务，美国针对使用意图的申请的规定恰好满足这一最低要求，即在没有提交商标使用证据的情况下，基于使用意图的申请可以延长提交商标使用证据的期限直至36个月。

注册后的商标使用要求，根据《与贸易有关的知识产权协定》第19条的规定，各成员国的必要性义务是在注册后3年内不得因为未使用商标而撤销商标的注册，这类似于对商标使用要求的豁免期。而在商标使用上是否给予更宽松的条件，即3年以上不使用也不会撤销商标的注册，则是各成员的选择性义务。在这个选择性义务上，反而是很多采用商标权注册取得制度的国家，仅仅按照最低要求给予注册商标所有人3年的不使用的豁免期，例如中国。而采用商标专用权使用取得制度的国家或者混合制度的国家，给予了更长或更宽松的要求，例如英国采用的是5年豁免期，而美国仅仅将3年不使用作为放弃商标的初步证据，在一定条件下，即使注册商标的所有人在超过3年没有使用也可能不被撤销其商标的注册，特别是有合理的不使用理由的情况下。

(3)注册商标的效力体现了商标权注册取得制度的属性。根据《与贸易有关的知识产权协定》第16条第1款的规定，注册商标所有人有权排除他人能够构成混淆的商标使用。[1]。这给出了注册商标的权利范围的必要性义务，即最低要求是：①若他人使用的商标与注册商标的标识构成相同或相近似；②若他人使用商标的商品或服务与注册商标的商品或服务构成相同或类似；③具有混淆的可能。当然，在判断是否具有混淆的可能的问题上，美国的判例法中的规定是在注册商标的所有人没有在被控侵权人的使用地域进行商标使用的情况下，是不可能发生混淆的。因此，这种规定实际上是限缩了注册商标的保护范围，即将注册商标的权利范围限制在其使用地域。这种规定固然有典型的商标专用权使用取得制度的特点，但是，对于采用商标权注册取得制度的国家来说，具有在追求公平上的借鉴意义，例如，注册商标的所有人在没有使用而仅仅是通过注册程序获得商标注册的情况下，其行为没有给社会带来任何实质益处，因此，其注册商标的权利范围应该被适当地限缩。

同时，《与贸易有关的知识产权协定》第 16 条第 1 款还规定了在对相同货物或服务使用相同标识的情况下，应推定存在混淆的可能性。[2] 即对于他人的特殊的商标使用行为，直接推定具有混淆的可能性，这实际上也直接规定了注册商标的权利范围。

作为对注册商标的权利限制，该条款还规定了，注册商标的权利不得损害任何现有的优先权，也不得影响各成员以使用为基础提供权利的可能性。其中，注册商标的权利不得损害任何现有的优先权是一项必要性义务，这是对注册商标的权利限制的最低要求。而注册商标的权利不得影响各成员以使用为基础提供权利的可能性则是选择性义务，此条款对于成员国来讲特别是采用了商标专用权使用取得制度的国家，是在追求公平上的考虑。

综上所述，《与贸易有关的知识产权协定》中给出的必要性义务对于协调

---

〔1〕 1. The owner of a registered trademark shall have the exclusive right to prevent all third parties not having the owner's consent from using in the course of trade identical or similar signs for goods or services which are identical or similar to those in respect of which the trademark is registered where such use would result in a likelihood of confusion. In case of the use of an identical sign for identical goods or services, a likelihood of confusion shall be presumed. The rights described above shall not prejudice any existing prior rights, nor shall they affect the possibility of Members making rights available on the basis of use. 相应译文为："注册商标的所有权人享有专有权，以阻止所有第三方未经该所有权人同意在贸易过程中对与已注册商标的货物或服务的相同或类似货物或服务使用相同或类似标记，如此类使用会导致混淆的可能性。"

〔2〕 英文原文："In case of the use of an identical sign for identical goods or services, a likelihood of confusion shall be presumed"。

各成员国之间在商标注册制度上的一致性具有非常积极的意义，不过基于各成员国之间多样性的现状，这种一致性协调的作用非常有限，特别是《与贸易有关的知识产权协定》并没有在商标权取得制度上取得进展，当然，这也是采用商标权注册取得制度的国家和采用商标专用权使用取得制度的国家之间最根本的区别。

3. 商标国际注册马德里体系[1]清晰地体现了商标权注册取得制度的属性

相对于《与贸易有关的知识产权协定》以调整商标在各国的国家注册制度为重点，商标国际注册马德里体系以商标的国际注册制度为对象。商标国际注册马德里体系涉及多个国际条约（统称为马德里国际条约），包括于1891年签订的《商标国际注册马德里协定》和于1989年签订的《商标国际注册马德里协定有关议定书》，其中《商标国际注册马德里协定有关议定书》旨在让马德里体系更加灵活，并与尚无法加入本协定的某些国家或政府间组织的国内法更加协调。其中加入马德里体系的国家和组织被统称为缔约方。商标国际注册马德里体系的基本功能是，通过该体系，只要取得在每一个被指定缔约方均有效力的国际注册，即可在数量众多的国家中保护商标。[2]

商标国际注册马德里体系中商标申请和注册不以商标使用为条件，因此属于典型的商标权注册取得制度。通过国际注册行为，根据具体的国际注册程序，申请人可以该国际注册申请注册，该注册在各国具有效力，包括作为使用取得制度代表国家的美国，因此，可以说商标国际注册马德里体系建立了国际上的商标权注册取得制度，甚至延伸到了使用取得制度国家。商标国际注册马德里体系的具体内容将在下面一部分进行详细讨论。

4.《商标法条约》和《商标法新加坡条约》完善了商标注册制度，但是没有限定商标权取得制度的属性

《商标法条约》[3]于1994年10月27日在日内瓦签订，目前有54个签约国，中国于1994年10月28日签字。《商标法条约》的宗旨和主要内容涉及的商标注册

---

〔1〕 参见WIPO网，http://www.wipo.int/treaties/zh/registration/madrid/summary_madrid_marks.html，2017年12月2日访问。

〔2〕 参见WIPO网，http://www.wipo.int/treaties/zh/registration/madrid/，2018年5月22日访问。

〔3〕 参见WIPO网，http://www.wipo.int/treaties/zh/ip/tlt/，2017年12月12日访问。

程序,是为了统一和简化国家和地区商标注册的程序。[1]《商标法条约》含有国际书式范本,其范本作用和不得要求提供对应的国际书式范本所提及的项目以外的强制性项目的规定,大大减轻了申请人在多国提交商标注册申请的手续上的负担和成本。《商标法条约》在商标权取得方式上没有做严格规定,能够适用商标权使用取得制度和商标权注册取得制度。在提交商标注册申请时,缔约方可以要求申请人提交有意使用该商标的声明,并且缔约方的法律也可以要求申请人提交关于实际使用该商标的声明和相应证据,例如,《商标法条约》第3条第6款关于实际使用的规定。[2] 因此,对于采用了商标权使用取得制度的国家,《商标法条约》也能够适用,这是《商标法条约》在适用范围上的扩大。

《商标法新加坡条约》扩大了商标注册制度的包容性,简化了商标注册程序,在商标权取得制度上仍采取开放性。《商标法新加坡条约》[3] 于2006年缔结,2009年生效,中国尚未加入该条约。《商标法新加坡条约》是第一部明确承认非传统商标的商标法国际文书,该条约可以适用于一切类型的商标,包括非传统的可视商标以及非可视商标,例如,声音商标、嗅觉商标或味觉商标和触觉商标。[4]《商标法新加坡条约》的主要贡献在于使申请人在缔约方提出商标注册申请时能够简化程序,降低申请的程序性成本。例如,对其中的每一种程序,《商标法新加坡条约》均明确了缔约方商标局最多可以要求申请方提交的形式要素。在商标权取得模式上,《商标法新加坡条约》沿袭了《商标法条约》的做法,在商标权取得方式上没有做严格规定,而是依赖缔约方的国内法律要求,因此,其能够适用商标权使用取得制度和商标权注册取得制度两种制度。例如,根据《商标法新加坡条约》第3条第3款中关于实际使用的规定,任何缔约方均可以要求已经按照本条第1款第1项第16目的规定提交有意使用商标声明的,申请人须在法律规定的期限(应不少于本条约《实施细则》规定的最短期限)内,按该法律的要求向商标主管机关提交商标

〔1〕 参见WIPO网,http://www.wipo.int/treaties/zh/ip/tlt/summary_tlt.html,2018年5月22日访问。

〔2〕 "在不违反《实施细则》规定的最短时限的前提下,任何缔约方均可要求已提交第3条第(1)款(a)项第(十七)目下使用意图声明的申请人,在缔约方法律规定的时限内按该法律要求向商标主管机关提供商标实际使用的证据。"参见 http://www.wipo.int/wipolex/zh/treaties/text.jsp? file_id=8,2017年12月12日访问。

〔3〕 参见 http://www.wipo.int/treaties/zh/ip/singapore/,2017年12月12日访问。

〔4〕 参见 http://www.wipo.int/treaties/zh/ip/singapore/summary_singapore.html,2017年12月12日访问。

实际使用的证据。[1]《商标法新加坡条约》为了扩大商标注册制度的包容性,难以对权利取得制度进行限制。

(二)马德里国际条约建立了国际上的商标权注册取得制度,甚至贯穿了使用取得制度国家

1. 国际上的商标权注册取得制度的建立:商标国际注册马德里体系中商标申请和注册不以商标使用为条件

根据《商标国际注册马德里协定及该协定有关议定书的共同实施细则》[2]第9条给出了国际申请的内容和要求,其中的第4款(a)项给出了国际申请的内容。[3]虽然在第9条第4款(a)项和(b)项还给出了非必要信息或申请人可选的内容,例如代理人信息、优先权信息、图标字体信息和商标的翻译等,不过这些并不是必要内容。在第9条规定的必要内容中没有针对商标使用证明的要求,即在提交商标国际申请时,并不需要提交商标的使用证明。不过,该细则的第7条"意欲使用商标"的规定中,允许缔约方对商标使用声明进行要求,即若任何缔约方作为依议定书指定的缔约方,要求对意欲使用商标做出声明,该缔约方应将此要求通知总干事。[4]

在缔约方主管局在依据国内法进行实质审查时,根据《商标国际注册马德里协定》和《商标国际注册马德里协定有关议定书》的规定,各缔约方主管局不能要求申请人提供商标使用证明才能给予注册。

---

〔1〕 参见 http://www.wipo.int/wipolex/zh/treaties/text.jsp? file_id=7,2017年12月12日访问。

〔2〕 参见 WIPO 网,http://www.wipo.int/wipolex/zh/treaties/text.jsp? file_id=1,2018年5月22日访问。

〔3〕 具体内容为"根据行政规程所注明的申请人名称;根据行政规程所注明的申请人地址;商标图样,其应粘贴于正式表格所留方框内,该图样必须清晰,图样是采用黑白还是彩色的,应根据基础申请或基础注册中的图样是黑白还是彩色的而定;申请商标国际注册的商品和服务的名称,其应按商品和服务国际分类的适当类别分组排列,每一组前应冠以类别序号,并按该国际分类的类别顺序排列,其中商品和服务应用准确的词语表达;须缴纳的规费数额和付款方式,或从在国际局开设的账户中支取所需规费数额的指令,以及付款方或发出付款指令当事方的身份,以及被指定缔约方"。参见 WIPO 网,http://www.wipo.int/wipolex/zh/treaties/text.jsp? file_id=1#rule9,2018年5月22日访问。

〔4〕 参见 WIPO 网,http://www.wipo.int/wipolex/zh/treaties/text.jsp? file_id=1#rule7,2018年5月22日访问。《商标国际注册马德里协定及该协定有关议定书的共同实施细则》第7条规定:"若任何缔约方作为依议定书指定的缔约方,要求对意欲使用商标作出声明,该缔约方应将此要求通知总干事。若该缔约方要求,该声明须由申请人本人签字,并须填写一份单独的正式表格,附于国际申请之后,通知中应载有关于此种要求的说明,并应对所要求的这一声明的确切用语加以明确。"

根据马德里国际条约的规定，商标国际注册申请必须依据原属国的基础申请。国际申请应由原属局提交给国际局，商标国际注册申请必须依据原属国的基础申请，其中“基础申请”指已向缔约方主管局提交并构成该商标注册国际申请基础的商标注册申请。

国际注册申请中必须指定一个或多个被要求给予保护的缔约方，之后还可做出进一步指定。被指定的缔约方必须与主管局为原属局的缔约方是同一条约的成员。后一缔约方本身不得在国际申请中被指定。

在商标注册申请的审查中，马德里国际注册体系采用国际局形式审查和国家局实质审查二分法。申请人的商标国际注册申请应该向原属局（申请人所在的缔约方的国家局）提交，原属局应将该商标申请提交给国际局，国际局一经收到国际申请，即予以形式审查，以判断其是否符合《商标国际注册马德里协定》、《商标国际注册马德里协定有关议定书》及其《商标国际注册马德里协定及该协定有关议定书的共同实施细则》的要求。国际局的审查限于形式，其中包括商品和/或服务清单是否便于分类和易于理解。申请如无任何不规范，国际局将会在国际注册簿上对该商标进行登记，在《WIPO 国际商标公告》中公布国际注册，并将该国际注册通知每一个被指定的缔约方。被指定的各缔约方的国家局有权对该商标的国际申请进行实质审查，对于该商标在某一缔约方是否符合保护条件或是否与注册在先的商标有冲突等所有实质性问题，由该缔约方的商标局根据适用的国内立法决定。

在依据国内法进行实质审查时，缔约方主管局应该发出给予保护的说明或拒绝保护。每一被指定缔约方的主管局均应根据《商标国际注册马德里协定及该协定有关议定书的共同实施细则》第 18 条之三的规定，发出给予保护的说明。但是，缔约方在审查国际注册是否符合其国内法时，如有不符合某些实质性规定的情形，他们有权驳回要求在其领土上给予保护的请求。任何此种驳回，包括对驳回理由的说明，必须通知国际局，通常是在通知之日起的 12 个月之内。但《商标国际注册马德里协定有关议定书》的缔约方可以声明，对于依《商标国际注册马德里协定有关议定书》对其做出的指定，这一时限延长至 18 个月。《商标国际注册马德里协定有关议定书》的缔约方还可以声明，对于以异议为依据的驳回，甚至可以在 18 个月时限之后再通知国际局。

驳回通知注册人或注册人在国际局的代理人，在国际注册簿上登记，并在

《WIPO 国际商标公告》中公布。驳回的后期程序(诸如申诉或复审),应在有关缔约方的主管行政管理部门和/或法院与注册人之间直接进行,国际局不介入。但有关驳回的最终决定须通知国际局,国际局将进行登记,并予以公布。

马德里国际注册的效力体现了商标权注册取得制度。国际注册在每一个被指定缔约方境内的效力,自该国际注册之日起,与仿佛该商标系在该缔约方主管局直接注册的效力相同。如在适用的时限内未发出任何驳回通知,或某一缔约方原通知驳回后又撤销,对商标的保护则应自该国际注册之日起,与仿佛该商标系在该缔约方主管局注册所应享有的保护相同。根据马德里国际注册的效力,一旦获得注册,便获得了商标权,因此体现了商标权注册取得制度。

2. 马德里国际注册在以使用取得制度为代表的美国的应用:马德里国际条约建立的国际商标权注册取得制度贯穿了使用取得制度国家

虽然美国采用了使用取得商标权的制度,但是,美国的《兰哈姆法》还规定了商标注册制度。根据美国的法律和加入的国际条约,特别是马德里国际条约,在美国提出商标注册申请有多种途径,除了基于实际使用或真实使用目的而直接提出的注册申请,以及基于外国优先权或原属国商标注册提出的注册申请,还包括基于马德里国际条约提出商标延伸保护。[1]

马德里国际注册采用国际局形式审查和国家局实质审查二分法,国际注册申请向原属国提出,然后由原属国将该申请提交给国际局。因此,这种申请不是直接向美国专利商标局的申请,美国作为指定国可以提出没有显著性等方面的驳回意见,但是,美国不能根据申请人没有提供使用证据进行驳回,也不能就此提出提供在美国的使用证据的要求。不过根据美国商标法《兰哈姆法》第 66 条(a)款的规定,申请人需要提交在美国商业中使用该商标的真实意图的声明,并不需要提交商标使用证明。

基于马德里国际条约提出的商标延伸保护途径主要是为了美国加入国际条约而设置的。在美国直接提交商标注册申请的各种途径中,申请人都需要提交商标使用证明才能最终获得商标注册,而在基于马德里国际条约提出商标延伸保护途径中,申请人可以不提交商标使用证明也能获得商标注册。这种现象就造成了一

---

〔1〕 参见美国专利商标局官网,https://www.uspto.gov/trademark/trademark-timelines/section－66a-timeline-application-based-madrid-protocol,2017 年 11 月 19 日访问。

种情况，美国的商标权使用取得制度中也存在了没有经过商标使用，而仅仅是注册行为就能获得商标注册的情况，即马德里国际条约建立的国际商标权注册取得制度贯穿了使用取得制度国家。

3. 商标国际注册马德里体系标志着在世界范围内形成了商标权注册取得制度的基本格局

根据上述分析的内容，依据《商标国际注册马德里协定》和《商标国际注册马德里协定有关议定书》的商标国际注册马德里体系采用国际局形式审查和国家局实质审查二分法，虽然赋予了各缔约国在商标实体审查上的自主权，但由于在申请和注册的程序上并不要求申请人提供商标使用证明，并且国际注册在每一个被指定缔约方境内的效力与该商标系在该缔约方主管局直接注册的效力相同，因此，可以确定商标国际注册马德里体系采用了商标权注册取得制度。

由于到2017年12月为止，商标国际注册马德里体系已经覆盖了世界上116个国家，[1]特别是商标申请大国，基本上都纳入了这个体系，因此，已经在世界范围内形成了商标权注册取得制度的基本格局。

（三）从商标国际条约中看注册取得制度的主流趋势

根据商标相关的国际条约的发展，特别是在国际上商标权利获得方式的应用状况的发展，能够得出如下两个趋势。

1. 趋势之一：马德里国际注册申请途径已经被越来越多的申请人采用，用于向外国提出商标注册申请，即越来越多的申请人采用马德里国际注册申请途径到另一国取得商标保护，并且呈现逐年扩大的趋势。

由于马德里体系已经涵盖了世界上绝大部分领土，到2017年12月为止，加入商标国际注册马德里体系的成员国已经达到116个国家，[2]而2018年9月马德里体系进一步扩大到102个成员，覆盖了118个国家，已经涵盖了世界上绝大部分领土。特别是，目前的马德里体系的成员国已经占据了超过80%的全球贸易量。[3]

---

〔1〕 参见WIPO网，http://www.wipo.int/madrid/zh/，2017年12月10日访问。

〔2〕 参见WIPO网，http://www.wipo.int/madrid/zh/，2017年12月10日访问。

〔3〕 参见WIPO网，http://www.wipo.int/madrid/en/，2018年9月27日访问。

根据世界知识产权组织发布的 2017 年马德里体系报告,[1] 2017 年的马德里国际商标注册申请的数量达到了 56200 件,并且一直呈增长的趋势,如图 2－1[2] 所示。

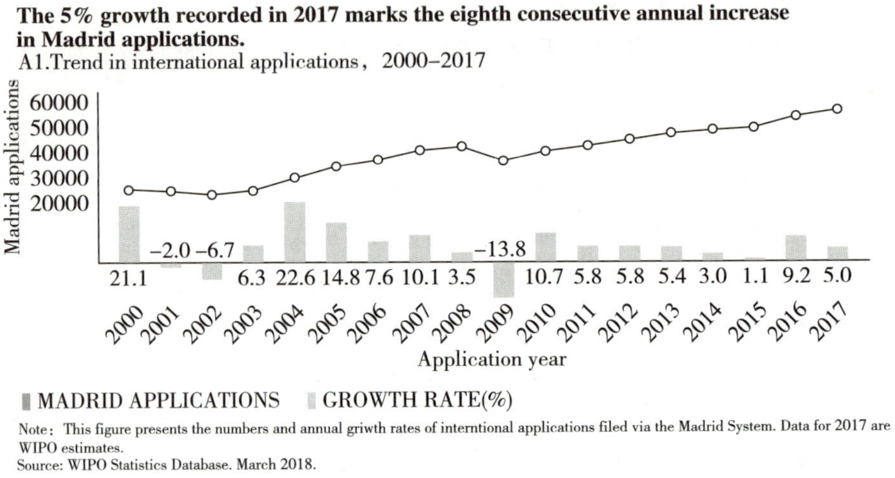

图 2－1　Madrid International Applications

2. 趋势之二:在马德里国际条约之后,近期缔结的商标国际条约没有触及权利取得制度,关注点在于注册程序自身的完善,并且加入的国家较少,没有形成加大的影响力。

在马德里国际条约之后缔结的商标条约有《商标法条约》和《商标法新加坡条约》。其中《商标法条约》在商标权取得方式上没有做严格规定,能够适用商标权使用取得制度和商标权注册取得制度;《商标法新加坡条约》在商标权取得模式上,沿袭了《商标法条约》的做法,在商标权取得方式上没有做严格规定,而是依赖缔约方的国内法律要求,因此,其能够适用商标权使用取得制度和商标权注册取得制度两种制度。这两个条约的成员国都较少,截止到 2018 年 9 月 27 日,《商标法新加坡条约》的成员国有 46 个,[3]《商标法条约》的成员国有 54 个。

---

[1] 参见 WIPO 网,http://www. wipo. int/edocs/pubdocs/en/wipo_pub_940_2018. pdf,2018 年 9 月 27 日访问。

[2] 参见 WIPO 网,http://www. wipo. int/edocs/pubdocs/en/wipo_pub_940_2018. pdf,2018 年 9 月 27 日访问。

[3] 参见 WIPO 网,http://www. wipo. int/treaties/en/ShowResults. jsp? lang = en&treaty_id = 30,2018 年 9 月 27 日访问。

从这两个条约的主要目的来看，目前国际上的一些关注点在于商标注册程序上的进一步简化和完善，为申请人提供进一步的便利。

不过，虽然这两个国际条约没有触及权利取得制度，而是取决于各个成员国的本国商标法律制度，但是，在当前世界上大多数国家都采用了商标权注册取得制度的状态下，这两个条约能够进一步方便商标权注册取得制度的允许。例如，这两个国际条约在注册程序等方面的完善方案，可以与马德里国际注册体系相结合应用（例如相应国家均加入这些国际条约）或者直接合并到马德里国际注册体系中。

（四）国际贸易给注册取得制度带来的挑战

1. 商标权注册取得制度的地域性限制

在各国的商标注册制度存在地域性差异的情况下，商标申请人需要满足各国的不同要求才能获得各国的商标注册。而各国之间的差异不尽相同，对于申请人来讲，不仅仅是要符合各国的不同要求所造成的在时间和成本上的增加，有时候有些要求甚至是难以满足的。因此，商标注册制度的地域性差异对申请人在不同国家获得商标注册造成了很大的困难，也对经济全球化发展产生了阻碍，而国际贸易的发展要求获得商标跨国保护或国际保护，这对商标注册制度提出了进一步的需求。

经济全球化带来了商品、技术、信息、服务、资金和人员等生产要素的跨国家和跨地区的流动，从而有利于在全球范围内进行物质资源、生产要素的合理配置，同时也要求相关的法律制度包括商标法律制度，能够在全球经济环境下对商标事务进行协调和规范。但是，各国对经济发展起到保护和促进作用的商标制度是由各国商标法所确立的，由于各国商标法的地域性特性，因此，依据各国商标法所确立的商标制度也具有地域性。这样就带来了各国商标制度的地域性限制与经济全球化要求的在全球范围内对商标事务进行协调和规范的要求之间的冲突。

2. 商标权注册取得制度的国际协调能够减轻地域性问题

由于各国的商标注册制度存在地域性差异，一种应对方式是维持各国的差异，由申请人自行去适应各国的规定，这显然不是一个理想的解决之路；另一种应对方式就是将各国的商标注册制度进行协调，努力减小或消除各国在商标注册制度上的差异或者各国遵循一定的基本规范，在该规范之外各国有权自行规定一些细节。因此对商标注册制度进行国际间的协调和规范是一种理想的解决思路。

对于商标取得制度来说，要想在国际间进行协调和规范，只能通过商标权注册取得制度来实现。因为，对于商标专用权使用取得制度来说，由于商标权的保护范围受到具体的使用地域的限制，并不能直接涵盖整个国家的地域范围，而一个企业使用商标的地域通常都是有限的，特别是在建立商标权的使用初期，通常只能在较小的地域建立商标使用，在本国内都难以进行各地域之间的协调，更加难以在各国之间的国际层面进行协调和规范。而商标权注册取得制度是通过本国商标法所确立的商标注册制度来获得权利的，所获得的权利在本国的全部地域范围内有效，这样就提供了各国之间依据其本国商标法在各国之间的国际层面进行协调和规范商标制度的基础。

各国商标法的地域性差异使国际贸易对商标的需求与跨国商标注册的国际协调之间的关系变得非常重要。而克服商标注册制度地域性问题的最好手段，就是将各国的商标法所确立的商标注册制度从程序到实体上的规则进行全面统一，但是，这只能是一个理想中的目标。各国的商标制度千差万别，不仅要考虑各国是否能够协调以及协调后采用哪种制度中的规则，还要考虑每个国家的商标注册制度不是独立存在的，而是与这个国家的整个司法体系以及经济政治制度紧密联系在一起的，因此即使各国有统一商标注册制度中各种规则的意愿，但是受限于各国其他制度的限制或影响，将各国的商标注册制度从程序到实体上的规则进行全面统一也是不可能的。因此，通过商标权注册取得制度进行国际间的协调和规范，并不是对各国的商标注册制度进行全面统一，而是通过订立国际条约来逐步缩小各国间在商标注册制度上的差异，在一定范围内确立并扩大统一规则的适用，在一定程度上保障各国在商标权注册取得制度上的一致性。[1]

3. 国际贸易对商标权注册取得制度提出了更高的要求

各国的商标注册制度存在诸多共性之处，也存在诸多的不同之处。对于商标权取得制度来说，通过注册取得还是通过使用取得或者注册取得和使用取得共存，这些都体现了各国在商标制度上的多样性。但这种多样性造成了商标注册制度在国际上的地域性问题，而国际贸易对各国在商标注册制度上的协调提出了迫切的需求。各国商标法律制度都在不断地与国际接轨，主要体现在对国际条约中的一

---

〔1〕 参见杨建锋：《商标注册国际协调制度构建之法理探析》，载《重庆理工大学学报》（社会科学版）2010 年第 7 期。

些原则和规定的引入,或者在国内商标法中予以体现,或者直接使国际条约在国内产生效力。

在商标注册的制度设计上,从一方面讲,如果商标注册制度不能使注册人获得商标权利,则商标注册制度的效用就大大降低了,因此,国际贸易要求商标注册制度能够产生实际的商标权利,即国际贸易对商标权注册取得制度有着迫切的需求;但是,从另一方面讲,对于商标权注册取得制度来说,若仅仅通过商标注册手续就可以获得商标权利,在不伴随商标使用的情况下,会造成基本制度上的缺陷,使商标权逐渐脱离其本质功能,这将从根本上危害商标制度。因此,国际贸易对商标注册制度提出了更高的要求,即对商标权注册取得制度提出了更高的要求,既要满足通过商标注册制度使注册人获得实际的商标权,又要通过制度设计避免或减轻仅仅通过注册程序获得的背离商标基本功能的"占位"商标或恶意注册的商标的危害。

第三节 商标权注册取得制度的根据

商标权注册取得制度的扩张有现实原因的推动作用,由于商标权是一种拟制的法定权利,在立法过程中,立法者不仅要考虑商人群体的需求、经济发展的需要、国家国际化之间的对等原则,以及经济全球化趋势等现实原因,更要从法理上寻找依据来制定法律。

一、注册取得制度的基础:商标的本质和商标功能

(一)商标本质及其与注册取得制度之间关系的厘清

探讨商标的本质就如同物权法理论研究物的本质和分类一样,是研究商标权问题的需要。然而,商标是一种无形物,与有形的物显然不同,虽然商标权被赋予了财产权的法律地位,但是,与有形物的财产权是不同的。有形物是一种客观存在,其本身可以直接满足自己的物质需要;而商标是无形的,其自身并没有实际的物质价值或物理价值。[1] 因此,我们从商标的本质开始分析,在此基础上认识商

---

〔1〕 参见郑其斌著:《论商标权的本质》,人民法院出版社2009年版,第1页。

标权与商标体系和制度。

商标的本质是商标概念的核心,通过对商标本质的厘清,能够进一步清晰商标权注册取得制度的基础。它不仅决定了商标的地位以及人们对待商标的根本方法,也决定或影响了商标法的制度结构及相关实践问题的处理。[1] 因此,揭示商标概念就是探讨商标的本质。[2] 分析商标的本质既可以通过直接描述商标重要的本质特征来进行,也可以通过分析商标本质的结构表现(功能)来实现。[3] 在此我们主张从商标的概念和结构入手来认识商标的本质,之后再分析商标结构的表现——功能。

对于商标的本质,目前有多种学说,主要的观点有智力成果说、知识产品说、信息说和信号说、符号论以及心理学等。

智力成果说是一种比较传统的学说。[4] 针对智力成果说的理论,虽然商标权被划分在知识产权的范畴内,但是,商标和商标权却并不是基于人类智力活动的成果而产生的,这正如美国《宪法》中有专利和版权条款,但却没有针对商标权的直接条款。为该学说辩解的观点认为,商标的设计体现了创造性,诚然有很多商标的设计确实非常新颖,商标标识自身已经能够获得版权的保护,但是,也有很多商标只是已知的简单单词,例如,苹果(电脑)、长城(葡萄酒)、熊猫(电视机)等。事实上,这些简单单词之所以能够成为商标,获得商标权得到保护,是基于权利人在商业上的劳动,而不是智力上的劳动。智力成果说虽然能够在一定程度上反映出商标的本质,但并不能从根本上解释商标的本质,因此,不能用这种学说来解释商标的本质。

知识产品说可以从吴汉东教授等的论述中得出来源,该学说提出了知识产权的客体为知识产品,从而商标权的对象——商标的实质就是知识产品。[5] 商标作为经营性标识被归入知识产品之中。[6] 知识产品说试图将商标与智力成果和物联系在一起,从智力成果和物两方面属性来阐述商标的本质,但是,商标并不完全

---

〔1〕 参见王太平著:《商标法——原理与案例》,北京大学出版社 2015 年版,第 1 页。

〔2〕 参见王太平著:《商标法——原理与案例》,北京大学出版社 2015 年版,第 1 页。

〔3〕 参见王太平著:《商标法——原理与案例》,北京大学出版社 2015 年版,第 2 页。

〔4〕 参见郑其斌著:《论商标权的本质》,人民法院出版社 2009 年版,第 15 页。

〔5〕 参见郑其斌著:《论商标权的本质》,人民法院出版社 2009 年版,第 18 页。转引自吴汉东、胡开忠著:《无形财产权制度研究》,法律出版社 2005 年版,第 31 ~ 33 页。

〔6〕 参见郑其斌著:《论商标权的本质》,人民法院出版社 2009 年版,第 18 页。

是智力成果，并且商标作为无形物与有形物具有本质区别，因此，知识产品说也不能从本质上阐述商标。

信息说和信号说比较相近，认为商标是信息或信号。信息说和信号说之间虽然有一些不同，但都认为商标是针对商品属性的信息传递，从而使消费者能够通过商标来辨别产品。这些学说的着眼点是商标的信息传递功能，这只是商标的一个表象而已，并没有从商标的本质上进行深入探讨。根据商标的产生过程可知，商标所传递的信息并不是商品自身的信息，而是商品的来源信息。而信息说或信号说关注的是商标的信息传递功能自身，而传递的信息属性是至关重要的，仅从传递信息功能并不能将商标和其他标记相区分。因此，信息说和信号说也不能从本质上阐述商标。

符号论认为商标的本质是符号。[1] 指该观点的学者认为，商业标识利用了符号的指代功能，起到了识别商品的作用。[2] 在符号学中，对于符号结构解析主要有两种模型，一种是二元符号结构模型，还有一种是三元符号结构模型。二元符号结构模型认为，符号是由能指和所指组成的二元实体，[3] 其中能值是指心理印记，而所指是指这个概念，能指和所指之间的任意性关系视为语言符号学领域最高层次的真理。所谓任意性，指的是一个符号的能指及其所指之间的联系是任意的、非理据的，这一点能够从袋鼠的英文 kangaroo 由来的故事来更好地理解。相传詹姆士·库克（James Cook）上校是一位世界闻名的探险家，有一次他到澳洲探险看到一些动物在草地上吃草，他就问当地的向导那是什么，向导就说，kang-a-roo。库克以为这是袋鼠的名字，就把它记在了笔记本上。第二次库克上校去澳洲，急切地想去看袋鼠 kangaroo，而一位传教士告诉他说，kang-a-roo 的意思是"我不知道你指的是什么"，这是一句澳洲的方言。但不管怎样 kangaroo 一词还是沿用了下来，直到现在。这个故事的真实性虽然没有证据来确认，但其描述的事件，体现了符号的本质是指代功能，符号自身实际上没有什么含义，可以是任意形式，只要能够建立指代关系即可。但是，这种指代关系是非常泛泛的，虽然阐述了商标的指代功能，但是并没有揭示商标自身的本质，即商标的指代功能中的"指代"是什么。

---

〔1〕 参见王太平著：《商标法——原理与案例》，北京大学出版社 2015 年版，第 14 页。

〔2〕 参见郑其斌著：《论商标权的本质》，人民法院出版社 2009 年版，第 22 页。

〔3〕 参见彭学龙著：《商标法的符号学分析》，法律出版社 2007 年版，第 24 页。

三元符号结构模型认为,符号内部可以划分为再现体、对象和解释项三个要素,其中符号也就是再现体,可以是任何一种事物,只要它一方面由一个对象所决定,另一方面又能在心灵中决定一个概念,而这种决定关系就是符号的解释项。[1] 若将这个三元符号结构模型应用于商标,则再现体是商标标记,对象是商品或服务,而解释项是商标标记和商标标记所应用的商品或服务之间的关联关系。这种三元结构能够从结构上清楚地阐释商标的本质,对理解商标起到了重要作用。不过这种三元结构的解释体现出来的是一种静态结构,而商标实际上蕴含着动态过程。

提到动态过程,就需要进一步结合商标的心理学特征来阐述商标是一个动态过程。商标在发挥功能时起到了一种商品信息的通信过程的作用,由于人这种通信过程的特殊参与者的参与,而带来了特殊问题,即人的心理过程的特性对这种通信过程的影响。[2] 商标功能发挥的全过程均需要通过其重要参与者(即人)的活动而最终实现,其中记忆在对商标本质的理解中具有突出的重要地位。[3] 消费者的记忆是唯一的评判标准,即只有商标标志与其所代表的有关商品的信息之间的联系出现在一定数量的消费者的长时记忆中,商标才能成为商标,而商标的本质就涉及消费者对商品标志与其所代表的有关商品的信息之间的联系的记忆。

结合商标的诞生以及商标权的确立,商标应该是一个完整的概念,并且表示着一个动态过程,即完整的商标概念应该包含商标标志、该标志所应用的商品(或服务)、商标标志与所应用商品之间的关联关系即其所指代的含义——商品的来源,以及这种关联关系所指代含义在相关公众心里留下的看不到摸不着的心理印记。该心里印记随着时间逐渐消散,而关联关系及其所指代的含义随着再现的频度和强度,又在相关公众的心里相应地加深,这是一个随着再现不断加深且又随着时间不断流逝的动态过程。

因此,商标的外在表现形式是商标标志和将该商标标志所应用的具体商品,其内在表现形式是该商标标志与所应用商品之间的关联关系,而该关联关系所隐含的是,这种表象中的关联关系并不是指代商品,而是指代商品的来源,因此商标的

---

〔1〕 参见[美]皮尔斯著:《皮尔斯:论符号》,赵星植译,四川大学出版社 2014 年版,第 31 页。
〔2〕 参见王太平著:《商标法——原理与案例》,北京大学出版社 2015 年版,第 17 页。
〔3〕 参见王太平著:《商标法——原理与案例》,北京大学出版社 2015 年版,第 17 页。

本质是该关联关系的指代含义（商品的来源信息）在相关公众心里留下的印记。如果这种关联关系所指代的含义以及这种指代含义没有在相关公众心里留下印记，即使存在商标标志，并且在形式上存在所对应的商品以及在商标标志和所对应商品之间的关联关系（如注册信息的公示公开），也不能形成真正意义上的商标。

似乎到这里会发现，商标权注册取得制度与商标本质是相矛盾的。但实际上并不矛盾。我们还要看到，除了以上属性，商标权是一个人为拟制的权利，是为了适应和促进商品经济的发展，保护商人和公众的利益，促进有序竞争而拟制出来的，它并不是自然演化的一种权利。这正如赋予商标以财产权地位，而不仅仅是基于竞争法的仿冒之诉保护那样，都是人为拟制的结果。

因此，商标的本质包括：三元结构、动态性和拟制性。厘清了商标的本质，我们发现，商标本质与商标权注册取得制度之间并不矛盾。商标的本质表明商标是一个动态的完整的三元结构，而商标权注册取得制度体现的是通过商标注册行为来建立权利，即拟制性属性。应该注意的是，注册取得制度的基点在于权利的获得性，而不是权利的持续性，基于商标本质中动态性的特点，注册取得制度作为完整的制度结构，还应该在取得商标权之后对商标本质进行维护。在权利的获得性上，关键在于商标的显著性，商标的显著性直接体现了在商标的完整概念中，商标标志与所应用商品之间的关联关系。结合在下一章中针对拟制显著性的分析，在权利的获得性上，商标权注册取得制度与商标本质之间并不矛盾。相应地，在权利的持续性上，应该使注册取得的权利符合商标的本质，这一点将在后续部分对商标功能和商标权的性质的论述中进一步阐述。

（二）商标权注册取得制度应保障商标功能的实现，以维护商标本质

商标的功能是商标本质的外在表现，是人们感知商标的直接表现形式。保障商标发挥其功能，能够体现商标的本质。而商标权注册取得制度与商标本质是不矛盾的，也不应该是矛盾的，这方面也体现为注册取得制度应保障商标功能的实现。

学者们从不同的侧面论述了商标的各种功能，根据较为主流的观点，可以将商标的功能总结为识别功能、品质保证功能和广告功能。[1]

---

〔1〕 参见郑其斌著：《论商标权的本质》，人民法院出版社2009年版，第4页。

商标的功能在商标诞生初期是随着商品经济的发展而相应发展出来的，这些功能可以被称为是商标的基本功能，进一步随着商业活动的发展，商标的功能又逐步被扩展了。而随着商标权的人为拟制，特别是将商标权作为财产权的确立，随着商标权作为财产权在商业活动中的应用，商标又逐渐衍生出进一步的功能。

1. 商标的基本功能是来源识别功能

商标的基本功能是识别功能，相关公众依据商标来区分商品或服务的来源。

商标的来源识别功能从早期商标权诞生到现代商标法律制度经历了一系列的演化，最初用于指示具体来源（常常具体化为与特定地域的特定商人等事实相关联），之后进一步弱化为指示匿名来源（某一来源，但是，具体来源信息却不重要了），到现在有进一步的弱化趋势，即商标自身也退化为一种商品的趋势。对此，我们需要重新审视商标的来源识别功能这个基本功能。

起初，商标的来源识别功能是指示商品的生产者。在商品经济发展的初期，商标的来源识别功能是直接在消费者和生产者之间建立的，消费者根据以前购买商品的经验，通过商标来识别出哪个是原来购买的、给自己留有好的感受的商品，从而选择期望的商品来购买。这种借助商标在同类商品之间进行区分的作用，就是商标的识别作用，实际上就是在识别商品的生产者，因为此时商品的销售者或提供者就是生产者。随着商品经济的发展，当面对消费者的商品提供者不再是生产者，而是专门的销售者时，该销售者往往销售很多不同生产者制造的同类商品，这时商标就成了在同种商品中识别不同生产者的商品的重要依据，因此，商标的基本功能就是来源识别功能。此时的来源是指商品在制造方面的来源，该来源是生产者，是固定的。早期的观点认为，商标不能被许可或者转让，否则就破坏了商标的来源识别功能，是对消费者的一种欺骗。商标是否能够被许可和转让的问题，在英国的商标发展历史中曾引起广泛和激烈的争论。商标不能被许可和转让的观点在早期是被视为当然的主流观点，例如，在针对1862年“谢菲尔德法案”的讨论中，有一种观点认为，商标是一种表明特定事实的标记，例如，特定地域、特定商人或企业生产等。因此，一旦这些特定事实发生了变化（如生产者发生了变化）该标记就发生了变化。[1] 但是，随着商标权作为财产权的认识的加强，这个问题的观点逐渐发生

〔1〕 参见郑其斌著：《论商标权的本质》，人民法院出版社2009年版，第88页。

了变化，形成了支持者和反对者两派激烈辩论的情况。最终，在大法官韦斯特伯里勋爵审理的 Hall v. Barrows 一案中，明确指出了商标财产权是可以转让的。[1]

随着商品经济的发展，商标的来源识别功能逐步发生了变化，其指示的是一个模糊的来源，可以称为商品的提供者。[2] 这是因为，随着商品经济的发展，特别是社会分工的进一步细化，商标的权利人由于其生产规模或其他条件的限制，难以扩大生产或者供应不同地域的市场，在不能满足市场上对该商标的商品的需求时，市场需求就推动产生了新的商业方式，从而满足这些商机。这就产生了使用同一个商标的商品不一定是原来的生产者所制造的产品的情况。另外，还有一种商业模式，商品的提供者不是商品的制造者，而是设计者或者仅仅是最终商品的提供者，例如商品的提供者设计好商品后，请代工工厂按照要求进行生产，而代工工厂可能有很多并且随着时间可能更换，而商品的提供者是不变的。也有的商品提供者连商品设计也不做，而是到处搜寻和筛选商品，然后订购选中的商品以自己的名义提供给消费者。此时的商标所识别的来源是商品的提供者，而不一定是生产者，由于面对消费者时是商品的提供者，而在提供者上游的具体情况，消费者是不知道也不关心的。[3]

在商业活动中逐渐出现了商标许可行为，并且加盟许可作为商标许可的商业模式得到了发展，如闻名全球的麦当劳快餐店。同时，商标的来源识别功能也进行了相应的适应性发展，形成了匿名来源的识别功能。匿名来源理论表明，商标的功能是指示商品来源，而商标在指示商品来源时，不是像以前那样指示商品的具体来源，[4]例如，具体的生产商，而是指示了某一个没有给出具体信息的来源，因为随着商业模式的发展，相关公众所关心的是这个商标指示了一个固定的来源，即商品的同一性，而并不关心这个来源到底是谁，即商标识别的“来源”不必让购买者知道姓名。在购买者不知道或者不在意经销它的公司的名称的意义上，它可以是匿名的。但是，购买者有权假定所有带有同样商标的产品，在某种程度上，和那个单一的、匿名的来源相联系或者为它所控制，而一旦法院承认商标不必指示最初的精确来源而只是一种“匿名的”来源时，商标就发挥着在未知或者匿名的生产者与预期

[1] 参见郑其斌著：《论商标权的本质》，人民法院出版社 2009 年版，第 93 页。
[2] 参见郑其斌著：《论商标权的本质》，人民法院出版社 2009 年版，100 页。
[3] 参见郑其斌著：《论商标权的本质》，人民法院出版社 2009 年版，第 100 页。
[4] 参见郑其斌著：《论商标权的本质》，人民法院出版社 2009 年版，第 100 页。

客户之间进行交流的手段。[1]

商业发展中的利益驱动是商标的来源识别功能的演化动力，而这种利益驱动期望在商标上攫取更大的利益而减少相应的限制，这就使商标的来源识别功能发生了变化，并且有被弱化的趋势。这个来源识别功能由最初的固定来源（生产者）演变为模糊来源（提供者），进一步演化为匿名来源（一个抽象来源）。

随着现代经济社会的发展，商标作为一种工具，在经济发展过程中也得到了进一步的扩展应用，为了攫取更大的利益，出现了一种新的现象，即商标已经不仅仅是商品来源的标记，其自身也成了一种商品，商人在商标上获得的价值不仅仅来源于其识别功能即商誉的增加，而是通过制造商标来获取利益。在这种情况下，商标的来源识别功能已经从它最原始的基本功能被明显弱化，一旦商标的来源识别功能弱化到一定程度，商标也就失去了其价值，不能称之为商标了。[2] 从这个角度来说，商标的来源识别功能不仅仅是商标的基本功能，而且是商标的生命线，这个最基础的功能一旦丧失，商标也就失去了生命。[3] 商标权注册取得制度在保证商标功能上应保持警惕，因此，在制度设计中要保证商标的基本功能的实现，否则将会从根本上损害商标的存在或者说商标权取得的基础。使用取得制度在保障商标的来源识别功能上具有天然性，而注册取得制度是建立在人为拟制的基础上的。因此，注册取得制度的设计应保障商标的基本功能的实现，即注册取得的商标权是用于来源识别的工具，而不是作为商品成为买卖对象。

2. 商标的扩展功能——质量保证功能和广告功能

在正常商业活动的模式下，商标在基本功能之上还扩展出了质量保证功能（也有称为品质保障功能）。有学者认为，商标的质量保证功能和来源识别功能是并列的，但实际上，商标并不能真正起到质量保障功能，这两者之间的地位是不同的。因为商标表明的是商品来源，即使公众是根据商品来源来预期商品的质量，但事实上这只是一种预期，而不是质量的保证，[4] 例如，价格非常昂贵的贴有知名商标的商品，公众会预期该商品的质量也是非常高的，虽然往往是这样，但是，也出现了这些贴有知名商标的商品中出现残次品的情形。再换一个例子，如果使用某个知名

〔1〕 参见王太平著：《商标法——原理与案例》，北京大学出版社 2015 年版，第 17 页。
〔2〕 参见王太平著：《商标法——原理与案例》，北京大学出版社 2015 年版，第 17 页。
〔3〕 参见王太平著：《商标法——原理与案例》，北京大学出版社 2015 年版，第 17 页。
〔4〕 参见王太平著：《商标法——原理与案例》，北京大学出版社 2015 年版，第 17 页。

商标的商品的生产商,基于成本考虑或者期望获得更高利润等原因,决定降低商品的质量,虽然会导致其商品信誉贬损,但对于公众来讲,商标并没有提供质量保证功能。在正常的商业模式下,商标的权利人为了维持或进一步增强其基于商标所获得的商业利益,会尽可能地保证新生产的商品和原来所销售的商品具有相同的质量或者更好的质量。这种正常的商业活动的模式就使商标在基本功能之上进一步扩展出了质量保证功能。但是,在实际的商业活动中也不乏诸多反例,商标权利人在初期通过提供优质商品获得了良好的声誉(商誉),但之后,由于管理不善或过度追求产量和利润,而造成产品质量下降,商誉被贬损,导致该商标的商品被市场所抛弃。从这一点上看,质量保证功能并不是商标的基本功能或者固有功能,而是在正常的商业发展模式下进一步扩展出来的功能。换言之,在商标不能提供质量保证功能时,只要该商标还能够提供来源识别功能,比如公众发现该商标的商品的质量飘忽不定或者质量较低从而导致其商誉受损,如果该商标的商品的价格非常低(当然,质量可能也比较低),但还是有消费者会选择购买该商标的商品,从这个意义上说,该商标还是能够作为商标而存在的。因此,质量保证功能只是在正常的商业活动模式下的公众的预期,而不是商标的真正功能。

商标还具有广告功能,该广告功能是商标在正常的商业环境中产生作用时所扩展出来的功能。商标本身就是一种广告,被称为商标权人的"无言的推销员",这是因为商标是一个完整的概念,并且表示着一个动态的过程,即完整的商标概念应该包含商标标志、该标志所应用的商品(或服务)的关联关系、商标标志与所应用商品之间的关联关系所指代的含义——商品的来源,以及这种关联关系指代含义在相关公众心里留下的看不到摸不着的心理印记。在正常的商业环境中,商标权人为了获得商业利益,需要提供具有竞争力的商品,维持商品的品质,而附着在商品上的商标是相关公众对这些商品的美好心理印记的识别标记。相关公众看到该商标时,能够自然地根据其消费体验在心里涌现出好感,产生购买欲望。这种基于商标使相关公众产生购买欲望的力量与广告的作用类似,不同的是商标的广告功能与广告在形式、内容和作用上不同。广告不仅仅针对已经有过消费体验的购买者,更是针对尚未有消费体验的相关公众,通过介绍商品的卖点等商品信息,来吸引相关公众的注意并促进购买,而商标的广告功能是基于在先的消费体验而诱导新的消费。新消费者基于观看广告而引发的消费欲望是广告造成的,即使广告中展现了商标,该消费欲望也不是商标的广告功能造成的,而是广告内容造成的。商标的广告功能是商标所产生的功能，也是通过商标的基本功能扩展出来的，默认的基础是商标权利人在正常的商业活动模式下会尽力维持商品的品质，给消费者以良好的消费体验，从而产生针对该商标的心理印记，因此，该商标发挥了促进消费的广告作用。

上述功能都是在商标使用过程中建立的，与注册取得制度的权利获得性不同，这些功能不能通过注册取得制度在注册申请审查程序中针对显著性的拟制来体现。因此应该在商标权注册取得制度的整体上保持警惕，特别是要在获得注册之后的制度中进行调整，体现商标的扩展功能（质量保证功能和广告功能），而不是将商标作为管理商品质量和进行广告宣传的工具。

应该清楚的是，质量保证功能和广告功能并不是商标的基本功能，因此商标注册制度的调整目的是保障商标的基本功能，而不是扩展功能，所以不需要在商标法中对商品质量做硬性规定。例如，我国 2001 年《商标法》第 45 条中关于“商品粗制滥造、以次充好”的规定，在 2013 年《商标法》中被修改为第 7 条的商标使用人应当对其使用商标的商品质量负责。另外，2013 年《商标法》第 14 条也规定了不得将“驰名商标”用于广告宣传中，也表明商标在使用中可以具有广告功能，但商标自身不是广告。

3. 商标的衍生功能——表彰功能、商誉积累功能

学者们针对商标在使用过程中所具有的特点，还进一步提出了商标的一些衍生功能，这些都是商标的附属功能，如表彰功能和商誉积累功能等。

商标权人在商品广告中会宣传该商品的独特卖点以吸引购买，并且会在广告中展示该商品所应用的商标，而相关公众会将该商品的特点以及广告内容所营造出的商品的特质归结到商标上，以商标来代表该商品特质。例如，两条围巾的质量相同，而品牌不同，有的消费者仍然会选择名牌的围巾而不选择名气较小的品牌的围巾，其目的是通过品牌（商标）彰显自己的身份、品位和社会地位，而并不是围巾自身，这就是商标的表彰功能。例如，法拉利汽车和某普通品牌（如吉利）的汽车在驾驶功能上虽然可能有一定区别，但是，法拉利汽车的购买者之所以购买该商标的汽车的主要目的，往往不在于驾驶功能上的区别，而是法拉利商标所带来的身份象征，即利用商标来彰显消费者的特质。商标的表彰功能也是一种衍生功能，它并不是从商标的基本功能中扩展出来的，而是消费者在使用商标时所衍生出来的。

商誉累积功能是指商标是商誉的载体，商人或企业基于其提供的商品所获得

的美誉度，即商誉是累积在商标上的。但商誉是无形的，是相关公众对应用该商标的商品的评价，而该评价虽然能够以一定的形式呈现出来，例如，消费者的点评、留言等，但是实际上商誉是存在于相关公众的心里的。相关公众将其内部的心理评价与外部的商标联系在一起，即将无形的心理评价（商誉）联系到商标上，从而使商标成为商誉的载体，商标起到了商誉累积的功能。

商标的商誉累积功能等都是商标在发挥基本功能的基础上，针对不同的侧面而衍生出来的，这些功能也是商标本质的一种体现。这些功能都是在商标使用过程中实现的，例如，具有一定知名度的商标或驰名商标便体现了表彰功能和商誉累积功能。而注册取得制度对这方面的功能也具有加强作用。例如，对于通过使用具有一定知名度的商标，若该商标为非注册商标，根据我国《商标法》第 32 条中注册商标申请“不得以不正当手段抢先注册他人已经使用并有一定影响的商标”的规定，则未注册的具有一定知名度的商标，仅具有一定程度但较弱的保护，并不具有实体上的权利，而若该商标为注册商标的话，则能够具有实体上的商标权。对于驰名商标来说，注册取得制度也给予了强化保护，例如，我国《商标法》第 13 条的规定，未注册的驰名商标仅能就相同或者类似商品的范围上进行保护，而获得注册的驰名商标则能够就不相同或者不相类似的商品进行跨类保护。

二、注册取得制度的性质：意思自治与法律确认

商标权是商标法中最重要的范畴之一，然而学界对商标权的概念的研究却极为薄弱。[1] 有学者认为，商标权的真正含义是“对商标进行支配的权利”，其中“对商标进行支配”就是指对商标标志贴附于商品上进行支配。[2]

对“商标进行支配”确实能够体现商标权的一方面的属性，但是，作为商标权的性质却并不全面，例如，排除他人使用该商标的权利，并不能从“对商标进行支配”中直接推导出来，特别是他人在相同商品上使用了和该商标不同但是近似的商标的情况，现代各国商标法均赋予了商标权人针对他人的商标侵权行为，来行使权利获得救济的途径，这种权利并不能从“对商标进行支配”中推导出来。因

---

〔1〕 参见王太平著：《商标法——原理与案例》，北京大学出版社 2015 年版，第 152 页。

〔2〕 参见王太平著：《商标法——原理与案例》，北京大学出版社 2015 年版，第 152 ~ 153 页。

为严格来讲,他人使用的商标即使是与商标权人的商标构成近似,但也是不同的商标,例如,商标权人在使用与其注册商标相近似的商标时,往往不能被认为是在使用自己的商标。因此,“对商标进行支配的权利”并不能全面地概括商标权的性质。

从一般意义上理解,商标权是权利人基于其商标而获得的权利,但这种定义,与其说在描述上很全面,不如说属于隔靴搔痒,并没有体现出商标权的性质。因此,对商标权的性质进行分析非常重要,特别是对本文讨论的商标权注册取得制度研究来说,是至关重要的。

在本书中,商标专用权是特指商标权中通过注册方式取得的权利,因此,商标专用权的性质也要遵从于商标权的一般性质。针对商标权的性质以及商标专用权的性质的分析,能够更好地理解商标体系的结构,从而对商标权取得制度中注册取得进行合理的分析。

(一)注册制度的自愿注册原则既体现了意思自治,也体现了制度导向性

注册取得制度中的一项原则是自愿注册原则。例如,我国《商标法》第4条规定,“需要取得商标专用权的,应当向商标局申请商标注册”。基于自愿注册原则,商标注册申请行为体现了申请人对商标权的意愿,在商标申请审查中,通过商标公告向公众传达的信息是这种自愿注册的意愿。

另外,注册意愿和不注册意愿同样体现了市场主体的意思自治。对于未注册商标,在注册取得制度上虽然没有通过注册获得商标权,但可以进行使用。对于未注册商标使用上的限制,在自愿注册原则的基础上,注册取得制度与使用取得制度类似,未注册商标在使用范围上没有实质的限制,即在法律法规没有禁止使用的情形下,可以自由使用。

在坚持注册取得制度的基本规制的基础上,自愿注册原则为注册取得制度带来了制度弹性,同时也明确了导向性,即体现了市场主体的自由意志,体现了商标权的私权属性。

(二)商标权是一种依据国家主权而拟制的权利,与注册取得制度中的权利拟制相契合

商标在诞生时并没有直接形成商标权,依据商标所获得的权利在法律上并没有被认可,而仅仅是依据仿冒之诉获得了有限的救济,从这个意义上说,商标权这

种权利并不存在，所获得的仅仅是针对仿冒行为的救济权，或者说虽然依据商标而产生了一定的权利，但并没有形成现代商标法意义上的商标权。若是没有被告的主观故意、损害性以及虚假陈述等要素，权利人是无法行使基于其商标的权利的，即权利人并没有对商标进行支配的权利。

自从商标被承认为是财产权，才真正形成了商标权。是否承认商标权是财产权的问题，在历史发展中经过了激烈的争论。例如，针对“谢菲尔德法案”的大讨论，就反映出了人们对商标财产权的复杂态度。该法案的创举不仅提出了商标财产权的概念和主张，还提出了商标注册制度。虽然“谢菲尔德法案”最终基于人们对商标的来源识别功能被损害的担忧和其他原因等没有被通过，但是，该法案在人们的意识中种下了商标财产权的种子，并将“商标是否应当被视为财产”的议题鲜明地提了出来，并引起了广泛的讨论。当时，虽然很多商人有强烈的将商标视为财产的诉求，但在社会上，特别是在商业领域中，还没有获得广泛的认可。后来随着商标在商品经济中起到的作用越来越高，其价值也越来越高，将商标视为财产的呼声也越来越高，并逐渐获得了英国的司法和立法的认可。例如，在 Cartier v. Carlile 案中，主审法官在判决中分析模仿原因时，直接确认了商标财产权，表明英国司法界对商标财产权的主张的逐渐认可。

由此可见，商标财产权不是与生俱来的，商标权与知识产权中的其他权利类似，不是自然产生的权利，而是随着商品经济的发展而产生的，是依据国家主权而拟制的权利。在商标权注册取得制度中，商标权的建立就体现了权利的拟制性，因此，商标权的拟制性属性与注册取得制度中的权利拟制性是相契合的。

通过考察英国的商标制度的演变，商标法成文化的过程也是商业标记的财产化过程，而商标法成文化是以商标注册制度为主要内容的。进一步来说，商标注册制度是将商标权归于知识产权范畴的根基。没有商标注册制度，就难以将商标权进行表征（确定其权利范围），或者更准确地说，若没有商标注册制度，则根本不能产生现代意义上的商标权，即只存在基于商标使用行为而获得的某种权利，却难以诞生真正的商标权。那么，反过来分析商标注册制度的地位。若商标注册制度仅仅是对商标权进行表征，而不具有商标权取得的作用，那么商标权产生的根基在哪里？表征商标权与产生商标权之间的差别如何进行合理解释？

我们首先拷问的问题就是针对商标注册制度的性质。商标注册的行为属于何种性质的行为，它是一种创设权利的行为还是确认权利的行为？我国学界主要有授权说和确权说两种主张。[1]

有的学者认为,无论注册取得制度还是使用取得制度,其商标注册行为都是一种确认权利而非授权,即商标权的权利取得基础是通过商标的使用来建立商标和商品(或服务)的来源之间的联系,而不是行政机关通过商标注册程序来产生一种权利,商标注册程序仅仅是将已经属于权利人的商标权利在法律上做进一步明确,即确认。[2] 行政机关所谓审查和批准的作用,无非就是使之公示于社会。[3]

针对上面的商标注册行为是确认权利的观点和理由,我们发现可以从以下三方面再认识这种观点。

1. 商标注册行为是一种授权而不是权利确认

商标注册制度所产生的权利的范围和边界是明确的,而商标使用行为获得的权利的范围和边界是不清晰的,多个因素如时间节点、商品或服务的范围、地域的范围等都是不明确的。若权利产生是基于商标使用行为,而注册行为仅仅是针对已经产生的权利的一种行政确认,那么我们需要探讨一下两者的权利是完全相同的还是有差异的?

对此,需要区分商标权使用取得制度下的商标注册和商标权注册取得制度下的商标注册之间的区别。

对于商标权注册取得制度下的商标使用,即使我们也承认商标使用能够产生权利,毫无疑问的是,两者之间的范围是有差异的,即商标使用行为获得的权利的范围和边界与商标注册制度所产生的权利的范围和边界是不同的。那么差异之处的权利是通过注册制度这种行政行为获得的吗?显然,答案是肯定的。因此,认为无论注册取得制度还是使用取得制度,其商标注册行为都是一种确认权利而非授权的观点是不能成立的。

在商标权注册取得制度下,商标注册行为属于行政授权行为。正如孔祥俊先生分析的那样,我国商标制度中的注册行为就是一种授权行为。[4]

---

〔1〕 参见张玉敏著:《商标注册与确权程序改革研究》,知识产权出版社 2016 年版,第 61 页。转引自孔祥俊著:《商标与不正当竞争法——原理和判例》,法律出版社 2009 年版,第 55 页。

〔2〕 参见余俊著:《商标法律进化论》,华中科技大学出版社 2011 年版,第 131 页。转引自蒋万来著:《知识产权与民法关系之研究》,中国社会科学出版社 2010 年版,第 39 页。

〔3〕 参见余俊著:《商标法律进化论》,华中科技大学出版社 2011 年版。

〔4〕 参见张玉敏著:《商标注册与确权程序改革研究》知识产权出版社 2016 年版,第 61 页,转引自孔祥俊著:《商标与不正当竞争法——原理和判例》,法律出版社 2009 年版,第 55 页。

在商标权使用取得制度下，商标注册行为仅仅属于确认，还是也产生了一定程度的权利？

对此，我们以采用商标权使用取得制度的美国为例。根据美国商标法《兰哈姆法》的规定，获得联邦注册的商标可以在美国全国范围内推定使用，以排斥其他人，获得保护。可见美国商标法只是对通过使用已经产生的普通法上的商标权，予以制定法上的确认，而不是创造新的商标权取得途径，虽然美国联邦注册制度实质上是一种在使用原则背景下的商标权的公示制度，[1]但通过联邦注册，的确扩大了通过使用产生的商标权受保护的范围，即从实际使用的范围扩大到了美国全国。当然，这种扩大范围的保护只针对在后申请或使用的商标有效，不能排斥在先已经使用、申请或注册的商标，或者已经获得优先权的外国商标申请。[2] 因此，对于未使用地区，在没有他人在先的任何权利的情况下，商标注册人是能够获得保护的。从这方面上看，商标注册人在未使用地域是通过联邦注册程序获得的上述权利，而非普通法意义上的权利取得方式——商标使用。

商标注册行为是一种国家主权保障的行政行为，具有权利产生的法律效力。任何权利都是在法律基础上产生的，没有法律保障的权利不是真正的权利，而商标注册行为是一种法律行为，是一种得到国家主权保障的商标法律的行政行为。商标注册行为具有权利产生的法律效力，并不仅仅是一种对已经发生的事实（产生商标权）的确认。即使是在注册程序尚未完成之前，通过使用已经符合实质意义上的商标特征的情形，若商标注册行为没有任何权利产生的法律效力，而仅仅是作为普通目击者那样的记录效力，那么商标注册程序中的国家审查行为（特别是针对商标显著性的实质审查）就毫无意义了。如果是为了获得注册制度中的公示效力和初步证据的效力，那么直接采用非实质审查的登记制度（如 1857 年《法国商标法》）反而显得更加符合公平效率原则。

2. 对只有商标使用才能体现权利的正当性之观点的质疑

基于商标使用行为取得权利的正当性，仅在使用地域发挥作用，在非使用地区不具有任何优先性，也不具有任何保护的正当性。人们对商标使用行为在非使用

---

〔1〕 参见谢冬伟著：《中国商标法的效率与公平》，立信会计出版社 2012 年版，第 14 页。转引自王春燕：《商标保护法律框架的比较研究》，载《法商研究》2001 年第 4 期。

〔2〕 参见 15, U. S. C. 1057(c)；谢冬伟著：《中国商标法的效率与公平》，立信会计出版社 2012 年版，第 14 页。

地区的正当性感觉或错觉，源自自然人（相关公众）的流动，而非商标使用行为的流动（商品的流通地域或服务的覆盖地域）。

在没有消费者流动或者消费者流动非常少的情况下，例如，百年以前交通不便的情形下，一个商标的非使用地区的人对该商标几乎一无所知，即使另一个商人在该商标的非使用地区使用了相同或近似的商标，相关公众也会认为在商标非使用地区的商标是属于另一个商人的，另一个商人就具有依据其商标使用行为获得商标权和保护的正当性。

但是，随着人的流动程度的加大，即随着交通工具带来的便利性和商业发展，促使了人的流动频度和地域范围的加大，人们在甲地看到某商标后，若在乙地也看到了相同或非常近似的商标，就会自然地产生联系，认为是相同的商标或者是相关联的来源，这是基于人的流动而非商标使用范围的扩展，给人带来的一种错觉。若乙地的商标是基于注册行为获得的，那么人们就会产生一种在正义上的疑惑或对正当性的质疑。

这种质疑，在两种不同地域环境中产生了不同的情形。在本国内，由于一个国家的法律效力能够遍及本国的所有地域，随着商标注册制度的效力，在某地（如甲地）在先使用商标的人获得了商标权，其权利获得的正当性随着商标注册制度而被扩展到另一地域（如乙地，事实上能够扩展到全国所有地域），人们通常不会质疑这种通过注册制度扩展保护地域的行为的正当性。但人们会质疑这样的情形：在某地（如还是甲地）没有在先商标使用的情形下，某人仅仅通过注册行为而获得权利的正当性，此时若我们以乙地为考察对象，该权利人在乙地也获得了权利，事实上，对于乙地或乙地的人来说，不论是商标权通过使用取得方式（在甲地的在先商标使用）获权后扩展到乙地，还是商标权通过注册取得方式（仅仅通过注册行为取得权利）其权利效力范围涵盖了乙地，都没有实质的区别，因为该商标的使用从来就没有在乙地出现过。但不同之处在于（也是这种错觉产生的根源）人的流动：①在人（消费者）的流动不大时，人们会觉得在乙地谁获得商标都与甲地的商标使用没有关系；②在人的流动频繁并波及甲、乙两地时，人们会觉得在乙地如果不是甲地的商标使用人获得商标，那么这是不公平的。若别人在乙地通过使用取得商标权，那么基于其本地使用获得权利的正当性强于基于甲地使用造成的在乙地获得权利的正当性的力量，这足以抵消人们心中的质疑，但是，针对他人在乙地仅通过注册制度而没有伴随商标使用来获得的商标权，则没有正当性。

这种正当性的错觉，可以通过国家法律在本国内解决，但是，若甲地和乙地分属不同国家，一国法律难以解决这种错觉时，人们所认为的正当性基础就难以实现，就会造成对正当性的质疑，这种质疑会被针对另一国采用注册取得制度而被放大。

因此，诸多学者对注册产生权利的反对和对使用产生权利的坚守的观点，在放大镜下仔细观察就会发现其裂缝所在。在局部地域，商标使用产生权利确实存在其天然的正当性基础，然而我们若是在一个更大地域范围（如全国或者跨国地域）内，采用放大镜来观察商标使用行为在各个不同地域的取得权利的正当性，我们就会发现，在其使用达到一定程度的地域以外，其取得权利的正当性与通过注册行为取得权利的正当性没有实质差别。

作为对比参考，在专利注册制度中，通过对专利申请的审查和授权公告公示，使该专利权在全国范围内有效，这就是专利的公示公告制度的价值所在。虽然该专利的公告被视为全国范围内的自然人都已经知晓，但是，真正知晓该专利存在的人是很少的，对于从未知晓该专利存在的人来说，该专利对他没有任何贡献，但关键在于，这种公示公告制度给相关人加载了应知的义务，这也指导了社会的实践，即相关企业在新产品上市时，应该主动进行侵权检索，以避免侵权风险。虽然增加了相关人员的义务，但保持了整个社会在专利制度上的良好秩序，降低了社会成本。对于商标注册程序来说，不论商标是否使用，在使用区域以外的人，并不知晓该商标的使用行为，因此，商标权无论是通过使用取得制度中的注册程序获得的，还是通过注册取得制度获得的，这对于使用区域以外的人是没有任何区别的。对于普通的商标来讲，非使用地区远远大于使用地区，因此，商标注册取得制度也大大降低了商标制度的整个社会成本。因此，商标和专利在这方面也存在相似之处。

（三）商标权的有效性具有动态性

商标权是一个与该商标的商业活动的动态过程紧密关联的权利，随着该动态过程而产生、演变和消亡。

商标权的产生是依赖于商标的财产权确立的，但推动财产权确立的根基，是通过商标的使用而带来的商标的巨大价值，商人群体基于商标使用而产生的巨大价值，提出了商标财产权保护的需求，并进一步推动了商标权在司法和立法上的承认。因此,商标权的根基在于商标的使用,某个商标即使获得了财产权的承认,获得了商标权,若之后该商标失去了使用,则商标的三元结构中,商标标志与所应用商品之间的关联关系所指代的含义在相关公众心里的心理印记也会随着时间而消失,商标的本质将不复存在,该商标权也会逐渐丧失。我们可以这样通过人的记忆特性来理解商标权的动态性。人的记忆是随着时间而逐渐消散的,只有不断将某个事物的形象输入人的记忆中,才能不断保持针对该事物的记忆。在记忆中,所存储的信息会随着时间的流逝而发生某些变化,即由于不被注意而出现衰退或丧失,而对于不同事物,其在人们的头脑中出现的频度不同或者该事物自身给人的印象深刻程度不同,就造成该事物在人的记忆中的消散程度不同。例如,其商标的表现方式非常奇特,在同样使用频度的情形下,该商标比其他普通商标给相关公众留下的印象就更加深刻。在商业活动中不断地使用该商标,给相关公众以持续的印象,从而维持该商标在相关公众头脑中的记忆,使商标权被维持,若通过增加给相关公众的印象的频度和强度,则可以进一步加强该商标权的显著性。不过,不论某商标的使用方式和使用频度如何,基于其使用而在相关公众的头脑中留下的印记,都会随着时间而逐渐消失,而持续的商标使用又能够不断地强化相关公众的头脑中对该商标的印象。在这种不断的消涨过程中,就使商标的有效性即商标权具有了动态性。

不论是采用使用取得制度还是注册取得制度的国家,在其商标法的规定中,基本上都会要求以商标使用来维持其商标权的有效性,如果商标经过一定时间没有被使用,那么原来已经获得的商标权也会丧失。例如,我国《商标法》规定了连续3年不使用的商标可以被撤销。[1] 大部分国家的规定是连续3年不使用会导致商标的撤销,也有的国家规定是5年,例如,《法国商标法》规定,商标所有人如无正当理由连续5年没有将其注册商标使用在制定商品或服务上的,任何当事人均可以向法院要求撤销该注册商标,其商标权的丧失自连续5年不使用期限届满之日起具有绝对效力。[2] 在使用取得制度为代表的美国商标法《兰哈姆法》中,也规定了获得权利的商标应该在正常商业活动中进行真诚使用,否则会被视为放弃而丧失

〔1〕 我国《商标法》第49条规定,注册商标没有正当理由连续3年不使用的,任何单位或者个人可以向商标局申请撤销该注册商标。

〔2〕 参见陆普舜主编:《各国商标法律与实务》,中国工商出版社2006年版,第250页。

商标权,[1]但是并没有明确具体的停止使用的期限。为了便于操作,美国在司法中通常认为连续两年不使用就假设商标权被放弃了。

因此,商标权的有效性具有动态性,也就是说其权利状态是根据其使用情况而发生变化的。在这方面上,商标权与普通的物权完全不同,对于有形物的物权来说,只要该有形物没有灭失,则其物权也不会消灭,并且与同为知识产权的著作权也不同,不像著作权那样一旦获得权利则在权利期限内是稳定的。

商标权的动态性也与商标权注册取得制度相契合,在商标权注册取得制度中,商标权的获得是在注册申请审查程序中获得的,所获得的商标权只是一个初始权利。在商标权注册取得制度中的异议、撤销、无效等程序对商标权的处置,例如,不予注册、撤销注册等,也为商标权动态性的表现形式提供了途径,这些都表明注册取得制度与商标权的动态性是相契合的。

(四)注册取得制度保证了法律确认的商标权的内容

在研究了商标财产权的确立以及具有财产权属性的商标权的性质之后,我们进一步讨论商标权的内容,即商标权具有什么样的权利。对于权利的内容,有的学者认为,商标权的内容包括了使用权、禁止权、许可权和转让权;[2]另一种权利内容确定方式,是按照权项的性质来划分和确定的,例如分为积极效力的权利和消极效力的权利。[3]

对商标权的具体内容进行描述的方式,能够对商标权的内容有进一步细化的了解,不过在逻辑方面有一定的遗漏。一方面,在权利的完整性上,这种划分方法虽然列出了商标权的主要权项内容,但没有在逻辑上的完整性方面进行分析,例如,商标权的权利内容还可以包括质押权。另一方面,这种划分方法在权利的层面上不一致,导致在权利结构上对权利内容的理解有混乱之处,例如使用权和许可权以及转让权是一个层面,而禁止权则是另一个不同层面的权利。

将商标权按照积极效力的范围和消极效力的范围划分的方法,其积极意义在于清晰地阐述了商标禁止权的范围大于商标专用权的范围的特性,不过,对于积极

---

[1] 在下列情况下设为商标的放弃:当商标连续不使用并且没有恢复此种使用的意图时。没有恢复使用的意图可以依据相关情形推定。连续三年不使用构成放弃商标的初步证据。商标的"使用"是指在正常商业活动中对于该商标的真诚使用,而非仅仅是为了保留商标的使用。

[2] 参见郑其斌著:《论商标权的本质》,人民法院出版社 2009 年版,第 103 页。

[3] 参见王太平著:《商标法——原理与案例》,北京大学出版社 2015 年版,第 161 ~ 162 页。

效力方面包括横和纵两个方面的分析,混淆了权利和权利使用之间的界限,这种理解并不是纯粹的针对权利内容的分析。

对商标权的权利内容的分析,由于商标是一种财产权,是涉及"物"的权利,虽然商标权是一种无形物,但是也应该回归本源,按照民法中针对物的权利进行分析。物权是权利人直接支配其标的物的排他性权利,依物权的这种性质,物权还应该具有物上请求权。结合"物"的权利属性,对于商标权的权利内容,可以从商标权在物权上的权利内容以及物上请求权的权利内容两个方面来分析。

1. 商标权在"物权"的所有权方面的权利内容

我们从物权的绝对权性质方面进行对比,商标权也应该具有这种绝对性质,即同一个商标(相同/近似的商标标识和相同/类似的商品或服务)只能有一个物权。对于注册取得制度来说,通过注册程序获得的商标权符合这种原则,因为按照正常的商标注册程序,对于多个商标申请,若它们构成相同或近似,则这些商标申请只能有一个通过商标的审查程序获得授权。而对于商标权使用取得制度来说,有可能不同的使用人都在使用相同或近似的商标,按照通过商标使用获得权利的原则,这些不同的使用人都会获得相应的商标权。在现实中,通常为不同的使用人在相距较远的地域使用相同或近似的商标,我们若将每一个地域作为一个单独的单元来对待,似乎也符合物权的绝对权属性,但这种划分是否有依据呢?物权也是一种法定的权利,即国家立法来拟制的权利,而商标权也是拟制的权利,若将商标权的拟制规则确定为按照地域范围来获得权利,则显得非常滑稽。首先,这种地域划分是不确定的,因每个商标和商标的使用情况不同而不同,根本没有固定可寻的边界;其次,一个国家的立法将针对不同地域来产生不同的权属,这也是难以想象的。进一步讲,在同一个地域,很有可能出现两个使用人在大致相同的时间开始使用相同或近似的商标,对于这种情况,按照使用取得制度的原则,这两个人都应该获得该商标的权利,这就造成了权利上的冲突。因此,基于商标使用而取得的商标权利,并没有成为真正的商标财产权,而仅仅停留在救济权的基础上。商标使用取得制度只有结合了商标注册制度才能形成真正的商标财产权,即类似于物权那样的商标权,商标注册制度不仅是确认已经通过商标使用而获得的权利(商标的使用地域),并且还具有创设权利的授权性质(商标的未使用地域)。这也从侧面解释了商标财产权的确立离不开商标注册制度的原因。

下面,我们结合所有权的占有、使用、收益和处分的四大权能来分析商标权的权利内容。

(1)占有。

占有作为物权的所有权中的一个重要权能,这是有形物的所有权的一个重要体现。由于商标是无形物,因此,不可能像有形物那样通过物理手段来占有。但是,若没有占有,其他三项权能的行使都会受到影响,因此,我们从另一个角度来探究商标权的占有权能。

由于是无形物,商标只能通过注册制度[1]来实现或向公众表明占有这个权能。对于有形物来讲,即使没有登记制度,通过实际物理上的占有行为,也能够体现出所有权的占有权能。若注册仅仅是一个形式上的权利而不是实质上的权利,则注册制度不能体现出占有这个权能。因此,对于商标权,若没有注册取得制度,则不能体现出所有权的占有权能。因此,商标注册制度是体现商标权的占有权能的根本手段,也是唯一手段。

(2)使用。

对于商标权来说,商标权人可以自行使用其商标,也可以许可他人使用商标。商标专用权和许可权是体现商标所有权的使用权能的重要体现,而注册取得制度能够有效保障作为无形物的商标权的使用权能的实现。在使用权能方面,虽然商标属于无形物,不能像有形物那样实际使用,但是,注册取得制度将无形物以有形的方式体现了出来,例如,对于商标权的许可行为,通过商标许可登记就能够有效地实现权利人的许可权利。

(3)收益。

商标权人可以通过对商标的使用获得收益,例如,通过自行使用或者许可他人使用等方式来获得经济利益。借助商标权注册取得制度,在收益权能方面,商标权可以像普通有形物的所有权那样得到实施。

(4)处分。

处分权包括对标的物的事实上的处分和法律上的处分。商标作为无形物无法进行事实上的处分,例如,即使将商标图样或者商标证书的原件销毁,也不能在事实上

[1] 在此,对登记和注册进行一个区分,体现普通的无形物的占有权能可能仅仅通过国家制定的登记制度即可体现,不过对于商标来说,各国采取的不仅仅是登记制度,而是含有一定审查程序的注册制度,这种审查程序即使仅仅是形式上的要求,也是有一定的审查要求的,因此,在此称为注册制度更为恰当。

将商标销毁。而商标在法律上的处分权是可以行使的,即商标权人通过商标注册制度能够行使商标权中的处分权能。例如,商标的转让或者注销等,均是通过商标注册制度来实现的。因此,商标注册制度是行使商标权中的处分权能的根本手段。

2. 商标权在“物上请求权”方面的权利

对于物权中的禁止权,即物上请求权,由于作为有形物的物权在常态时是通过占有来直接支配的,因此,物权在大多数情况下,是通过占有来实现的,仅在非常态情况下该有形物的物权受到他人的侵害或妨碍时,才会引发物上请求权的行使,即禁止他人的妨害行为。禁止权的权利范围通常要大于物权的范围,不仅包括对行使物权各项权能的妨碍的排除,还包括对物权有一定损害行为的排除。

而商标作为无形物,由于其不能采取物理方法来占有,如上一部分所述,商标权的物权属性的各项权能,是依据注册制度来实现的。在此基础上,商标权的物上请求权属性的权利部分,即商标权的禁止权在排除对物权权能的妨碍行为上,也是基于注册制度来实现的,例如,对于在相同商品上使用相同商标的行为。进一步讲,对于商标权的禁止权中超过物权范围的那部分权利范围,就不是通过注册取得制度而是基于商标的实际使用来实现。因此,商标注册所获得的权利的物权权能依据注册制度确定,而物上请求权的范围,是在注册取得的权利范围的基础上,通过商标使用向外扩张,扩张的范围主要取决于其使用程度。

具体来说,对于“商标禁止权的范围大于商标专用权的范围的特性”,可以通过物上请求权和物权中的所有权或其中的使用权能的权利范围的对比来理解。物上请求权主要针对的是对物权的妨害行为。该妨害行为可能是直接接触该有形物的行为,例如,非法占有或损坏该有形物的行为;还包括没有接触该有形物的非接触行为,例如在他人的房屋这个有形物旁边挖蓄水池的行为,该非接触行为对该有形物有妨害行为,因此,属于禁止的范围。而对于商标的禁止权来讲,所禁止的妨害行为可能是一种与该商标直接“接触”的行为,例如,我国《商标法》第 57 条中列出的上述第一种行为,在同种商品上使用相同商标的行为;也有可能是“非接触”的行为,例如,我国《商标法》第 57 条中列出的上述第二种行为,在同种商品上使用近似商标,或者在类似商品上使用相同或者近似商标,容易导致混淆的。[1] 其中,与针

〔1〕 即“(二)未经商标注册人的许可,在同一种商品上使用与其注册商标近似的商标,或者在类似商品上使用与其注册商标相同或者近似的商标,容易导致混淆的”。

对有形物的物权的“直接接触”和“非接触”的妨害行为类似,基本上所有的针对有形物或无形物的“直接接触”的行为都是妨害行为,而并不是所有针对有形物或无形物的“非接触”行为都是妨害行为,需要有进一步的满足条件才能认定为是妨害行为。例如,对于商标的“非接触”行为需要有“容易导致混淆”的条件,相应地对于有形物的物权的非接触行为,例如,在他人的房屋这个有形物旁边挖蓄水池的行为,若没有蓄水池对房屋很可能造成损害的条件,则不能列入禁止权的范围,例如,蓄水池与房屋之间的距离足够远(类似于商标中的不近似或不构成混淆的情形)或者在蓄水池和房屋之间有防渗水的防护措施(类似于商标中的两个可能近似商标之间采用区别标识的情形)。因此,商标权的禁止权的范围大于商标的专用权的范围的根源,在于侵害商标的行为不但有与该商标“直接接触”的行为,也包括与该商标“非接触”的行为。而商标上的这种“非接触”行为是否被认为是侵害行为,取决于商标本质以及商标的来源识别功能的体现,即是否会构成混淆。商标使用的程度决定了商标在排除“非接触”行为上的范围,对于使用程度很高、获得了较高知名度甚至达到驰名商标的程度的商标权,其排除他人侵害的范围非常大,甚至能够跨越商品的类别或者涵盖非常大的商标标记变形程度。

通过对商标权的物权属性和物上请求权属性两个方面的分析,也能够对商标权注册取得制度进行更清晰的认识。这种认知也表明了注册取得制度并不是一个简单的注册即获得授权的规制,而是一个综合性的商标制度,具有较大的制度弹性。注册取得的商标权基于注册程序能够清晰地确定商标权的物权性质的范围,而通过商标使用扩张了商标权的范围,即物上请求权性质的权利范围。

三、商标权注册取得制度的价值:公平与效率的统一

商标权是一种财产权,与物权一样是拟制的法定权利。根据诸多学者的观点,商标权的理论基础基本上是建立在财产权的理论基础上的,是在财产权理论基础上的进一步延伸。在基于商标注册取得的基础和性质上,进一步针对注册取得制度的价值进行剖析。

商标权注册取得制度能够明确权利归属。采用商标权注册取得制度,权利的获得是通过商标注册程序实现的。在商标注册制度中,各国均采用了商标权归最先提出申请的申请人的制度。由于所有的商标申请都是统一由一个行政机关(如商标局)管理的,并且建立了统一的商标注册簿制度,因此某个商标的权利归属是

一目了然的,不会出现隐藏的属于他人的权利。另外,虽然在商标注册簿上不可能将商标的所有信息登记完整,但是,商标申请和注册的信息是完整的。这样,即使已经获得注册的商标有可能会基于没有体现在商标注册簿上的某些原因而被撤销,如与他人的在先权利相冲突等,这也仅仅是针对该商标权利效力的改变,通常不会出现该商标属于另一个人的情形。

注册取得的商标权的保护范围和边界是清晰的。商标注册制度能够明确商标权利的内容和边界,因此,注册取得制度所产生的权利的范围和边界是明确的。基于商标注册簿上登记的权利人的信息、商标标识和所指定商品/服务的具体信息,该商标权在多个因素例如时间节点、商品或服务的范围、地域的范围等都是明确的,因此,通过商标权注册取得制度获得的商标权的保护范围和边界都是清晰的。进一步讲,若商标权利发生了变化,例如,商标权被转让或者被许可了,这些信息也存储在商标注册系统中,能够方便相关公众查询和确认,这也使商标的权利边界对公众,特别是有竞争关系的商人来说是明确的。

注册取得的商标权便于交易安全。由于通过商标权注册取得制度获得的权利的权属是明确的,其商标权的保护范围和边界也是清晰的,因此,有利于针对商标权这个对象的交易的安全性。

注册取得制度能够降低商标制度的运行成本,提高运行效率。在商标权注册取得制度下,通过商标注册制度能够统一管理所有的商标申请和注册程序,不但商标权的权属和权利范围是清晰的,而且在行使权利过程中的举证也是容易操作的。商标注册制度能够为权利人行使权利提供证据效力上的支持。若没有商标注册制度,权利人在每一次行使权利过程中,在证明自己拥有该商标权时需要准备非常多的适用证据,这样的做法费时费力,成本巨大。而商标注册制度由于其具有明确的商标注册信息,能够作为至少是初步的证据,从而为权利人提供其商标权利的证明。在大多数情况下,在没有相反证据的挑战下,商标注册信息起到了证明商标权利的证据作用。这就给权利人行使其商标权提供了极大的便利,并且降低了整个商标体系的运行成本,提高了运行效率。

注册取得的公示作用能够传递信息,便于其他经营者的避让。商标信息的公开公示作用减少了商标冲突的风险,这是商标注册制度的最大价值体现。如果商标制度仅仅建立在商标使用的基础上,在没有统一的商标登记注册体系的情况下,一个商人在为自己的商品选择商标时就会遇到困难,对于其选定的商标标识,该商人难以得知和确认该标记是否已经是其他商人使用的商标。即使他是一个谨慎的商人,期望通过一定途径来确认,也难以得到确信的结果,这就造成了商标权利的不确定性。很可能该商标在使用一段时间后,被证明是其他商人早已经在先使用并且获得显著性从而获得权利的商标,这就给商人的商业活动带来了极大的风险。

而商标的注册制度能够建立商标信息的数据库,将商标信息集中统一管理,并进行公示和公告。由于商标注册制度中的公示公告作用,任何人都可以对商标申请和注册信息进行查询。由于信息的公开,对于经营者来说,可以很容易地获取他人申请和注册商标的信息,在选择自己的商标时,能够提前避让他人已经申请或授权的商标,避免发生冲突,造成商标投入上的损失。

因此,商标信息的公开公示作用极大地降低了商标权利权属的不确定性,减少了商标冲突的风险,降低了商业活动的整体成本,这也是商标注册制度在制度设计上的价值。

综上,注册取得的商标权符合公平与效率的辩证关系,获得了公平与效率的统一。与商标权使用取得制度相比,商标权注册取得制度在权利取得上的天然正当性不足,但是这并不能表明商标权注册取得制度在权利取得上就不具有正当性。因此,虽然天然正当性不足,但是其正当性是能够在商标注册制度中予以弥补的,特别是通过商标注册制度中的审查程序来改善。相反,在商标权使用取得制度中,其效率不足上的缺陷,难以在不改变其权利取得的天然正当性的基础上加以改善,例如通过权利扩张,使在某地基于在先使用而取得权利的效力扩展到在其他未使用的地域,在未使用地域的权利正当性基础则被实质改变了。因此,商标权注册取得制度能够通过商标注册制度(特别是审查程序以及其他一些程序,例如,撤销程序等)来改善其权利取得的天然正当性上的不足,同时能够保持其在效率上的优势,从而实现公平和效率的平衡和统一。

CHAPTER 03 >>

第三章　商标权注册取得的制度设计

在回答商标权注册取得制度是否具有其存在的必要时，不仅应从历史角度和公平效率原则等角度针对注册取得制度整体上进行研究，还应该深入到注册取得制度的具体内容来分析。

商标注册制度是商标权注册取得制度的核心内容。商标注册制度的狭义理解，是通过注册程序从申请人提出商标申请通过审查程序从而获得商标专用权的过程；广义理解是商标专用权从申请到授权以及授权后的整个过程，包括商标专用权的取得、维持、变更和取消的完整过程。

在商标注册制度中，第一个阶段就是商标专用权的取得过程，即商标的申请和审查程序，这是商标权注册取得制度的基础阶段，也是核心阶段。在这个过程中，商标权通过申请和审查程序获得注册，从而取得商标专用权。与使用取得制度不同的是，注册取得制度下商标专用权不是依据商标使用而获得的，甚至不强制要求必须已经使用，这是注册取得制度和使用取得制度之间最大的区别，也是被使用取得制度拥护者的最大诟病之处。因此，在商标的申请和审查程序中，如何能够体现权利取得的正当性是一个核心考察点，即为什么及如何通过注册程序就能够获得商标专用权，并且其正当性基础体现在哪里？

第一节 商标权注册取得制度的基本原则

在讨论商标权注册取得制度中的注册制度时，首先要确定的是这种注册制度的基础是什么，即基于什么样的环境和目的来设立这种能够通过申请和审查程序而不是商标使用来获取权利的制度，也就是说，这种注册制度的原则和宗旨是什么？例如，在英国商标法律进程中，在针对确立商标财产权和通过注册制度授予商标权的讨论时，曾提到这样的疑虑：即以注册作为商标的确权方式的一个可能的后果，是某些商人在注册商标后并不使用，而是借此阻止他人使用或者抢注他人长期使用的商标，这将导致商标欺诈注册案件聚讼盈庭。[1] 对此，我们首先探究商标权注册取得制度下的一些基本原则。

一、注册取得与商标使用相统一的原则

商标权注册取得制度的一个特点是注册取得的商标权不以商标使用为条件。基于此，有观点认为，注册取得制度以商标注册为基础，注册即获得权利，且所获得的权利是一种财产权，可以直接行使该权利，注册取得的商标权不要求商标使用。这是一种错误的认知，但持有这种认知的群体相当庞大。在这种错误的认知上，造成了注册取得制度的滥用，滋生了大量的商标抢注和商标囤积行为，特别是抢注商标获得注册后的商标权滥用。因此，有必要梳理注册取得与商标使用之间的关系，并且该关系应该是注册取得制度的一个基本原则，即注册取得商标权不以商标使用为条件，但并不代表注册取得制度不要求商标使用，商标使用是注册取得的商标权得以生存的基础。

基于上面所述的基本原则和注册取得制度的基本规则，在注册取得商标权时不要求商标使用，即商标权的诞生不是也不要求商标使用，但是，商标权的生命的维持是需要商标使用的，类似于婴儿在诞生前不需要氧气，但是，诞生后需要呼吸氧气得以维持生命的延续。因此，商标使用应作为一个重要因素存在于商标权注册取得制度中，而不是可有可无。

---

〔1〕 参见余俊著：《商标法律进化论》，华中科技大学出版社2011年版，第89页。

但是，同时，也应该保持注册取得制度的基本规制，即商标使用不是获得商标权的基础和途径，商标使用不能产生商标权，注册是获得商标权的途径。这样避免过分强调商标使用，从根本上取代了注册取得制度，混淆了使用取得制度和注册取得制度之间的界限。

在坚持注册取得制度的基本规制的基础上，自愿注册原则为注册取得制度带来了制度弹性，也明确为市场主体提供了导向。自愿注册原则体现了市场主体的自由意志，体现了商标权的私权属性，而注册取得制度的基本规制又体现了商标法律制度的导向性以及追求公平和效率相统一的立法目标。

二、诚实信用原则与真实使用目的相统一

诚实信用原则是整个民法体系中的基本原则，也应该作为商标注册制度中的基本原则。[1] 诚实信用原则应该贯穿于整个商标制度中。对于注册取得制度来说，申请人的商标注册申请的目的尤其应该符合诚实信用原则，是诚实信用原则的体现之一。

（一）诚实信用原则的概念和适用

诚实信用原则应该在道德层面与法律层面之间厘清概念。诚实信用的概念起源于道德层面上的认识，在演进过程中，随着立法而上升到法律层面作为法律原则使其具有约束力，因此，诚实信用原则具有道德和法律双重性。基于这种双重性，我们不仅要从法律上进行分析，也要从道德上进行分析，但是，同时还要在道德和法律的边界上保持头脑清醒，虽然道德和法律之间的边界经常模糊不清。法律上的规定是制定法的体现，而制定法的发展和演变也会受到道义的影响，若公众认为某种行为是“不诚实”的，则有可能法律的修改会因此受到影响。

诚实信用在商标法中体现出了原则层面和规制层面之间的关系。在我国，诚实信用原则首次作为基本原则是在2013年的《商标法》中出现的，不过在此之前商标法中已经出现了诚实信用原则的一些具体规则。例如，1993年的《商标法》首次引入了针对诚实信用的一些具体规定，具体体现在第27条的禁止“以欺骗手段或

〔1〕 例如，我国《商标法》第7条规定：“申请注册和使用商标，应当遵循诚实信用原则。”

者其他不正当手段”取得商标注册的内容，[1]在2001年《商标法》中进一步增加了关于诚实信用原则的一些具体要求，并且将这些要求作为他人可以提出商标异议请求或撤销请求的依据，包括对代理人的限制、[2]对在先权利的保护、[3]对在先使用的未注册商标的保护，[4]以及对注册申请中的欺骗手段等的规制[5]等。而2013年《商标法》首次引入了诚实信用原则作为基本原则，为早先引入的相关具体规定提供了指导，也增加了注册取得的制度弹性。

对于作为基本原则的诚实信用原则是否能够直接在司法中适用的问题，目前仍然存在争论，尚未形成普遍认可的观点。不过，基本原则的直接适用空间可以通过原则和规则之间的差距来调节，若诚实信用的具体规则得到丰富，则会大大减少基本原则直接适用的必要性。另外，在司法中，法院又摸索出了另外一条路径，例如在武汉中郡校园服务有限公司与北京闪银奇异科技有限公司的商标无效行政诉讼一案[6]的论述中，最高人民法院认为，商标申请人没有真实使用目的、无正当理由大量囤积商标来谋取不正当利益的行为，属于《商标法》第44条第1款“其他不正当手段”的情形。这体现了将“其他不正当手段”作为兜底条款来适用的趋势，在这种趋势中已经没有直接适用基本原则的必要性。不过，在该案中，能够明显看出，“其他不正当手段”恰恰是诚实信用原则的一个化身。

（二）抢先注册中的真实使用目的与诚实信用原则

在注册取得制度中，先申请原则和注册取得规则给抢注者提供了诸多可乘之机，因此诚实信用原则是对恶意抢注行为的一种原则规制。在针对抢注行为的恶意判断上，在法律层面和道德层面上的差别认识造成了对抢注行为的规制上的混乱和争论。在这种混乱中，关注的焦点是诚实信用原则，即该抢注行为是否是不诚

---

〔1〕 1993年《商标法》第27条规定，“已经注册的商标违反本法第八条规定的，或者是以欺骗手段或者其他不正当手段取得注册的，由商标局撤销该注册商标；其他单位或者个人可以请求商标评审委员会裁定撤销该注册商标”。

〔2〕 例如，2001年《商标法》第15条规定，“未经授权，代理人或者代表人以自己的名义将被代理人或者被代表人的商标进行注册，被代理人或者被代表人提出异议的，不予注册并禁止使用”。

〔3〕 例如，2001年《商标法》第31条中规定：“申请商标注册不得损害他人现有的在先权利。”

〔4〕 例如，2001年《商标法》第31条中规定：“申请商标注册不得以不正当手段抢先注册他人已经使用并有一定影响的商标。”

〔5〕 例如，2001年《商标法》第41条第1款的规定，已经注册的商标是以欺骗手段或者其他不正当手段取得注册的，由商标局撤销该注册商标，其他单位或者个人可以请求商标评审委员会裁定撤销该注册商标。

〔6〕 参见最高人民法院行政裁定书（2017）最高法行申4191号。

实的,或者是恶意的,而容易被忽视的是,针对商标真实使用目标的考察。具体来说,在我国的一些实际案例的评论中,针对尚未在中国使用的外国商标在中国抢先注册的行为,其往往先被穿上不道德的外衣,继而,若在法律上得到规制则皆大欢喜,否则将会进一步对我国的商标法律制度和环境进行道德批判。但是,在通过对抢先注册行为的比较法分析后,笔者认为,这种认识忽略了对商标真实使用目标的考察,而真实使用目的是区分恶意的一个重要因素,抢先注册中的真实使用目的与诚实信用原则是一致的。

在比较法研究中,在一个美国判例中体现了在本国的真实使用对诚实信用判断上的影响。在 Person's Co. v. Christman 案件中,[1]被告 Christman 是一个美国人,在日本出差时知晓了原告 Person's 公司的商标,之后在美国开始使用并获得注册。在两者商标发生冲突后,美国商标评审委员会认为,被告的商标使用行为和商标注册行为均为善意的,虽然被告获取商标的方式是拷贝了原告在日本的商标,但是这种商标获取方式并不能证明被告是恶意的,即从外国的商标使用中拷贝一个商标并不是恶意。在该案的上诉中,美国联邦巡回上诉法院认可了该观点,认为在外国的商标使用者进入到美国市场之前,若知晓了在美国以外的商标使用,仍不能排除在美国采纳和使用相同商标的善意。根据这种观点,在外国的商标使用者进入到美国市场之前,任何人针对该商标在美国的真实使用均应具有善意。

同理,在中国,针对尚未在中国使用的外国商标的抢先注册行为,若申请人具有真实使用目的,则其抢注行为与诚实信用原则是一致的。

商标权使用取得制度中,对获得商标权的目的是不需要特别强调的,因为这种权利取得模式自身就已经要求其需要通过实际的行为来体现取得权利的目的。然而,在注册取得制度中,商标注册申请的目的是被掩盖了的,不需要通过实际行动来证明,这反而表明注册取得制度中应该强调商标注册申请的目的。在各国的制定法中也能体现出这一点,虽然大部分都是隐含在字里行间的。因此,在商标权注册取得制度中,基本原则中应该包括商标注册申请的目的是为了真实使用的目的,而违反该目的的商标注册申请,应该因为违反诚实信用原则而不能被授权或者取消权利。

不过,如何确认某商标注册申请的目的不是为了真实的使用目的而违反诚实

〔1〕 参见美国法院判决 900 F. 2d 1565;1990 U. S. App. LEXIS 5591;14 U. S. P. Q. 2D(BNA)1477。

信用原则是一个难题,需要体现制度设计上的睿智。不论如何设计此项原则的具体规定,该基本原则对明显的恶意注册都能够起到实质的限制作用。

第二节　商标权注册取得之实质要件

一、显著性

(一)显著性要求是商标权注册取得制度的基础

在1875年英国第一部商标法律《商标注册法》第11条中提到了显著性的标准:"商标由以下必要成分组成,即以特殊或显著方式印制的图案、标记、个人姓名或企业名称;个人或企业的书名签名或书名签名复印件;显著的标签或票证……此外,在本法通过之前已经作为商标使用的任何特定而且显著的文字或数字、字母的结合,可以根据本法予以注册。"除此之外,并未规定任何判定显著性的一般标准,也没有实际操作指南,完全由商标注册部门自由裁量。[1] 商标显著性是商标的本质特征,是法律对商标是否具有标示来源识别功能的法律确认,商标只有具有显著性才能够获得注册并取得排他性的权利。[2] 从中可以看出,显著性是商标获得注册的必要条件,并且该要求被一直延续至今,成为商标注册制度中的一个非常重要的要求。

从一般概念来理解,从商标权的诞生历史以及商标法律的进程来看,商标的显著性实际上是将一个标记从公有领域中脱离出来变成一个私权的主要或核心作用力,如果这个作用力足够大,就能够使这个标记变为私权,也就说明这个标记是具有显著性的,即显著性是将一个标记赋予私权性质的作用力的化身。那么关键问题在于,这个作用力是怎么起到作用的呢,特别是在使用取得制度和注册取得制度两种不同模式下是如何起作用的?

更深层次的问题是,在商标权注册取得制度中,为什么在没有使用的情况下,商标注册的审查人却能够对商标显著性进行判断,这是商标注册制度面临的最难以回答的问题,该问题直接指向了显著性的本质。为了回答这个问题,让我们回到

〔1〕 参见余俊著:《商标法律进化论》,华中科技大学出版社2011年版,第107页。
〔2〕 参见张林著:《商标显著性研究》,厦门大学出版社2014年版,第176页。

商标显著性的概念上来。[1]

(二)厘清显著性的概念

尽管显著性对商标法是非常重要的,但是,尚未发现任何一部法律对显著性这个概念进行过限定或给出过明确的定义,而是采用了“拿来主义”。例如,英国第一部商标法《商标注册法》也只是采用了“显著的”“显著方式”等词语,而给出显著性的概念和定义。

对于显著性的表述,中文的表述基本上是源于其英文原文 distinctiveness。该用语 distinctiveness 的本意是“区别性”。在美国商标法《兰哈姆法》第 45 条中采用了“用以标识和区别的”用语。[2]

我国学者对显著性给出了各种解释,但大部分说法的核心内容都比较近似,商标的显著性是指标示商品或服务的出处并使之区别于其他出处的属性。有的学者给出了更为细化的定义,显著性是指商标识别和区分商品来源的能力,包括“识别性”和“区别性”两个方面。[3] 这种理解与外国法律条文中的表述不无关系,特别是相关条文中的“与他人生产或销售的商品予以标识和区别”。对于将显著性进一步细化为识别性和区别性的观点,有的学者有不同的观点,认为“所谓显著性是指商标的可识别性,消费者可以借以判断商品出处”,[4] 也有学者认为,商标的显著性又称为区别性,[5] 即两个概念是相同的。

有的学者认为,“将商标显著性解释为商标的识别能力和区别能力是存在问题的。[6] 商标显著性与商标的识别力和区别力根本就不是同一个层次的概念。商标的识别力和区别力乃是事实层面的概念,而商标显著性作为公共利益与私人利益的平衡器,是一个价值层面的概念”。[7]

与上述学者的观点不同,本书认为,将显著性细分为“识别性”和“区别性”两个要素的观点值得商榷之处在于其中关于“区别性”的定义。上述区别性的概念谈

---

〔1〕 参见张林著:《商标显著性研究》,厦门大学出版社 2014 年版,第 173 页。
〔2〕 参见张林著:《商标显著性研究》,厦门大学出版社 2014 年版,第 17 页。
〔3〕 参见吴汉东著:《知识产权法学》,北京大学出版社 2009 年版,第 245 页。
〔4〕 丁丽瑛著:《知识产权法》,厦门大学出版社 2012 年版,第 286 页。
〔5〕 参见郑成思著:《WTO 知识产权协议逐条解释》,中国方正出版社 2001 年版,第 63 页。
〔6〕 参见张林著:《商标显著性研究》,厦门大学出版社 2014 年版,第 173 ~ 174 页。
〔7〕 参见张林著:《商标显著性研究》,厦门大学出版社 2014 年版,第 173 ~ 174 页。

到的是“某一标志与其他标志之间的关系”，即“一个标志能够区别于其他标志，与他人使用于相同或类似商品上的商标不相同、不近似”，这实际上是商标的“在先性”的要求，这种理解是将显著性的领地扩大从而侵入了“在先性”的领地。事实上，某一个商标是否与其他商标相区分，还涉及时间上的问题，即该商标仅应该与在先的商标相区别，而不是在后的商标。例如，某一个商标在审查时被认为具有“识别性”和“区别性”，即具有显著性，但是，若之后他人使用或申请了与之近似的商标，则该在先注册的商标的显著性（包括区别性）是不应该受影响的。与在先商标的区别性，实际上就是某商标不得与在先申请或注册的商标相同或相近似，[1]这个是在先性的要求，在商标审查过程中，审查员不会针对此问题提出申请注册的商标不具有显著性的问题。

因此，商标的显著性的概念应该仅涉及，该商标是否能够起到指示商品或服务的来源的功能的问题，对于是否能够与其他来源（其他商标）相区别，并不是商标显著性所要解决的问题。

（三）获得显著性与固有显著性

有的学者按照显著性取得方式的不同，将商标显著性分为固有显著性和获得显著性，[2]有的学者认为，这样的理解是源自将商标显著性分为固有显著性和获得显著性的美国传统理论。[3] 美国判例法中将商标显著性分为固有显著性和获得显著性的一个经典案例是 Abercrombie & Fitch Co. v Hunting World Inc. 案件，[4]在该案件判决中，法院根据固有显著性的强弱将商标划分为 5 类，分别是通用名称、描述性商标、暗示性商标、任意性商标和臆造性商标，这种划分也被称为“Abercrombie 分类法”。其中，暗示性、任意性和臆造性商标被认为具备固有显著性，而描述性商标不具有固有显著性，需要通过提供使用证据等来证明其已经获得了第二含义，从而表明该商标也具有显著性。而通用名称由于与所标示的商品之间过强的关联，即使通过使用等也不可能获得显著性。不过，该判决中没有给出固有显著性的定义，根据上下文理解，固有显著性是指这些商标或词汇天生就具有显

---

〔1〕 我国《商标法》第 30 条规定，“申请注册的商标，凡不符合本法有关规定或者同他人在同一种商品或者类似商品上已经注册的或者初步审定的商标相同或者近似的，由商标局驳回申请，不予公告”。

〔2〕 参见邓宏光著：《商标法的理论基础——以商标显著性为中心》，法律出版社 2008 年版，第 28 页。

〔3〕 参见王太平著：《商标法——原理与案例》，北京大学出版社 2015 年版，第 65 页。

〔4〕 537 F. 2d 4(2d Cir. 1976).

著性。另外,该判决也没有将显著性划分为固有显著性和获得显著性,或者给出获得显著性的术语。而是随着援引该判例的后续判例和学者的进一步演绎,逐步形成了固有显著性和获得显著性这两个概念。[1]

对于固有显著性这个概念的定义,学者们也是众说纷纭,有的学者认为:"所谓具备固有显著性是指商标标志不能被合理地理解为是对其所附着产品的描述或装饰,消费者会自动将这种标志视为产品出处的表征,因而,可以直接注册为商标。"[2]有的学者认为"所谓固有显著性,是指一个标识由于正确选用而具有天生的标识产品出处并区别于他人产品的属性"。[3] 上述定义都是从不同的角度来描述对固有显著性的理解,从这些定义中可以看出,对于固有显著性是难以给出一个明确的定义的。

我们可以从根据固有显著性的强弱而被划分的几类商标来理解固有显著性的含义。

臆造性商标,是指原本不存在的商标或词汇,是商标所有者凭主观臆造而得的。臆造性商标天生就具有非常强的显著性,是因为该商标词汇从未被任何人使用过,它具有唯一性。若该臆造性词汇被作为商标使用,则能够给消费者留下非常强烈的心里印记,使消费者能够非常容易地将该臆造性词汇和所应用的商品联系起来,起到识别商品来源的功能,从而成为实质意义上的商标,获得了显著性。因此,可以这样推断,基于臆造性词汇的唯一性,其一旦被作为商标使用,由于消费者从未见过这个词汇,没有任何该词汇自身内容带来的干扰,根据该臆造性词汇在商品上的出现形式,唯一的可能就是将其识别为商标。因此,能够非常自然而毫无困难地使消费者在其心里建立该臆造性词汇与相对应商品之间的联系。故而,臆造性词汇具有天生的显著性,即具有固有显著性。

任意性词汇是已有词汇,但是该词汇与所要应用的商品之间没有任何联系,即该作为商标使用的词汇与相对应的商品之间的关系是任意性的。若将任意性词汇作为商标使用,虽然该任意性词汇具有自身的含义,但是,由于该词汇与所应用的商品之间没有关联,当使用在商品上时,消费者也容易将该任意性词汇识别为商

---

[1] 参见张林著:《商标显著性研究》,厦门大学出版社 2014 年版,第 68 ~ 69 页。
[2] 彭学龙著:《商标显著性传统理论评析》,载《电子知识产权》2006 年第 2 期,第 20 ~ 23 页。
[3] 吴汉东主编:《知识产权法学》,北京大学出版社 2009 年版,第 138 页。

标，在其心里建立该任意性词汇和商品之间的联系，从而容易获得显著性。

暗示性词汇是指该词汇对商品的相关信息，例如，质量或特性等是暗示性的表达，并不直接描述该商品的任何信息。[1] 若暗示性词汇被作为商标使用，由于该词汇与商品的信息之间的关系是暗示性的，它并不直接描述该商品的任何信息，因此在使用时，即使有该暗示性词汇自身含义的影响，根据其在商品上的使用形式，消费者也不会将该暗示性词汇理解为对商品自身信息的描述，从而也能够将该词汇识别为商标，使该商标具有显著性。当然，由于暗示性词汇与商品之间虽然是暗示性的，但也有一定的关联，因此，暗示性词汇的固有显著性不像臆造性词汇和任意性词汇那样强。

描述性词汇是指该词汇直接描述了商品的某些信息，例如，商品的质量、主要原料、功能、用途、重量、数量或其他特点等。[2] 若描述性词汇被作为商标使用，由于该词汇与商品的信息之间有一定的直接关联，消费者在看到应用于该商品上的描述性词汇时，很可能会认为该词汇是在描述商品信息，而不会直接认为该描述性词汇是作为商标在使用，因此，难以将该描述性词汇视为指示商品来源的标记，起到商标的作用。因此，该描述性词汇在使用时不能直接获得显著性，即不具有固有显著性。但是，基于将该描述性词汇以商标标志的形式反复地使用在商品上，随着这种商标标识的使用对消费者的曝光状态，经过对消费者一定时间和程度的刺激，消费者能够在心里建立该描述性词汇与所对应商品之间的联系，将该描述性词汇视为指示商品来源的标记，从而使作为商标使用的该描述性词汇具有了显著性。这种通过使用而获得的显著性也被称为获得显著性。需要提及的是，这不是本书所要讨论的问题，暗示性词汇和描述性词汇之间的界限并不清晰，在很多具体案件中，有可能是模糊和难以判断的。

对于通用名称来讲，由于该通用名称自身的含义就是表示该商品的类别，若将其作为商标使用在该类别的商品上，无论何种程度的使用，由于其自身非常强烈的含义和该类别商品之间的不可分割的联系，消费者都是不会将该词汇看做商标的，而只是将其作为其自身含义的词汇来理解，因此，起不到标示商品来源的功能，不可能具有

[1] 参见马晓燕、史灿方：《商标“第二含义”的文义解释——兼评〈商标法〉第11条》，载《学海》2009年第6期。

[2] 参见吕娜：《我国注册商标的合理使用制度》，载《人民司法》2006年第5期。

显著性。通常情况下,通用名称不论在何种程度的使用下,永远也不可能成为具有指示商品来源功能的商标,但是,在某些极为特殊的情况下有成为商标的先例。这种极为特殊的情况基本上都是该商标词汇在诞生时并不是商品的通用名称,而是在使用过程中演化为商品通用名称的,实际上该词汇并不是唯一的该类别商品的名字,在原使用人将其作为商标的大量强化使用的基础上,特别是其他同类产品的诸多经营者基本上并不使用该词汇作为通用名称时,逐渐产生的结果:消费者不再将该词汇视作商品通用名称,而是视为指示商品来源的标记,从而重新获得了显著性。

通过上面针对这5种类别的词汇获得显著性过程的分析,我们可以看出,在将一个词汇以商标标识的形式应用到商品上时,当消费者看到商品上的该词汇时,在消费者心里首先形成的印记是该词汇的自身含义,若该词汇与商品之间没有任何关联,该词汇的自身含义不会对消费者心里建立该词汇和商品之间的联系,从而将该词汇识别为指示商品来源的商标这种心理印记形成任何干扰。特别是若该词汇是从未出现过的臆造性词汇,则该词汇不具有任何自身含义,不可能形成任何干扰。即使该词汇是具有自身含义的任意性词汇,由于该词汇的自身含义与商品之间是任意性的,没有任何关联,该词汇的自身含义也不会对消费者心里建立该词汇和商品之间的联系造成干扰,因此,能够被识别为商标,具有了显著性。暗示性词汇也是类似。不过,对于描述性词汇来讲,其自身含义对在消费者心里形成该词汇和商品之间的联系造成了干扰,因此,不能直接被识别为商标,不具有显著性。因此,一个词汇是否具有固有显著性,取决于该词汇自身含义对形成该词汇与商品之间的联系的干扰程度。

(四)使用取得与注册取得在显著性条件上的对比分析

在分析了这5种类别的词汇获得显著性的过程后,我们回到原来所提出的问题,即显著性这个将一个标记赋予私权性质的作用力,在使用取得制度和注册取得制度两种不同模式下是如何起作用的?我们通过这几种词汇在使用取得制度和注册取得制度下获得显著性的对比来进一步探索这个问题。

1. 对于描述性词汇的商标标识获得显著性的过程,在使用取得制度和注册取得制度下没有实质的区别

在商标权注册取得制度下,对于描述性商标标识(描述性词汇)来讲,由于其不具有固有显著性,在商标注册审查过程中,申请人需要提供证据证明该商标已经通过大量使用获得了第二含义,即获得了显著性,否则该商标注册申请或被驳回。而

这种通过提供大量使用证据来证明该商标已经具有显著性的情形,与商标权使用取得制度中通过商标使用获得权利的情形,在实质上是相同的。

在使用取得制度下,以美国为例,商标权使用取得原则是在《兰哈姆法》和美国的判例法中得到体现的,基本上是通过诉讼案件来表现出来。在诉讼过程中,若当事人不要求审理显著性或没有针对涉案商标的显著性提出质疑的话,法院不会主动审理显著性。当一方当事人提出显著性问题后,另一方当事人也可以提交证据反驳或者证明该商标通过使用已经取得了第二含义。另外,法院在显著性问题的审理中,不会受到注册程序的影响,而是按照商标权使用取得模式(《兰哈姆法》和判例等)重新进行判断的。例如,在 Zatarain's Inc. v. Oak Grove Smokehouse Inc. 案中,[1]针对被告针对显著性提出的质疑,法院首先判断了涉案商标是否属于描述性商标,若不是描述性商标而是暗示性、任意性或臆造性的商标,则会认为该注册商标具有固有显著性,就不会对该商标是否已经通过使用获得了显著性进行审查。若是描述性商标,则会进一步判断,该商标是否已经通过使用获得了第二含义,若已经获得了第二含义,则该商标具有显著性,若没有获得第二含义,则不具有显著性。在该案中,涉案的两个商标分别是"Chick-Fri"和"Fish-Fri",都是应用于油炸食品的涂覆料或面浆混合物,其中"Chick-Fri"所对应的涂覆料或面浆混合物是鸡肉口味的,"Fish-Fri"所对应的涂覆料或面浆混合物是鱼肉口味的。这两个商标都被法院认定为是描述性商标,其中如何判断某商标是描述性商标还是暗示性商标,法院也认为两者的边界经常是模糊的,因此,法院采取了多个测试方法来判断某商标是否是描述性的。对于"Fish-Fri"这个商标,依据商标权人举证的该商标的使用情况,法院认定该商标通过使用在新奥尔良地区获得了第二含义,从而具有显著性,该商标是有效的。对于"Chick-Fri"这个商标,法院认为,该商标尚未通过使用获得第二含义,从而认为该商标不具有显著性。对此,虽然该"Chick-Fri"商标已经通过联邦注册审查程序获得了注册,法院也可以据此判令撤销该商标注册。

因此,对于描述性词汇来讲,其作为商标使用时,在商标权注册取得制度中获取权利的正当性与使用取得制度是类似的,也是通过使用行为建立的,从而其具有天然的正当性。

---

〔1〕 参见美国法院判决 698 F. 2d 786;1983 U. S. App. LEXIS ;217 U. S. P. Q. (BNA)988。

2. 对于臆造性、任意性和暗示性的商标标识,使用取得制度和注册取得制度在权利取得正当性上有实质的区别

在商标权使用取得制度下,即使是被认为具有固有显著性的商标标志,若要取得权利,也需要提供商标使用的证明。例如,以美国的使用取得制度为例,对于臆造性、任意性和暗示性的商标标识,基于其具有固有显著性,在诉讼中法院不对该商标是否已经通过使用获得了显著性进行审查,只要在诉讼中权利人证明了该商标的使用。

在商标权注册取得制度下,若所申请注册的商标标识是臆造性、任意性和暗示性的,则被视为具有固有显著性,从而审查员不会对该商标是否具有显著性提出质疑,若没有其他方面的问题,则该商标注册申请可以直接获得注册,在注册之日该商标权开始有效。在此过程中,没有要求提供任何使用证据,因此,即使是从未被使用过的商标标识,也能够获得商标专用权,这就造成了与使用取得制度在权利取得方面,特别是权利取得正当性上的实质区别。

3. 使用取得制度下注册程序与注册取得制度下注册程序在显著性审查上的对比

以美国为例,使用取得制度中也具有商标注册程序,因此,有必要在同为注册程序上对使用取得和注册取得进行对比。

在美国的联邦商标注册程序中,在审查过程中审查员针对显著性的审查是一项重要的审查内容。通常情况下,若审查员认为所申请的商标是描述性的,即审查员会结合申请中指定的商品或服务来判断,例如,对于相关购买人来说,是不是该商标会让人读了觉得仅仅是一个描述商品或服务的性能、使用目的等的词语,而不是一个商标。若认为是描述性的,则审查员会发出审查意见通知书,申请人可以进行答辩,也可以提交使用证据来证明该商标虽然是描述性的,但是,已经通过使用获得了第二含义。若审查员认为该商标不是描述性的,也不是通用名称,即是暗示性、任意性或臆造性的商标,通常会认为该商标具有显著性。审查员在审查过程中不会对其是否具有显著性提出质疑,但是,按照审查程序的要求,申请人必须提供该商标已经使用的证据才能完成注册(事实上对于任何类型的商标标识的申请,都需要提供使用证据才能完成注册)。

从上述审查程序的描述和法院判例中可以看出,对于商标显著性判断的基本方式和程序,在商标注册审查程序中审查员的审理方式与法院在诉讼案件中的审理方式非常类似,都是首先判断该商标的类型,是属于描述性商标还是被认为具有

固有显著性的暗示性、任意性或臆造性的商标,若认为是描述性商标,则会进一步判断该商标是否通过使用获得了第二含义,从而判断该商标是否具有显著性。这种近似也是可理解的,因为美国在行政行为和司法审查之间,司法审查是占据主导地位的,例如,商标审查员在审查商标申请中所依据的《商标审查程序手册》(Trademark Manual of Examining Procedure,TMEP)只是一个手册,不是法律,因此其不具有法律效率。根据美国专利商标局的说明,这个《商标审查程序手册》为商标审查员、商标申请人和商标代理人提供了一个关于与商标注册申请审查相关的当前法律、实务以及程序的参考文件。该《商标审查程序手册》对于审查员来讲具有约束力,但是,不具有法律约束力,而随着法院在判决中创设了相关规则(法律),该《商标审查程序手册》也会相应修改以符合商标法律(包括判例法)的规定。因此,就不难理解,在商标注册申请审查过程中审查员的审查原则和法院在判断商标显著性时的判断原则之间的一致性。

需要引起注意的是,在使用取得制度下的商标注册程序中,对于具有固有显著性的商标标识的注册申请,所要求提供的商标使用要求,与针对不具有固有显著性的描述性商标标识所要求的商标使用要求是不同的。对于不具有固有显著性的描述性商标标识的注册申请,所提交的使用证据要标明其商标使用已经达到了一定的使用程度,该使用程度能够使该商标具有显著性。而对于具有固有显著性的商标标识的注册申请,使用证据在使用程度上没有要求,只要能够证明该商标有实际使用即可,不需要达到已经通过使用获得了显著性的要求。因此,对于具有固有显著性的商标标识,其在商标注册程序中的使用取得权利的正当性(很大程度上也是基于法律推定)与纯粹的通过商标使用取得权利的正当性(通过商标使用证据来证明)不完全一致。不过,美国商标法《兰哈姆法》和相应的判例法又通过商标权利的法律效力上的不同,确保了纯粹的商标权使用取得制度,即通过联邦的商标注册程序所取得的商标权,虽然能够扩展到全国有效,但是,在使用地区以外仅具有推定的效力。因此,对于使用地区以外地域的商标权,美国这种使用取得制度的国家的商标注册程序也采用了法律推定的方式。

另外,在上述 Zatarain's Inc. v. Oak Grove Smokehouse Inc. 案[1]中还可以看出,对于不同类型的商标来说,商标已经获得注册的事实对于法院来说是具有不同

---

〔1〕 参见美国法院判决 698 F. 2d 786;1983 U. S. App. LEXIS ;217 U. S. P. Q. (BNA)988。

的作用的。对于暗示性、任意性或臆造性的商标来说,法院认为商标一旦注册就可以自动获得保护,[1]当然若法院对商标的类型的认定与商标审查员的认定不一致,法院会按照自己的认定来审理的,例如,审查员认为商标是属于暗示性的没有针对显著性提出质疑,也没有要求申请人提供使用证据来证明该商标已经获得了第二含义,而法院认为该商标属于描述性的,法院会针对该商标的显著性进行审查。而对于描述性商标,商标已经获得注册的事实对法院来说并不是商标有效性的证据,法院并没有因为该商标已经注册,就给予其有效性的推定或者具有显著性的假定,而是会对该描述性商标是否获得了第二含义重新进行审查。特别是,在判断"Chick-Fri"和"Fish-Fri"这两个商标均为描述性商标之后,法院在进一步审查其是否具有显著性时,并没有在判决中提及并考虑这两个商标已经获得了注册的事实,因为若商标已经获得注册,至少表明了在注册申请审查过程中,审查员已经针对显著性进行了审查并且认可了这两个商标都具有显著性。

需要说明的是,在实务中,审查员需要审理的商标申请量远远大于法院审理的案件中所涉及的商标数量,因此,审查员在审理过程中,基于审查时间和效率的要求,以及审查资源的限制,难以应用法院在判例中发展出来的各种测试规则,来判断某商标是属于暗示性的还是描述性的,相对于法院的"精细"判断,审查员对商标类型的判断相对显得"粗糙"一些。

结合上面所做的对比分析,针对不同类型的商标标识和对商标使用要求的各种情况,权利取得正当性有以下几种不同的情形:

第一种情形:没有采用注册制度的情况。

(1)商标标识不具有固有显著性+完全通过使用取得,即其商标使用持续达到一定程度,能够获得显著性,具有完全的效力。

(2)商标标识具有固有显著性+完全通过使用取得,即其商标使用持续达到一定程度,能够获得显著性,具有完全的效力。

第二种情形:采用了注册制度的情况。

(1)使用取得模式:商标标识不具有固有显著性+完全通过使用取得,即其商

[1] 参见美国法院判决 698 F. 2d 786;1983 U. S. App. LEXIS ;217 U. S. P. Q. (BNA) 988 :"Proof of secondary meaning is an issue only with respect to descriptive marks; suggestive and arbitrary or fanciful marks are automatically protected upon registration, and generic terms are unprotectable even if they have acquired secondary meaning。"

标使用持续达到一定程度,能够获得显著性。

(2)注册取得模式:商标标识不具有固有显著性+完全通过使用取得,即其商标使用持续达到一定程度,能够获得显著性。

(3)使用取得模式:商标标识具有固有显著性+商标的实际使用,该使用不要求达到能够获得显著性的程度,仅具有推定有效的权利效力。

(4)注册取得模式:商标标识具有固有显著性,不需要商标实际被使用,推定具有显著性,通过注册获得商标权。

通过对这几种不同类型的商标标识在显著性条件上的使用取得与注册取得之间的对比分析,进一步剥离出了仅臆造性、任意性和暗示性这些被视为具有固有显著性的商标标识,在两种不同取得模式下有实质区别,因此,我们把重点集中在这种具有固有显著性的商标标识上。

对于具有固有显著性的商标标识,即使在使用取得制度下,在其商标注册程序中也给予了区别对待,享有一定的特权,那么这种特权应该是来源于其"固有显著性"。例如,美国第二巡回法院在一个案件判决中指出:"臆造性词汇或标记在其被采用并且真实的第一次使用之后就立即具有显著性和识别其所应用的商品的来源的功能,这样的假设在商标法中是根基。"[1]类似地,美国最高法院也有相同的观点:"在普通法中,由于任意性、暗示性或臆造性(在此称为'固有地显著的'词汇或标记,或'商标')的词汇或标记被假定为指示产品的来源,并且商标的第一个使用者不需要证明该词汇或标记事实上已经指示了商品来源就能够起诉要求保护。"[2]

因此,我们通过针对固有显著性的进一步分析就有可能探究其中的奥秘。

(五)对固有显著性的质疑:不存在天生的显著性,只有拟制显著性或推定显著性

在对具有固有显著性的商标标识的分析中,关注点是该商标标识(词汇)的自身含义是否会对消费者在其心里建立该词汇和商品之间的联系,而将该词汇识别为指示商品来源的商标这种心理印记造成干扰,从而得出不同类型的词汇是否能够容易获得显著性。需要注意的是,这种分析,是将该商标标识放置在一

---

〔1〕 Blisscraft of Hollywood v. United Plastics Company, 294 F. 2d 694 131 U. S. P. Q. 55(2d Cir. 1961).

〔2〕 Two pesos Inc. v. Taco Cabana Inc., 505 U. S. 763, 786(1992).

个假设环境中，即将一个词汇以商标标识的形式应用到商品上，并且消费者看到商品上的该词汇时进行的分析，这种假设环境下的分析是一种对事实情况的法律推断。但是，在静态的情况下，即不在这种假设环境中，则无从谈起是否具有固有显著性。

事实上，并没有天生的显著性。若没有任何哪怕是初次的使用，即便是具有固有显著性的商标标识，也不可能立即自动被消费者识别为商标。[1] 商标的显著性只有通过商标使用（如在市场中销售带有该商标标识的商品等行为）才能真正获得。从这个意义上讲，某个商标标识（词汇）不可能天生就具备显著性，显著性只可能是后天获得的。[2]

商标标识的固有显著性只能是在一种假设环境下依据已知情况针对一般事务的运行规律的一种法律推定。法律推定是依据法律规定和既往经验认定事实的方法。法律推定是建立在事物发展的规律性及事物之间存在普遍联系的哲学观点之上的。[3] 法律推定的合理性就在于它是建立在经验常识基础上的，是符合规律的事实判断。[4]

或者说，这是一种法律上的拟制行为，例如，公司的人格拟制。例如，有学者认为："在注册原则下，当事人申请注册的固有显著性标志，无需证明具有第二含义，即可被推定为商标，属于法律的拟制。"[5] 该种推定属于法律拟制，是基于效率角度出于减少制度实施成本的考虑。

（六）注册取得制度中固有显著性（推定显著性）的获得的正当性

对于固有显著性（实际上应为推定显著性，为了表述统一，仍采用惯常的固有显著性的用语），不论是法律推定还是法律拟制，其正当性的基础是什么？更进一步讲，在商标权注册取得制度下，申请注册商标之前不需要实际使用该商标，因而审查员并不需要对商标是否在市场中具有标识来源功能、是否已经获得了显著性进行调查和审查，仅依据法律法规就可以认定商标具有显著性或不具有显著性，那么这种对商标的固有显著性的判断的正当性在哪里？

---

〔1〕 参见顾霞：《从商标的显著性看我国商标权的取得》，载《法制与社会》2007 年第 11 期。

〔2〕 参见顾霞：《从商标的显著性看我国商标权的取得》，载《法制与社会》2007 年第 11 期。

〔3〕 参见单荔枝：《"推定"的问题领域初探》，载《天津市政法管理干部学院学报》2005 年第 4 期。

〔4〕 参见张林著：《商标显著性研究》，厦门大学出版社 2014 年版，第 177 页。

〔5〕 文学著：《商标使用与商标保护研究》，法律出版社 2008 年版，第 21 页。

对此，除了上述对固有显著性是一种法律推定或法律拟制的分析，我们还可以从以下几方面来寻找其正当性的基础。

1. 显著性判断本质上就是一种法律推定，无论是针对获得显著性还是固有显著性

使用取得制度中的显著性判断实际上也是一种法律推定，即使是通过大量的使用证据来证明某商标已经获得了显著性的情形下，显著性的判断也是一种法律推定。

如果从认知心理学的角度来看，商标显著性实际上就是标识在消费者头脑中标识来源的认知状态。[1] 对于商标权使用取得制度来说，法律对于通过使用行为是否已经获得显著性的判断，也是一种法律推断，商标显著性在很多时候都表现为，相关公众这个不特定群体对于商标标识来源功能的主观认知状态。因此，显著性获得的标志不是该商标标识在某个人或某几个人的心里是否形成了指示商品来源的心里印记，而是针对虚拟的群体——相关公众来说的。所有使用证据都只是单个体的证明，即该单个体是否能够建立该商标标识和商品之间的联系，从而将该商标标识识别为商标，但不能代表该单个体证据以外的事实。而实际上这种使用证据的成本是很高的，而且也不可能穷尽所有的单个体证据，因此，即使是基于一定程度的使用证据得出的关于是否具有显著性的结论，也只能是一种法律推定。正因如此，在美国法律中才承认消费者的问卷调查证据对描述性标识是否获得第二含义的证明效力。[2]

因此，若我们回到显著性判断的本质上来，显著性判断本质上就是一种法律推定，这是我们后面理解和讨论固有显著性的法律推定的基础。

2. 法律推定的正当性

法律推定的合理性在于它是建立在经验常识基础上的，是符合客观规律的事实判断。[3] 虽然也会出现不符合经常性规律的例外情形，但总体上符合客观规律的情形，具有高度盖然性。对于例外情形我们留在后面的章节讨论。

商标权使用取得制度中基于实际使用行为对是否具有显著性的推定，与商标

---

〔1〕 参见张林著：《商标显著性研究》，厦门大学出版社 2014 年版，第 178～179 页。

〔2〕 参见张林著：《商标显著性研究》，厦门大学出版社 2014 年版，第 179 页。

〔3〕 参见张林著：《商标显著性研究》，厦门大学出版社 2014 年版，第 177 页。

权注册取得制度中基于商标标志自身的情况(是否为臆造性、任意性或暗示性的)对是否具有显著性的推定是不同的。前者是在一定的事实证据基础上针对类似的事实状况的推定,而后一种是在假设环境下对事实状态的推定。根据类似的事物应具有类似的规律的高度盖然性,前一种法律推定的正当性更强一些,但这并不是用来否定后一种法律推定的依据。

将不同形式的商标标识按照"Abercrombie 分类法"进行分类,也是建立在经验常识基础上的,是符合客观规律的事实判断的,其中对于臆造性、任意性或暗示性的商标标识,在被作为商标使用的假设环境中如何产生显著性的分析和推导,在上面的章节中已经进行了详细阐述,在此不再赘述。从实证角度来看,这种固有显著性的法律推定已经被大部分国家认可和采纳,这也从一个角度证明了商标权注册取得制度中针对固有显著性的法律推定的正当性。

3. 对固有显著性的法律推定符合公平和效率统一的原则

对于固有显著性的法律推定在总体上符合客观规律的这种高度盖然性体现了公平和效率的统一。从公平和效率的角度来讲,对于臆造性、任意性或暗示性的商标标识,只要申请人是基于真实的使用目的提出商标注册申请的,即使在申请过程中没有提供使用证据,那么我们也可以推定出这样的状态:申请人一旦将这个商标应用于商业活动中,即使只是少量使用,也容易在消费者的心里建立该商标与商品之间的联系,然后在消费者心里产生一定的心里印记,从而具有显著性。在这种情况下,再从效率的角度出发,实际上不必苛求申请人必须要在实际使用该商标后才能够获得授权。这样,实际上是符合公平和效率相统一的原则的。

相反,对于描述性的商标标识,由于其描述性属性,即使申请人将这个商标应用于商业活动中并且进行了一定程度(如少量)的使用,其获得显著性的盖然性并不高,此时是不能基于效率的考虑而牺牲公平的,这也是描述性商标标识应该通过使用证据来证明其获得了第二含义才能被授权之原因所在,这也体现了公平和效率统一的原则。事实上,这两种对显著性的不同的法律推定,也探知了公平和效率相统一原则的边界。

4. 对固有显著性的法律推定符合利益平衡原则

商标显著性并不是对商标标示来源识别功能的简单描述,显著性概念在确立之初具有实现市场经济有序竞争、维护消费者相关利益的目标。除了在对对象的特征进行取舍之外，还承载了立法者的价值追求。[1] 这也体现了商标权正当性的工具主义理念，即其价值在于对包括商标权在内的知识产权在制度设计上的指导，其是一种基于某种经济发展的目的而授予的特权。

商标显著性就是与商标相关主体利益的一个平衡点，即平衡商标的权利主体（商标权利人）和受众（商标权利人的竞争者和作为非竞争者的相关公众）之间的利益，而显著性概念的提出及其相关规范的建立，最终使得调整个人利益与公共利益关系的平衡机制的建立。[2]

在基于利益平衡原则的考量中，还涉及某一商标标识在没有权利人的情况下，同类竞争者对该商标的需要程度。如果该商标的词汇是臆造性、任意性或暗示性的，同类竞争者对该商标的需要程度是非常小的，因为同类竞争者有和该商标同等重要程度的非常多的选择，该商标词汇的本身含义对其商品来说没有什么的价值；而描述性词汇则不同，因为该词汇的本身含义对其商品的某些信息进行了描述，同类竞争者对该商标是有一定的需要程度的。该词汇对商品的描述程度越大，竞争者的需要程度也越大，因此若要将该商标授权给某个使用人，则需要该使用人付出相当程度的对价——商标使用。因此，根据同类竞争者对某一商标的需要程度，对于不同的商标采取不同的"对价"也是符合利益平衡原则的。

当然从商标权利的维持角度来讲，没有任何的使用，商标权是不应该被维持的，但是，从商标权的获得角度来讲，则可以有一种例外或者被视为特别的豁免情况，即在没有实际的商标使用的情况下针对特定属性的商标标识在固有显著性的法律推定。因此，该法律推定就成为个体利益和公众利益之间的一个平衡点。

5. 显著性审查与专利中创造性审查的对比

商标权注册取得制度中的固有显著性的判断与目前的专利制度中的创造性的判断有很多相似之处，主要体现在针对事实问题的主观性判断的法律推定。

以发明专利为例，发明专利中的创造性是指与现有技术相比，该被审查的发明具有突出的实质性特点和显著的进步。[3] 根据《专利审查指南》中的规定，其具体

---

〔1〕 参见张林著：《商标显著性研究》，厦门大学出版社 2014 年版，第 174 页。

〔2〕 参见张林著：《商标显著性研究》，厦门大学出版社 2014 年版，第 175 页。

〔3〕 参见我国《专利法》第 22 条的规定。

判断方式是:以本领域普通技术人员的视角,判断专利申请中的以权利要求方式体现出来的技术方案,相对于现有技术来说是否是显而易见的。[1] 创造性判断中的核心是显而易见性的判断,这是一种主观判断,而是否是显而易见又是一种事实判断,即创造性实质上是针对事实问题的主观判断。这与显著性判断非常相似,根据主流观点,商标显著性是指标示商品或服务的出处并使之区别于其他出处的属性,其核心是识别性,这也是一种针对事实问题的主观判断。

显著性和创造性在针对事实问题的主观判断上,均不可避免地采取了法律推定的方式,而且也只能采用法律推定。原因在于,若不采用法律推定的方式,这种事实问题的主观判断只能采用穷尽式的实际核查方式,即穷尽所有事实情形后给出结论,如专利创造性判断中穷尽所有现有技术,而商标显著性判断中穷尽所有相关公众的认识,这在理论上和实际上都不可实现,而只能采用法律推定。

两者在法律推定的具体体现上也有诸多相似之处。首先,两者在判断主体上采用了类似的原则,专利制度中的创造性判断采用了虚拟的主体(本领域普通技术人员),而商标显著性判断中也采用了相关公众这个虚拟主体。其次,两者在判断中均采用了主观性判断标准,发明中判断被审查的发明相对于所有现有技术是否是容易想到的,这种判断实质上也是依据已有的客观事实针对未发生的事实状态(实质上也不可能发生,因为这种虚拟主体根本就不存在)的主观判断,实际上是法律推定。相应地,商标中判断该商标是否能够使相关公众识别出商品的来源,其中针对固有显著性的判断也是依据已有的客观事实(臆造性、任意性或暗示性的商标标识)针对未发生的事实状态的一种主观判断,实际上就是法律推定。

在这个方面上,法律推定已经成为法律制度在运行中的一种重要手段,体现了其现实正当性。

(七)非文字商标标识的显著性

上文针对显著性和固有显著性的讨论,基本上都是以词汇类商标即文字商标为对象的,对于非文字商标,道理类似。非文字商标包括图形商标、颜色商标、立体商标、声音商标和气味商标等。

---

[1] 参见中华人民共和国国家知识产权局制定:《专利审查指南》,知道产权出版社 2010 年版,第 171 页。

非文字商标的固有显著性情形与文字商标不同。对于商标的自身含义与所应用的商品之间的关联关系来说，在两者之间没有任何关联的情况下，若为文字商标则类似于臆造性或任意性词汇，应该视为其具有固有显著性，若两者之间有关联，例如，商标具有描述商品的性质，则需要通过使用来获得显著性。但是，对于非文字商标来说，由于其有非常明确的商品信息，例如，商品的形状、商品的颜色等，其对作为识别商品来源的标记形成了干扰，即相关公众初始看到这些非文字商标时，首先想到的是这些非文字商标的商品信息属性，这种干扰使非文字商标不能直接起到识别商品来源的作用。例如，纱线的气味，若使用者将该气味作为该纱线的商标，则消费者在接触这种纱线时，会认为这种气味就是该纱线自身的一个商品信息——纱线的气味，而不会将其作为指示商品来源的标记。同理，一个瓶子的三维标识作为饮料的商标，消费者的直觉是认为该瓶子就是盛装该饮料的容器，而不是商标。因此，非文字商标不具有固有显著性，只能通过一定程度的使用才能获得显著性。

非文字商标通过使用获得显著性的程度与文字商标中的描述性商标类似，需要通过商标使用使得商标具有其自身含义之外的第二含义（指示商品来源的作用）。对于文字商标来讲，其描述性程度的范围跨度很大（从暗示性到通用名称之间的存在各种描述程度的文字商标），因此，相应地通过使用获得显著性所要求的使用程度也不同。而非文字商标通常都是商品自身信息中的一种，通过使用获得显著性所要的使用程度，也与该非文字商标对商品的描述性质相适应，其使用要求程度相对较高，相应的跨度范围不大。

二、在先性

（一）在先性的含义

在先性是指，在注册取得制度中，在先申请应该优于在后申请，因此某商标的商标权应该授予第一个申请人。对于使用取得制度，在先使用应该优于在后使用，因此在先性是指某商标的商标权应该由第一个商标使用人获得，在此，商标使用应该指商标的真实使用。

在商标权注册取得制度中，在先性的判断是以申请日为判断依据的。[1] 商标

[1] 参见我国《商标法》第31条的规定。

权类似于物权法中的一物一权,属于绝对权利,具有排他性,因此在商标权的效力范围内,不允许有两个以上内容相冲突的权利同时存在,这与专利权的情况不同。因此,商标在先申请会构成在后申请的在先权利,使在后申请不具有在先性而不能获得注册。

(二)使用取得与注册取得在在先性要求上的对比分析

基于权利取得模式的不同,在先性的判断原则也不同,这是注册取得制度和使用取得制度之间的一个区分点。使用取得商标权与注册取得商标权之间在在先性判断上的不同,主要体现在真实使用和使用地域上的差别。

对于使用取得制度,在先使用者应该是该商标的真实使用者,即该在先使用者对其商标的在先使用必须是真实的使用,若仅仅是象征性的使用,则不能被视为在先使用者。因此,使用取得中的在先性是以真实使用行为为基础的。另外,对于同为真实使用的在先使用,由于使用地域上的分隔,在不同的地域上有可能各自地域均出现针对相同商标的首次使用者,而这两个首次使用者都有权获得商标权,只不过是在各自的地域有效。

相比之下,注册取得制度下,由于在注册申请中不要求提供使用证据,也不要求所申请的商标已经在申请日之前进行了使用,因此,与使用取得的在先性不同,注册取得的在先性与在先使用或者真实使用没有关联。另外,由于注册取得的在先性判断是基于已经登记造册的商标申请,并且基于统一的注册登记簿制度,最早提出商标注册申请的人是明确的和唯一的,不会对同一商标出现多个不同的在先权利人,因此不会造成注册商标权之间的冲突。

注册取得制度有利于保障在先性要求的实现。由于注册取得制度确立了商标专用权只能通过注册程序获得,因此,未注册商标是不能取得商标专用权的,在采取了商标权注册取得制度的国家,就避免了商标注册簿中商标专用权的缺失,确保了完整性。而在采用商标权使用取得制度或者混合制度的国家,由于未注册商标的存在,即使采用了商标注册制度,也存在注册簿上商标权不全(不完整)的问题。商标注册簿中的商标权的完整性对于商标使用人来说是非常重要的,避免了在商业活动中在选择商标和使用商标上的风险,使商标制度的社会成本降低。

三、非功能性

(一)非功能性的含义

商标的非功能性要求是指具有功能性的标志不能注册为商标。[1] 商标的非功能性要求来源于美国的商标判例法,美国联邦最高法院第一次在1982年的Inwood Laboratories v. Ives Laboratories[2]案中定义了产品的功能性:“通常情况下,如果产品的一个特征对于该产品的使用或目的是必需的,或者影响到该产品的成本或质量,则该特征是功能性的,不能起到商标的作用。”[3]在1995年的Qualitex Co. v. Jacobson Products Co.[4]案中,法院对非功能性要求进行了扩展“如果对于产品的一项特征的独占性保护会将竞争者置于与商誉无关的显著不利地位”,[5]则该特征具有功能性而不能用做商标。具有功能性的标志不能注册为商标,是各国商标法一致遵守的原则。例如,《日本商标法》第4条的内容“商品或商品包装的形状中,仅由该商品或商品包装发挥功能所必需的立体形状构成的商标不能获得注册”,另外,在《欧共体协调成员国商标立法1号指令》的第2条,《英国商标法》第3条以及《德国商标法》第3条也有类似规定。[6]

我国《商标法》第12条也有类似的规定,[7]不过该规定只针对三维标志进行了功能性的限制,而没有涉及其他类型的商标标识。虽然功能性问题经常出现在三维标志上,但是,其他类型的商标标识也可能存在功能性问题,如颜色,红色通常给人以警示作用,若将红色用于某种特殊药丸上以对患者或相关医护人员起到警

---

[1] Jane C. Ginsburg, Jessica Litman, Mary Kevlin, “Trademark and Unfair Competition Law: Cases and Materials”, Lexis Nexis Fifth Edition ISBN 978-0-7698-6568-3, pp. 573-575.

[2] 456 U. S. 844(1982).

[3] “In general terms, a product feature is functional if it is essential to the use or purpose of the article or if it affects the cost or quality of the article.”

[4] 参见美国法院判决514 U. S. 159, 165(1995)。

[5] This Court consequently has explained that, “[i]n general terms, a product feature is functional”, and cannot serve as a trademark, “if it is essential to the use or purpose of the article or if it affects the cost or quality of the article”, that is, if exclusive use of the feature would put competitors at a significant non-reputation-related disadvantage.

[6] 参见张玉敏著:《商标注册与确权程序改革研究》,知识产权出版社2016年版,第54页。

[7] 我国《商标法》第12条“以三维标志申请注册商标的,仅由商品自身的性质产生的形状、为获得技术效果而需有的商品形状或者使商品具有实质性价值的形状,不得注册”。

示作用，则用在药丸上的红色就具有功能性。

非功能性要求的基础在于商标权的垄断保护是基于商标来源指示功能，但在与其他权利发生权利范围竞合的情况下，不能据此侵入到其他领域或者获得不合理的保护，例如，侵入到专利法针对产品功能结构的保护。

（二）事实上的功能性（de facto functionality）与法律上的功能性（de jure functionality）

对于商标标识特别是三维标识的功能，若是从辩证法的观点上看，任何三维标识都具有一定的功能，或者技术上的功能或者美学上的功能或者兼而有之。然而商标标识的功能性并不是在辩证法上的泛泛的功能性，这种功能性是一种事实上的功能性，而不是法律上的功能性。

事实上的功能性是指在普通含义上对功能性一词的使用，表示虽然商品的结构是用于实现某一功能，例如，一个瓶子的功能是用于盛放液体，但是，事实上的功能性并不一定就是法律上的功能性，有可能该瓶子能够被识别为指示商品来源的标识，起到了商标的作用。而法律上的功能性是指，在商标法意义上其被认定为具有功能性，不能被作为商标来保护，即具有事实上的功能性的商标标识不一定就具有法律上的功能性。

在区分事实上的功能性和法律上的功能性时，所依据的是商标标识自身功能的程度。商标法律上的非功能性所要求的是，该商标标识的自身功能在其发挥商标作用上或者将该商标标识作为商标进行垄断保护后，是否会基于该商标标识的自身功能而非商标功能造成不公平。如何平衡两者之间的关系，以及如何区分事实上的功能性和法律上的功能性？主要的评判因素就是作为商标使用的商标标识（特别是非文字商标中的立体商标等）的自身功能的程度。以立体商标为例，作为商标的结构的自身功能具有很强的功能用途，其程度非常大，因此，应该认为其具有功能性，不符合非功能性的要求。这种从所具有的功能的程度来区分的方法，体现了该产品结构的功能性在产品上的需求，与该产品结构通过使用获得的商标保护之间的利益平衡。

针对非功能性的判断，除了根据该商标自身情况来判断其是否具有功能性以外，还可以用针对功能进行保护的其他保护方式来判断，如专利。若是产品中的某个要素具有功能性，并且获得了专利保护，则表明意欲作为商标的部分具有功能性。例如在 Traffix Device Inc. 诉 Marketing Displays Inc. 案件中，[1] 涉案商标为一个双弹簧结构的路牌，其所对应的结构受专利保护，美国最高法院指出，专利是一个表明所要保护商标的特征具有功能性的强力证据，因此，申请人负有很重的举证责任来证明该特征不是功能性的，而是例如装饰性的或者仅仅是该产品的一个任意性结构。在该案中，双弹簧结构设计不是相关产品上的任意性结构，而恰恰是具有特殊的多方向抗风功能，并由此获得了专利保护，因此，该产品结构作为商标具有功能性，不能获得商标保护。

（三）功能性问题在注册取得制度上的审查

某个商标标识是否具有功能性，有时候并不是一目了然的，从商标标识本身来看，在某些情况下难以确定该商标标识是否带有功能性。在使用取得制度中，在商标使用过程中，这种特征功能性往往容易展露出来，而在注册取得制度中，仅仅通过书面审理，审查员有时难以发现商标标识上的功能性特征，特别是对于非三维标识的商标，因此，商标的功能性的表露更具有隐秘性。

因此，在注册取得制度中，一种方法是，对于非文字商标，要求申请人在申请时对该商标所具有的功能进行描述，以便于审查员在审查程序中进行判断。另一种方法是，在申请中要求申请人提交声明，表明不知晓其申请的商标中具有功能性要素。这两种具体操作方法都需要申请人遵循诚实信用原则，主动披露商标标识上是否带有功能性元素。

四、合法性

商标的合法性有两个层面，一个层面是商标注册申请不能与法律规定（包括《商标法》和其他法律规定）相抵触，另一个层面是不能与他人的权利相冲突。

在第一个层面中，具体情形包括商标标志不得属于国家法律明确禁止作为商标使用的标志。[2] 我国《商标法》第 10 条列举了 8 项不能作为商标使用的情形。在各国的商标法中关于商标合法性要求的表述不同，但是，其中对于官方标志等的规定实质上相同，都与《保护工业产权巴黎公约》的第 6 条之三相一致。

由于不具有合法性的标志危害的是公共利益，因此，标志合法性的判断是完全

---

〔1〕 参见美国最高法院判决 532 U. S. 23(2001)。

〔2〕 参见王太平著:《商标法——原理与案例》,北京大学出版社 2015 年版,第 105 页。

客观的，不以当事人的主观状态而改变。[1] 对于商标权注册取得制度来说，商标的注册程序非常适合对商标合法性的审查。而相比之下，对于使用取得制度来说，在商标使用过程中，在商标使用人没有相关知识的情况下，难以避免对不具有合法性商标的使用，容易造成经过一定程度的使用后发现不能获得商标权，反而是违法行为，造成商标使用投入的损失。

第二个层面是商标注册申请不能与他人的权利相冲突，也称为非冲突性，即所申请注册的商标不能与他人的非商标的在先权利相冲突。对于什么是他人的在先权利，各国规定各有不同，不过在在先著作权、外观设计权和姓名权等方面，各国的规定具有共同之处。另外，权利之间是否存在冲突也是一个判断条件。

我国《商标法》第32条规定了“不得损害他人现有的在先权利”这种商标非冲突性的基本原则。[2] 虽然没有在制定法中具体列明在先权利包括哪些，但是在司法实践中普遍认可的在先权利，包括著作权、商号权、外观设计权以及在先姓名权等，在近几年，随着司法实践的发展还包括商品化权。

对于商标的非冲突性要求，相比使用取得制度，注册取得制度具有较大的优势。在审查中，若发现某商标注册申请与他人的在先权利发生冲突，则能够在早期阶段避免权利冲突，防止在注册后的后续阶段发生实际的当事人之间的冲突，造成诉讼成本和当事人之间的损失，特别是注册制度的公示作用，也能够让在先权利的权利人及时了解到他人的商标申请是否侵犯其在先权利。而使用取得制度中，权利的获得不依赖于注册制度，没有注册的商标是否侵犯他人的在先权利是难以察觉的，若商标使用人通过大量的使用获得了显著性后，若一旦发现了与他人的在先权利相冲突，就会处于非常困难的境地。因此，注册取得制度能够对满足商标非冲突性要求有促进作用。

---

[1] 参见王太平著：《商标法——原理与案例》，北京大学出版社2015年版，第105页。

[2] 我国《商标法》第32条规定，“申请商标注册不得损害他人现有的在先权利，也不得以不正当手段抢先注册他人已经使用并有一定影响的商标”。

第三节 商标权注册取得制度下的注册程序

商标权注册取得制度相对于使用取得制度来说,其核心价值体现在商标注册程序上。商标权注册取得制度通过商标注册程序弥补了使用取得制度中的权属不明确、权利范围不明确等缺陷,并且通过针对特定属性的商标标识在固有显著性上的法律推定,解决了没有实际的商标使用在公正性上的疑虑。因此,商标注册程序是体现商标权注册取得制度的价值所在,商标注册程序的程序设计对于实现商标权注册取得制度的价值显得极为重要,其中,商标注册程序应该体现公平和效率统一的原则以及利益平衡原则。

在商标注册程序中,有一些程序环节的设置能够直接涉及公平和效率统一的原则以及利益平衡原则。

一、商标注册申请主体应与其民事行为能力相适应

(一)注册主体与民事行为能力主体

从各国立法和商标实践中可以看出,世界各国均对商标权的取得主体的资格有一定要求,在表述上注册主体与民事行为主体资格非常接近,即具有民事行为能力的主体均可以提出商标注册申请。理论上,注册商标专用权是一种民事权利,而注册商标的行为是一种民事行为,但是在注册主体上有不同理解。一种理解是,任何具有完全民事权利能力和民事行为能力的主体都可以提出商标注册申请,例如,欧盟第207/2009号《欧盟商标条例》第5条规定,任何自然人和法人,包括公法机关,都可以成为欧盟商标的所有人。[1] 这种理解在逻辑上有值得商榷之处。作为一种民事行为(对此需要明确的是,在此所说的民事行为是指申请注册来获得商标专用权的权利原始取得的行为,而不涉及例如通过转让等的继受取得的情况),要求其主体具有完全民事权利能力和民事行为能力是一种必要条件而不是充分条件。对此容易理解,不具有民事主体资格,例如,一个没有注册的团体是不能提出商标注册申请的。那么,除了具有民事主体资格,是否还有其他限制?

---

〔1〕 参见冯术杰著:《商标注册条件若干问题研究》,知识产权出版社2016年版,第47页。

在制定法中，通常的表述是“任何/any person”或“所有人”，其中包括自然人、法人和非法人主体等。在商标注册程序中，只要具有民事主体资格，审查机关就允许该主体提交商标注册申请而没有进一步的要求。例如，《德国商标法》第7条规定，已注册及申请之商标，其专用权人资格如下：自然人、法人或具有取得权利及产生义务之行为能力的合伙人（企业）。我国《商标法》也规定了商标注册申请的主体是“自然人、法人或者其他组织”。〔1〕

看似在商标权注册取得制度中除了民事主体资格以外，没有其他限制了，但是我们还需要进一步从商标权取得的最初形态——商标权基于使用取得来探究。

（二）使用取得制度中的商标使用的主体的参考作用

虽然在制定法中除了民事主体资格的要求外，没有列出其他的明确限制，但是从商标的本质出发，商标注册申请的主体实际上是应该有相应的限制的。采用商标权使用取得制度的美国，在商标注册申请时，要求申请人必须使用商标或者意图使用商标，例如，美国《兰哈姆法》第1条的规定，“商业上使用商标的所有人，可以依本法规定将其商标在主簿中注册”，〔2〕这实质上是对申请人资格的一种限制。试想，申请人若基于相关规定的限制而不能从事某种经营活动（如药品的制造和销售等），其也不可能有在该经营活动上使用所申请注册的商标的实际使用或意图使用行为。根据美国商标法的规定，商标注册申请必须以商标的实际所有人的名义提出，商标实际所有人是指控制在该商标下的所制造销售的商品或提供的服务的品质和属性的人。相应地，虽然在商标权注册取得制度的国家的法律中，没有针对商标注册申请主体资格提出民事主体资格以外的要求，但是，实际上也隐含了要求申请人应该是具有针对所提出的商标申请中的制定商品或服务有经营权利的人。根据学者的意见，立法不宜从正面对自然人申请商标注册的主体资格进行限制，而可以从反面规定，例如，依法不得从事经营活动的人除外。〔3〕

上述提到的商标注册申请的主体是指商标权原始取得过程中的申请主体，而

〔1〕 我国《商标法》第4条规定，“自然人、法人或者其他组织在生产经营活动中，对其商品或者服务需要取得商标专用权的，应当向商标局申请商标注册”。

〔2〕 § 1(15 U.S.C. § 1051).

〔3〕 参见张玉敏著：《商标注册与确权程序改革研究》，知识产权出版社2016年版，第42页。

不应该包括继受取得的情形，即继受取得的商标权的主体不应该受到限制。例如，商标权人过世后，若其幼子作为唯一的合法继承人，基于民事行为能力和从事经营的民事能力上的限制，而不能继承该商标权，那么商标权就不能被称为是一种财产权了。

二、注册取得制度的商标标识应采用可表征标准

什么样的商业标记可以作为商标来申请注册，这个问题直接决定了能够获得保护的商业标记的范围。可作为商标进行注册的标识在历史上也有一个演进的过程。

在商标法律制度初期出现的一些商标法中，可以作为商标的商业标识范围是比较小的。例如，英国1875年颁布的《商标注册法》第11条规定中将商标定义为："商标由以下必要成分组成，即以特殊或显著方式印制的图案、标记、个人姓名或企业名称；个人或企业的书名签名或书名签名复印件；显著的标签或票证；并且，前款所指的单个或多个成分可以附加字母、文字、数字或者文字、字母、数字的结合；此外，在本法通过之前已经作为商标使用的任何特定而且显著的文字或数字、字母的结合，可以根据本法予以注册"。〔1〕

在商标发展历史上，从最初期的文字和图案开始，随着可作为商标的商业标记种类和范畴不断扩大，逐步形成了不同的阶段。初期形成的可作为商标的商业标记的标准是视觉标记的范畴，我们称之为可视化标准，之后随着商业发展，根据商标的基本功能的可能表现形式，商业标记的标准进一步扩展为可感知标准。

（一）可视化标准和可感知标准

可视化标准是指可以在视觉上被感知的商业标记都可以作为商标来申请。

早期的可以申请商标的标记主要限于文字、图形等，之后逐步扩大到颜色和立体商标等。

颜色商标是最早被引入可注册商标标识的范畴中的。例如，《日本商标法》第2条规定在商标的定义中就包括了与颜色相结合的商标。〔2〕另外，在《与贸易有关

〔1〕余俊著：《商标法律进化论》，华中科技大学出版社2011年版，第104页。

〔2〕《日本商标法》第2条，参见陆普舜著：《各国商标法律与实务》，中国工商出版社2006年版，第59页。

的知识产权协定》也有类似表述，其中第 15 条第 1 款中提及了可以作为商标的标记范围中也包括了颜色商标。[1]

立体商标，又称为三维商标，可以是商品本身的形状、商品的包装物或者其他三维标志。[2] 目前世界上有 80 多个国家和地区对立体商标给予了注册保护，[3] 包括我国。[4]

对于可视化标准，在《与贸易有关的知识产权协定》第 15 条第 1 款规定中的最后一句给出了可视化的标准参考："成员国可以要求，作为商标注册的条件，申请的标记应当是视觉可感知的"。[5]

对可视化标准的进一步发展就达到了可感知标准。由于任何具备来源识别功能的商业标记都可以构成商标，那么任何可以被人类感知的元素也可以作为商标的构成元素，[6] 人类对商业标记的感知方式包括视觉、听觉、嗅觉、味觉和触觉，因此理论上能够被任何一种方式感知的标记都可以构成商标。[7] 这就形成了可注册商标的商业标记范围的可感知标准。相应地，除视觉外的其他感知方式所感知的元素被逐步囊括到可注册商标的范围中，如声音。我国 2013 年《商标法》修正案在第 8 条中增加了可以注册的商标要素，规定声音可以作为商标注册。

（二）可表征标准与注册取得制度相适应

可感知标准进一步扩大了可注册商标的要素的范围，并且已经通过人类的可感知方式来扩展，具有进步可取之处，但是，该标准也存在一些问题。从商标的基本功能和适用来说，商标是在商业活动中区分商品或服务的来源的标记，因此能够起到识别来源功能的标记应该可以作为商标使用，并且人类的识别方式可以通过其感知方式来实现，因此可注册商标的要素的范围不应该仅仅局限于视觉标记，而是可以扩展到其他感知方式的范围。但是，并不是所有可感知的标记都可以作为

---

〔1〕 TRIPs Article 15(1).

〔2〕 参见田满成、莫卫良：《从卡夫商标侵权案看立体商标的注册与审查》，载《中华商标》2008 年第 2 期。

〔3〕 参见田满成、莫卫良：《从卡夫商标侵权案看立体商标的注册与审查》，载《中华商标》2008 年第 2 期。

〔4〕 参见我国《商标法》第 8 条。

〔5〕 TRIPs Article 15(1).

〔6〕 参见姚晓旻：《动态商标保护的可行性和必要性》，载《中华商标》2010 年第 11 期。

〔7〕 参见冯术杰著：《商标注册条件若干问题研究》，知识产权出版社 2016 年版，第 12 页。

商标使用,因为商标在起到来源识别功能的同时,还应该能够进行公示,满足商标注册程序的基本要求。例如,味觉或触觉方式感知的标记,难以通过客观的方式公示出来,并且触觉方式会因人而异,特别是这种味觉或触觉标记,往往是一种只可意会不可言传的感觉。另外,这种感知方式的结果也是不固定或者不稳定的,难以起到识别来源功能,比如味觉会因时而异或因环境而异。例如,对于味觉中的某种程度的“甜”,在品尝某味觉识别标记“甜”之前,人们若品尝了比之更甜的味道,那么就不会感觉到该味觉识别标记是“甜”的,或者与以前所感知的“甜”是不同的。

因此,在可感知标准的基础上,应该进行进一步的限制,才能构成可注册商标的要素的合理范围。这个限制就是该标记必须能够客观地表征出来,从而能够被公示出来,并且形成客观标准。因此,构成可注册商标的要素的合理范围的条件应该是可表征标准。

对于味觉商标(如气味)和触觉商标等,上述可表征标准并不是要将其排斥在外,而是只要这些商标能够被客观表征即可,当然,这也取决于科技手段,以科技手段作为支持工作,如颜色,红色、粉红色等,只是一种主观判断。随着科技发展,颜色是可以通过色号来客观地表征的。同理,在理论上,气味和触觉也应该能够被客观表征,这取决于科技手段这个工具。另外,还需要回到商标本质上,在正常的商业环境中考察,即商标是公众用于区分商品或服务的来源的工具,其面向的公众不是某个特定的人,因此,是否可表征是面向公众而言的。

因此,可表征标准确定了明确的可保护范围的边界,但是,并没有针对具体的表现形式进行固化,随着科技的发展,人类的不同感官逐步能够用科学的手段客观地表现出来,那么可表征标准的具体表现形式也会逐步扩大。

三、相对事由的审查原则

在商标审查程序中,有的国家采取了全面审查的原则,有的国家采取了部分审查的原则。所谓全面审查,是指注册审查机关不但要依职权对驳回注册申请的绝对事由进行审查,而且要依职权对驳回注册申请的相对事由进行审查并做出审查决定。[1] 部分审查原则是指,注册审查机关在商标注册申请审查程序中,仅仅依职权对驳回注册申请的绝对事由进行审查,并不对驳回注册申请的相对事由进行

〔1〕 参见张玉敏著:《商标注册与确权程序改革研究》,知识产权出版社 2016 年版,第 77 页。

审查,这种审查原则也被称为不审查原则。[1] 这两种审查原则之间的区别就在于商标注册程序中注册审查机关是否对相对事由进行主动审查。世界上采用全面审查原则和部分审查原则的国家都很多,例如,美国、日本和澳大利亚以及中国都采取了全面审查原则,而欧盟、法国和德国等都采用了部分审查原则,另外,英国和西班牙在审查原则上由原来的全面审查原则转变为部分审查原则。这两种审查原则各有利弊,难以得出哪种审查原则更优的明确结论。

(一)从公平角度分析相对事由的审查

一种观点认为,全面审查原则能够更好地体现公平原则,保护公共利益。目前各国的商标注册申请的数量都积累到了很大的程度,并且还在显著上升。出于不尽知在先商标情况的无意目的或者出于故意与在先商标相近似的有意目的,一件新提交的商标注册申请很可能与一件或多件在先商标(或商标申请)相近似。此时,若审查机关不对相对事由进行审查,则会导致大量的相近似的商标获得注册,这样对在先商标的权利人是不公平的,并且对于公众来讲也会造成影响,损害了社会公共利益。因此,审查机关应该对相对事由也进行主动审查,即全面审查原则能够更好地保障公平。

另一种观点认为,商标权具有私权的属性,新的商标注册申请是否会与在先商标权利发生冲突,是私权之间的冲突,应该由权利人自己解决,体现了意思自治原则,不应该由商标审查机关来介入和审查。并且,对于私权之间的冲突,特别是商标近似性判断,不仅需要将两个标识进行对比,往往还需要了解诸多因素,特别是商标的实际使用情况,包括在先商标的知名度等。而这些信息在审查过程中审查员是无法获知的,因此,实际上审查员难以对商标保护范围进行合理判断,尤其是在大量未使用的注册商标充斥注册簿已成为不争事实的情况下,这些"僵尸"商标在专用权期限届满前,仍属于有效的在先注册商标,仍可以被引证驳回在后注册申请。而在商标异议或无效的双方程序中,在举证责任的作用下,商标的实际使用情况是容易查明的,因此,在异议或无效程序中,有利于审查机关对是否存在商标权利之间的冲突做出准确判断。[2] 部分审查原则不对相对事由进行审查而是留给当事人之间解决,这样才能够体现公平。

---

[1] 参见谢冬伟著:《中国商标法的效率与公平》,立信会计出版社 2012 年版,第 149 页。

[2] 参见张玉敏著:《商标注册与确权程序改革研究》,知识产权出版社 2016 年版,第 77~78 页。

上述第二种观点所主张的商标具有私权属性有一定道理,但是,商标并不仅仅具有私权属性,其还对商标权以外的包括消费者和竞争者在内的所有公众产生着影响。针对不同的形势,全面审查原则和部分审查原则具有不同的优势地位,不过在商标注册申请有泛滥趋势的状况下,部分审查原则确实有些“不合时宜”。

(二)从效率上分析相对事由的审查

有的学者认为,采用全面审查原则由于审查的事项较多,与不审查原则相比,商标注册审查的时间长,[1]从而使得商标审查程序的效率低,因此,取消对相对事由的审查能够提高审查效率,缩短审查周期。[2]

相反的观点认为,与不审查相对事由相比,全面审查原则由于审查事项较多,导致注册审查程序较慢,虽然在这部分审查程序上可能得出效率自然较低的结论,但是与后续异议程序进行的被动审查相比,从总成本和总时间上来看,主动审查的效率其实相对较高。例如,对同一商标,进行主动审查能够消除大量的后期可能提起的异议和无效程序,从这方面讲,反而会造成整个审查程序需要的时间更短,效率更高的结果。[3]

(三)从审查成本和审查质量上分析相对事由的审查

有学者认为,若采用部分审查原则,则不需要对相对事由进行审查,在审查过程中,审查员不需要进行在先商标权利的检索,能够节省很多时间,因此,能够降低审查成本,并且没有相对事由审查后,审查员能够把更多的时间精力用到绝对事由上面,能够提高审查质量。[4]

相反的观点认为,与不审查原则相比较,采用全面审查原则在整体上的成本反而是低的,并且能够提高注册商标的质量。若不采用全面审查原则,即不对相对事由进行审查,虽然在注册审查程序中降低了审查成本,但会造成审查后的异议申请案件量的显著增加,而异议审查的成本比依职权审查的成本要大很多,这反而加大了审查成本。另外,若不进行全面审查,通过审查后的商标之间存在大量的近似商标,特别是在恶意申请的情形下,造成注册商标之间的混乱状态,这将直接影响审

---

〔1〕 参见谢冬伟著:《中国商标法的效率与公平》,立信会计出版社 2012 年版,第 153 页。

〔2〕 参见张玉敏著:《商标注册与确权程序改革研究》,知识产权出版社 2016 年版,第 78 页。

〔3〕 参见谢冬伟著:《中国商标法的效率与公平》,立信会计出版社 2012 年版,第 153 页。

〔4〕 参见谢冬伟:《取消相对理由审查的几点考虑》,载《中华商标》2007 年第 12 期。

查质量,特别是公众对审查质量的评价。

对于是否对相对事由进行审查,在公平和效率以及审查成本和审查质量方面,全面审查原则和部分审查原则均有各自的理由。对于采用哪种审查原则,不但要根据各国的实际情况,还要在整个商标注册制度的框架下考虑,包括申请后的异议程序的设计、注册后撤销程序或无效程序的设计、注册后商标权保护即权利人行使权利的程序的设计等。因此,商标注册审查程序中采用哪种审查原则,只是整个商标注册制度中的一个环节,需要与其他环节相配合,在一个整体中体现公平和效率统一的原则,体现利益平衡原则。

四、异议程序的设计

(一)异议程序的模式

总体上说,异议程序的设置有3种模式:(1)异议前置,即在审查程序中,在注册结果之前设置异议程序,通过异议程序后商标申请才能获得注册,例如,欧洲和中国都采用了异议前置的模式。[1] (2)异议后置,即在审查程序中,在注册结果之前没有异议程序,而是商标申请在获得注册之后才有异议程序,例如,日本采取了异议后置的模式,在商标公报发行之日起2个月内,任何人都可以以注册商标属于不予注册的绝对理由或相对理由之一为理由,向特许厅长官提出注册异议。[2] 我国台湾地区"商标法"第48条也规定了异议后置的模式。[3] (3)不设置异议程序,例如,意大利和比荷卢的商标法是典型的不设置异议程序的模式,这种模式并不是不给在先商标权利人提供挑战或救济的机会,而是通常是将与在先商标权利的冲突交给司法机关进行审理的无效程序处理。

对于设置异议程序的制度,异议前置和异议后置的根本区别在于异议程序中商标的效力或法律状态不同。在异议前置的制度中,在异议程序中该商标尚未获得注册,申请人还没有取得商标权,不能行使权利;而在异议后置的制度中,在异议程序中该商标已经获得注册,申请人已经取得商标权,能够行使权利。

从效率的角度来说,异议后置的制度有利于提高商标的审查效率,而异议前

---

〔1〕 参见我国《商标法》第33条规定,以及《欧盟商标条例》第42条之1规定。

〔2〕 参见《日本商标法》第43条之二规定。

〔3〕 "商标之注册违反第29条第1项、第30条第1项或第65条第3项规定之情形者,任何人得自商标注册公告日后3个月内,向商标专责机关提出异议。"

置的制度被认为是降低了审查效率。由于在异议程序中的商标法律状态对于申请人来说是非常重要的,因此,对于异议前置的制度来说,异议程序可以被用作延迟申请人获得商标权的手段,在这种情况下,即使异议理由明显不成立,申请人的商标也要经过异议程序后才有可能获得注册。而在异议后置的制度中,由于在异议程序中被异议的商标已经获得注册,因此,商标所有人可以行使其商标权利。

从公平的角度来说,异议前置的制度更有利于提高注册商标的稳定性,在商标获得注册之前,该商标的在先商标权利人(也可以称为利害关系人)能够有机会阻止问题商标的注册,这样更有利于体现公平。

对于不设置异议程序的制度,即在商标注册申请的审查程序中,审查机关在审查后若没有不能注册的问题,该商标可以直接获得注册,这样的程序在审查效率方面最高,但也被认为是显著降低了公平。

因此,异议程序的设置,是否设置异议程序以及设置为异议前置还是异议后置,都体现了在公平和效率方面的博弈。

(二)从公平和效率分析异议理由的范围

在异议理由的选择上,也体现了商标注册程序在公平和效率上的博弈。对于异议理由的选择,主要有两种模式:(1)不限制异议主体和理由;(2)限制异议主体和理由。

对于不限制异议主体和理由的模式,在异议程序的启动上,任何人都可依据包括商标驳回的绝对理由和相对理由在内的所有理由提出异议请求。例如《日本商标法》规定,任何人都可以以注册商标属于不予注册的绝对理由或相对理由之一为理由,向特许厅长官提出注册异议。

对于限制异议主体和理由的模式,对于商标驳回的绝对理由的异议主体没有限制,而对于商标驳回的相对理由只限于在先商标权利的权利人才能够提起。例如《欧洲共同体商标条例》第41条[1]给出了以绝对理由提出异议的规定,即任何人(自然人和法人)可以依据“驳回注册的绝对事由”来提出异议请求;《欧洲共同

〔1〕“在共同体商标公告之后,任何自然人或法人以及代表制造商、生产商、服务的提供者、贸易商或消费者的团体或组织,可以向协调局提出书面意见,特别是根据第7条的理由说明该标志依职权不得予以注册。他们不得作为当事人出席协调局的审理程序。”

体商标条例》第42条之一[1]给出了以相对事由提出异议的规定,即在先权利人及被许可人可以依据“驳回注册的相对事由”来提出异议请求。

对于不限制异议主体和理由的模式,由于对依据相对事由提出异议的主体没有限制,可能造成提出异议的案件会相对于限制异议主体和理由的模式多,从而占用更多的审查资源,造成审查效率的降低。然而,对于不限制异议主体和理由的模式,由于允许任何人依据相对事由提出异议请求,若在先商标的权利人没有注意到与其在先商标相冲突的在审商标申请,或者基于某些情况无力提出的情形下,其他人也可以就此提出,虽然在先商标与在审商标之间的冲突属于私权之间的冲突,但是若相冲突的商标共存,对相关公众也是一种误导,损害了公共利益,因此不限制异议主体和理由的模式更能体现公平。

五、审查原则、异议程序、异议理由之间的联动关系

根据上述内容,审查原则的选择、异议程序的设置以及异议理由的选择都在公平和效率方面进行着博弈。然而,审查原则、异议程序、异议理由等都只是整个商标注册制度中的一个单独环节,这些环节相互之间还有影响,这些相互之间的影响对公平和效率上的博弈也产生了重要的作用。例如,若在审查原则上选择了部分审查原则,体现了在审查效率上的优势,那么在异议程序上可以更多地考虑公平,例如采取异议前置。若在异议程序上选择了异议后置的制度,那么在异议理由上,可以考虑选择不限制异议主体和理由的模式,因为即使此时可能的挑战比限制异议主体和理由的模式多,但是,申请人已经获得了注册,取得了商标权,其是可以行使商标权的。因此,审查原则、异议程序、异议理由这些环节之间具有一定的相互联动关系。

另外,这些环节还需要与商标注册程序中的其他环节相配合,例如,商标异议程序和异议理由的模式,也需要在行使权利方式或程序(商标侵权诉讼程序中针对异议后置模式中的商标异议请求、法院对中止侵权诉讼的考量等)上的配合,从而在一个整体中体现公平和效率统一的原则,体现利益平衡原则。

---

[1] “共同体商标申请公告后三个月期限内,对该商标注册的异议书可以由下列人根据第8条以该商标不可以注册为由发出:(a)在第8条第1款和第5款规定的情况下,第8条第2款所指的在先商标所有人以及那些商标所有人授权的被许可人;(b)第8条第3款所指的商标所有人;(c)第8条第4款所指的在先标志的所有人和或根据有关国内法授权行使这些权力的人。”

六、注册程序上的公平与效率：与实用新型专利审查的比较

在注册程序的公平与效率上，注册取得制度下的商标注册审查程序与专利制度中的实用新型专利审查程序有较多相似之处，体现了公平和效率之间的统一。

在审查和授权阶段，体现了程序的效率。在审查和授权阶段，在实用新型专利审查中，是否具有新颖性，需要进行现有技术检索以及对比来判断，而实用新型专利审查中通常不对新颖性进行现有技术检索和审查，而是默认推定有效，除非认为该申请明显不具有新颖性才进行审查。在这方面上，实用新型的新颖性审查模式类似商标注册程序中的显著性审查，商标是否具有显著性，实质上应该通过商标使用来判断，与使用取得制度不同，注册取得制度不要求通过使用来证明显著性，而是根据推定来判断，除非该商标明显不具有显著性，例如，商品通用名称或描述性商标。

在授权后的行使权利阶段，应该体现出程序的公平。实用新型专利在行使权利时，通常专利权人应该提交专利性评价报告，虽然该报告不是表明权利有效性的证据，也不是行使诉权的必要条件，但是，若权利人拒绝提供该评价报告或者该评价报告显示该专利不具有专利性，则会对权利人行使权利带来很大障碍。同理，注册取得商标权在行使权利时也应该体现出相应的公平，以弥补在追求程序效率时造成的在公平上的缺失。例如，商标权人通过注册取得了权利而并未提供商标使用证明，那么在行使权利时，可以要求权利人提交商标使用证明，或者若商标权人不提供使用证明，虽然商标权人仍然享有诉权，但是，在诉讼的程序（如中止）上和实体权利（商标权的保护范围）上应处于劣势地位。

通过注册所取得的权利是一种财产权属，也是绝对的权利，两者在这方面也具有相似之处。实用新型专利的公告公示推定所有人都应该知晓该专利权，此时，即使其他人自行研发了一种新产品，从未参考也从未知晓专利权人的技术和专利公告文本，但该人使用该专利范围内的技术仍然构成侵权。对于商标权来讲，即便某注册商标从未被使用过，在商标申请获得注册后商标权人也能够立即行使权利，即可以向他人提起商标侵权之诉。在这种制度中，基于商标注册的公告存在一种推定，即被告应当知晓注册商标的存在，其应该能够通过在查阅注册目录后知晓了该商标权的存在。

第四节　注册取得制度与商标使用

虽然在商标权注册取得制度中通过商标注册程序不需要实际使用商标,但是这不代表商标权注册取得制度对商标使用没有要求,事实上商标使用在注册取得制度中也是至关重要的。根据商标权基于使用而产生的理论,商标使用是商标权的基础。对于注册取得制度来说,虽然通过法律推定替代了在商标注册申请时实际使用的要求,但是在获得商标权后的商标权的维持是必须要通过实际使用实现的,而不能通过替代性的法律推定来维持权利。由于商标权使用取得制度中的商标使用也具有重要的借鉴作用,特别是商标权使用取得制度中对商标使用的规定更加丰富,因此,本节虽然以商标权注册取得制度下的商标使用为题,但是,仍然借鉴了很多商标权使用取得制度中对商标使用的规定。

一、注册取得制度下注册商标的使用与保护

(一)商标使用的概念

1. 真实使用目的和真实使用

在商标权注册取得制度中,在商标注册申请时没有商标使用的要求,但是,从商标本质出发,考虑诚实信用原则、公平原则和利益平衡原则,注册制度对商标使用应该具有最低要求,即具有真实使用的目的。这一点可以从注册取得制度中权利产生的基础上得出。

在注册取得制度中,对于被视为具有固有显著性的商标标识,商标注册申请人不需要通过商标使用或提供商标使用证据,来证明其商标已经获得显著性,而是依据法律推定。因此,在商标权注册取得制度中,虽然基于法律推定豁免了商标注册申请人提供实际商标使用证据也能够获得注册,但是,这种法律推定的根基并不能被豁免,否则将直接摧毁这种法律推定的基础,造成注册取得制度的坍塌,即在注册取得制度中,在商标注册申请时,对商标使用的要求是"该商标申请应该具有真实使用的目的"。

当然,使用目的是一种主观状态,除了申请人本人,其他人难以获知,也就难以客观地确定。不过,可以通过一定的客观行为来表明或证明其真实使用目的,例如,申请人的宣誓书或者在提交申请后或获得注册时或之后,合理时间内的实际使

用行为。在判断是否只对商标的真实使用时,通常会考虑商标使用的具体情形,包括使用目的和使用程度。商标的使用目的是一个主观状态,其他人是难以探知商标使用人的主观目的的,因此,只能通过客观事实来推定其主观目的是否为真实使用该商标,即通过商标使用人的实际使用行为来推定。

进一步来讲,商标使用应该是真实的使用,不能是为了维持商标权利为目的的象征性的使用。对于商标的真实使用,我国《商标法》和《商标法实施条例》中并没有明确给出真实使用的依据,法院在司法实践中将商标使用解读成应该是真实的使用。由于在注册程序中,除了描述性商标要通过商标使用来证明显著性的获得之外,非描述性商标的注册申请不需要提供商标使用即可取得权利,因此,商标使用证据的提供通常发生在维持该商标有效的案件中。例如,商标权人在应对连续3年不使用的撤销申请中,需要提供商标实际使用的证据,权利人不仅要证明商标的使用,而且还应该证明该使用是真实使用,如果只是为了在形式上满足商标使用而非真实的使用,就不能维持注册商标权。根据我国的司法实践,如在宝马股份公司与龙海市宝马食用油公司之间的商标撤销案件中,〔1〕法院认为,结合在案证据予以考量过程中,需要考察如下要件:(1)能够显示出使用的诉争商标标志;(2)能够显示诉争商标使用在核定使用的商品上;(3)显示的使用日期在3年规定期间内;(4)能够显示诉争商标的使用人;(5)能够显示诉争商标在中国大陆境内的使用;(6)能够证明诉争商标系公开、真实、商业、合法地使用。在上述考量中,并没有针对商标使用程度或者使用数量的要求。通常,我国法院在这类案件中对商标使用程度的要求是非常低的,只要有实际的哪怕是少量的使用,也能够维持商标权的有效。例如,在公牛集团与北京中贸促商务咨询中心之间的商标撤销案件中,〔2〕法院依据商标权利人公牛集团有限公司提供的与5家经销商签订的经销合同、经销商营业执照及"公牛OEM"字样的发票为依据,认定该商标进行了真实使用。当然,如果法院认为商标权利人的使用仅是维持商标注册目的的象征性使用,也会撤销其商标注册。

对此,可以借用一个美国案例的情形来对比。在Blue Bell案件中,〔3〕从1950年到1970年的20年里,使用人(被告)仅仅售出了81瓶SNOB牌香水,从真实的

〔1〕 参见法院判决书(2017)京73行初3624号。

〔2〕 参见法院判决书(2017)京73行初2432号。

〔3〕 参见美国法院判决508 F. 2d 1260(5th Cir. 1975).

消费者那里只产生了不到 600 美元的总收入，总利润不足 100 美元，因此法院认为，使用人的使用并不是为了取得商标权利的真实使用，而是为了将原告赶出美国市场的不正当竞争行为。[1] 按照同样的标准，若将该美国案件中的情形按照在我国司法中的使用尺度，按照平均每年销售 4 件，3 年共销售 12 件的商标使用证据，很可能被认为是真实的使用。

2. 商标法意义下的商标使用方式"在商业中使用"

在判断某一行为是否是商标使用时，这涉及商标的使用方式。各国在对商标使用的方式或者被视为是商标使用的方式中有一定区别。关于商标的使用方式，其基本概念应该是指在商业活动中使用，但从具体形式上来讲，有基本的贸易活动或交易过程中的行为，如销售，也有可能是与直接的贸易或交易相关的行为，如商业推广活动和广告行为等。直接的贸易或交易中的行为，应该被视为是商标使用，但是，在与直接的贸易或交易相关的环节中是否也应该被视为商标使用呢？

在各国的法律中，或者直接采用了商标使用这个术语而没有任何界定，或者使用比较概括的用语"在商业中使用"。在我国《商标法》第 48 条给出的关于商标使用的规定，包括直接在商品或商品包装上使用，也包括广告宣传等方面的使用。[2] 在德国《商标和其他标志保护法》第 26 条规定中也涉及了商标的使用，包括真正使用的要求、权利人同意的他人使用，以及在商品及其包装上的使用等。[3] 作为对商标使用的要求，具有代表性的是美国《兰哈姆法》第 45 条的规定："'在商业中使用'用语是指在通常的贸易活动中商标的真实使用，而不是仅仅为了保留商标的权利的使用。"[4] 在实务中，对于实物产品而言，样品照片和使用证据，一般都是在包装、标签、产品上面印有商标的实物照片。一般来说，美国专利商标局可接受的商品证据具体类型有：贴有商标的产品照片；贴有商标的外包装；产品标签或铭牌；带有该商品的照片或文章描述该商品的网页，商品应附有该申请商标与销售该产品的信息（如类似于亚马逊的网页）；商场销售申请商标指定商品的柜台或者销售指定商品店铺的照片等。不过，通常情况下，广告材料（如传单或宣传册）、价格表、发

---

〔1〕 参见张林著：《商标显著性研究》，厦门大学出版社 2014 年版，第 155 ~ 156 页。

〔2〕 参见我国《商标法》第 48 条。

〔3〕 参见张林著：《商标显著性研究》，厦门大学出版社 2014 年版，第 167 ~ 168 页。

〔4〕 § 45(15 U. S. C. § 1127) "The term 'use in commerce' means the bona fide use of a mark in the ordinary course of trade, and not made merely to reserve a right in a mark."

票、运单（或者订货单）、名片、新闻通信等不能直接作为产品的使用证据，不过可以作为辅助证据，这些证据必须能够说明这个商标确实在市场上有实际的业务才行。根据《日本商标法》第2条中的规定，《日本商标法》关于标识的"使用"定义中包括了直接在商品或其包装上附加标识的行为，也包括在商品的广告、价目表或交易文件上附件标识的行为。[1] 其中明确涵盖了广告展览等非交易行为，认为这种非交易行为也属于商标法意义上的使用行为。

我国《商标法》第48条给出了关于商标使用的规定，[2]包括直接在商品或商品包装上的使用以及在广告宣传中的使用等。在我国《商标法》的规定中，明确将广告宣传行为也列为商标使用行为，这与日本的规定是相同的，但与美国的规定不同，美国的商业上的真实使用，应该是指在商业交易（贸易活动）中的真实使用，而广告宣传行为并不是真正的商业交易。

从上述美国和日本的法律规定来看，美国采取了商标使用的严格标准，即仅仅在实际的商业交易中的使用行为才被视为商标使用，而日本的规定相对比较宽松，只要是在商业活动中使用商标的行为，即使不是商业交易行为，也被视为商标使用行为。附有商标的商品交易行为显然是可以作为商标的使用行为的，不同之处在于对于非交易行为的判断。两者之间的区别可以通过商品的广告是否被视为商标使用行为来理解。在美国，商品的广告不能被视为是商标使用行为。那么，什么样的使用应该属于商标使用行为呢？或者说商标法意义上的商标使用对使用有哪些要求？对于广告等非交易行为，是否应该作为商标法意义上的商标使用行为的问题，应该回到商标的本质上来，从商标权产生的原理入手来分析，从该行为是否能够使商标发挥其功能从而获得显著性来判断。

我们首先看一下商标的本质，商标是一个完整的概念，不仅包含商标的标志，而且还包含该标志与所应用商品的关联关系以及这种关联关系在普通消费者心里留下的看不见摸不着的心理印记。那么从商标自身的角度来看，什么样的使用能够在普通消费者或相关公众心里产生这种心理印记呢？也就是说这种商标与所应

---

〔1〕 "关于标记的使用是指下列行为：(1)在商品或者商品的包装上附加标记的行为；(2)把商品或者商品包装上附加标记者进行转让，移交或为转让或移交而进行的展览或者进口的行为；(3)在关于商品的广告、定价表或者交易文件上附加标记进行展览或者散发的行为。"

〔2〕 即"本法所称商标的使用，是指将商标用于商品、商品包装或者容器以及商品交易文书上，或者将商标用于广告宣传、展览以及其他商业活动中，用于识别商品来源的行为"。

用的商品之间的关联关系在消费者心里能够留下心里印记的行为有哪些？在实际的商业流通中，例如，销售等，是可以在消费者心里产生心里印记的，这是最常见的形式，但其他形式的使用行为，如针对商品的广告行为或者带有某商标的产品的宣讲和推广会，这些也是能够在消费者心里产生心里印记的。那么，从这个角度来讲，商标的使用就不应该仅仅是只存在于销售或者商品流通中的使用，还应该包括能够将商标与所应用的商品之间的关联关系在消费者心里留下印记的其他所有形式。商标的基本功能是来源识别功能，相关公众依据商标来区分商品或服务的来源。如果该行为能够使商标发挥其来源识别功能，则能够在消费者心里留下该商标标识所指向的商品或服务来源的关联关系，从而使该商标具有显著性。因此，若该非交易行为，如广告行为，能够使商标发挥其来源识别功能，则该非交易行为应该被视为商标法意义上的商标使用行为。因此，简单地规定广告行为等非交易行为是否属于商标使用行为均是不恰当的，附加了起到来源识别功能的非交易行为属于商标使用行为，而没有起到来源识别功能的非交易行为则不应该属于商标使用行为。

3. 商标使用行为的评价对象

针对仅用于出口的商品上贴附商标的行为，是否应该将其视为商标使用行为？我国的司法中，在不同判断目的中的认知是不同的。在商标侵权案件中，这种使用行为通常不被视为商标使用行为，因为没有在我国的商业中使用。而在撤销3年不使用的商标注册的案件中，这种使用行为又被视为是商标使用行为。在这两种类型案件中，商标使用行为自身没有变化，都是实际且真实的在使用商标，而不同观点造成了对商标使用的认知上的不一致。这还涉及对商标使用行为的评价对象的认知。

若将商标使用行为的判断标准确定为，能够将商标与所应用的商品之间的关联关系在消费者心里留下印记的行为，那么还有一个进一步的问题，即商标使用行为的评价对象都包括哪些人？常见的用语是普通消费者或相关公众。对此，相关公众的概念更恰当一些。消费者是消费该商品或服务的人，其中的“消费”容易被理解为直接消费行为。那么，一个父亲给孩子买的彩笔，他从来不使用，他的孩子是消费者，但这个父亲是消费者吗？商品的消费者不是购买者，而购买者并不使用这个商品，但是，购买者在判断是否购买这个品牌的商品时没有使用者的参与，是购买者自己的决定，若他看到过这个品牌的广告，他心里对这个商标的心里印记对其购买行为起到了很关键的作用(现实生活中也往往是这样,对于都没有购买或使用过的品牌,我们往往会从中选择看到过广告的品牌),因此,商标的评价对象不应该现在为该商品的直接消费者,也应该包括相关的群体,因此,商标使用行为的评价对象确定为“相关公众”更为恰当。其中,“相关公众”应该是在商标能够起到来源识别作用的所有活动中所涉及的人。

(二)商标使用是商标获得注册后维持权利和行使权利的基础

在商标权注册取得制度中,虽然基于针对固有显著性的法律推定,在商标注册申请时不需要提供商标使用的证据也能够获得商标注册,取得商标注册专用权,但这并不是说在注册取得制度下不要求商标使用,在商标获得注册后,为了维持注册商标专用权的有效性,商标权人必须使用商标,这也体现了商标权取得的正当性。注册取得制度也不能脱离商标本质,因为商标本质和商标财产权的属性都是在商标使用的基础上建立的,因此,在制度设计上,注册取得制度要求商标使用。

商标使用的要求是指在注册的商品或服务上真正使用,若该商标既不真正使用又无不使用的正当理由,则任何人都可以针对该注册商标提出撤销申请。由于在权利取得环节上注册取得制度没有要求商标使用,因此,注册取得制度对商标使用的要求主要体现在注册后的阶段。因此,商标使用是在注册后维持商标权有效的基础。

商标使用要求还体现在商标权的保护上,即商标使用直接关系到商标权的保护范围。未使用的商标的权利获得与商标本质是不一致的,因此,在商标被使用之前,在商标权的保护上有一定的限制,若这种未使用状态持续超过一定期限,则会导致商标权自身的丧失。

1. 在获得赔偿上的限制

根据商标侵权赔偿理论,商标侵权赔偿的基本原则采用填平原则,即商标权人可以请求获得补偿其因他人侵权而遭受的损失的赔偿请求。虽然我国《商标法》第63条给出了多种计算方式,但是,除了第一种权利人因侵权而受到的损失以外,其余3种侵权人的侵权获利、商标许可使用费的合理倍数以及法定赔偿,均为替代性的计算方式,这种替代性的方式在普通情形下,能够给确定侵权赔偿数额提供计算上的便利,但是在特殊情况下,这种替代性的计算方式违背了商标侵权赔偿的基本原则,则不应加以适用。这种特殊情形包括商标获得注册但是尚未被使用的情形。

在这种情形下,商标权人从未使用过商标,从财产权的属性上看,其在商标财产权上没有获益,即使他人行为侵犯了其注册商标专用权,该商标权人的获益还是零,即没有受到财产权上的损失。需要明确的是,商标权是一种财产权,与人格权等不同,在侵权赔偿方面没有精神损失因素的考量。因此,没有使用的注册商标在权利保护上,应受到不能获得赔偿的限制。

2. 在获取禁令上的限制

获得注册的商标权有其一定的保护范围,若他人的行为落入了其商标权的保护范围,则会构成侵权。通常情况下,商标侵权判定中需要考虑3个要素:商标标记是否相同或近似、商品是否相同或类似、构成混淆的可能性。其中,混淆可能性是一个非常重要的因素,因为商标权利的产生基础在于相关公众对商标标记与商标所有人(来源)之间的关联关系的认知,若是这种认知被侵犯,即造成相关公众的混淆,则属于侵权,这种保护基础体现了商标本质。因此,即使前两个因素商标标记是否相同或近似以及商品是否相同或类似均成立,若混淆可能性不成立,则不应认为构成商标侵权。

在针对混淆可能性的判断中,若商标标记构成近似(不相同)或者商品/服务构成类似(不相同)或者两个因素均为近似或类似,则在司法实践中,法院通常采用综合判断方式,依据具体案情对混淆可能性进行实证分析。但是,若商标标记相同,并且商品或服务也相同,作为特殊情形,法院通常不会对混淆可能性再单独进行判断,而是直接推断出构成了混淆。因为相同的商品上采用相同的商标,已经完全属于伪造他人商品的性质了,相关公众是不可能区分出“原版”和“盗版”之间的区别的,因此能够直接推断出混淆可能。

将混淆可能性的判断应用到商标获得注册但是未使用的情形中,若商标标记构成近似(不相同)或者商品构成类似(不相同)或者两个因素均为近似或类似,则应该直接推断出不构成混淆可能性,因为相关公众在市场上仅仅看到了一种商品,即使该商品的商标与某一注册商标相近似,相关公众也不会将市场上的商标与注册登记簿上的商标进行对比,因此,也不会造成混淆。基于此,对于未使用的注册商标,不应该给予针对商标标记构成近似(不相同)和/或商品构成类似的商标使用行为的禁令。

对于将相同商标使用在相同商品上的情形,按照相同的道理,似乎也不应认为是构成商标侵权,因为市场上只有被控侵权人的商标使用行为,而没有权利人的使用行为,因而相关公众不会造成混淆。对此,还需要考虑商标财产权的属性,以及商标权注册取得制度,注册取得的商标权是一种财产权,将相同商标使用在相同商品上的行为已经是一种直接侵犯他人财产的行为,应该加以制止。另外,从商标权注册取得制度自身来说,若针对将相同商标使用在相同商品上的情形也不给予商标权人以禁令,则将完全破坏了注册取得制度的根本,即注册取得的商标权并不是一种实体权利,那么该注册取得制度也不能被称之为是注册取得制度了。

3. 商标使用程度与商标保护范围之间具有联动关系

商标的保护范围是一个综合考虑的问题,通常是在侵权判定中要考虑的问题,涉及多个因素,例如被控人的使用意图、商标标识上的近似性、使用商品的类似性、涉案商标的显著性、混淆可能性等。其中涉案商标的显著性是一个重要因素,其显著性高低只能通过商标标识的原创性、商标使用程度等因素来认定。因此,在不考虑其他因素的情况下,商标使用与商标保护范围之间的关系是联动的,即商标使用程度越大,则显著性越高,获得的保护的范围也就越大。

二、未注册商标的使用与保护

(一)未注册商标的使用

在使用未注册商标时,作为商标使用的行为,与注册商标的商标使用行为相同,均为在商标法意义上的使用,即将商标标识作为区别商品来源的指示标记的使用行为。例如,根据我国《商标法》第 48 条的规定,将商标用于商品、商品包装或者容器以及商品交易文书上,或者将商标用于广告宣传、展览以及其他商业活动中,用于识别商品来源的行为。

对于未注册商标的使用限制,在采用了自愿注册原则的基础上,注册取得制度与使用取得制度类似,未注册商标在使用范围上没有实质的限制,即在法律法规没有禁止使用的情形下,可以自由使用。禁止使用未注册商标的情形主要有两方面:一方面是不得作为商标使用的情形,这种情形不区分该商标是注册商标还是未注册商标,例如,我国《商标法》第 10 条的规定,这方面也包括商标使用的通用要求,例如,商标使用应当遵循诚实信用原则,不得欺骗消费者等;另一方面是单独禁止未注册商标使用的情形,这种情形并不限制注册商标的使用,通常是针对特定商品或特定情形,例如,我国《商标法》第 6 条规定,行政法规规定必须使用注册商标的商品,必须申请商标注册,未经核准注册的,不得在市场销售。在实务中,我国在药品上使用注册商标的要求已经随着 2001 年《药品管理法》的修订而去掉了，目前根据《烟草专卖法》的规定，在烟草上应该使用注册商标。

（二）非驰名的未注册商标的保护

在注册取得制度下，商标注册和商标使用所起到的作用是不同的，基于注册取得制度对注册的偏爱，商标注册是获得商标权的途径，因此，只有商标使用而没有商标注册的情形下，商标使用仅仅能够获得一定的被动性保护，即防御作用，而不能获得真正的商标权保护。

首先需要明确的是，商标使用需要达到基本的要求才能得到一定程度的保护，即该商标使用应该达到一定程度，具有一定影响。在这个限度下的商标使用没有任何作用。

对于尚未达到驰名程度的未注册商标，在商标法上并没有提供实质的保护，主动性保护只有在竞争法上的类似于仿冒之诉的保护，例如，我国《反不正当竞争法》第 6 条规定的以混淆为要件的保护。

在商标法上还提供了两种被动性保护，一种是给予在先使用的未注册商标以一定的申请优先权，另一种是针对侵权指控的先用抗辩权。

对于申请优先权，主要是以在先商标使用为依据来异议他人的注册申请。例如我国《商标法》第 15 条中的针对基于商业关系获知他人在先使用的商标而抢先注册的规制，以及第 32 条的针对不正当手段抢先注册他人已经使用并有一定影响的商标的规制等。若未注册商标的使用人能够依据其在先使用将他人在后提交的注册申请异议掉，则其可以由此进行商标注册，尤其他人的商标注册申请不能成立时，不论该在先使用人是否实际提出商标申请，其都在实质上获得了申请优先权。不过这种保护仅仅为变相的提出申请的特权，在获得注册前，使用人并不能获得实际的商标权保护。

对于先用抗辩权的被动性保护，在先使用的未注册商标的这种防御作用，主要体现于在先商标使用人针对在后商标注册人的进攻的一种自保。例如，根据我国《商标法》第 59 条的规定，商标使用人在他人注册商标的申请日之前达到一定程度（具有一定影响）的商标使用，能够使其免于商标侵权的危险，但是，仅能在原有范围内使用，并且还要受到如附加适当区分标记的限制。在先用抗辩权的适用中，先用权人需要证明如下要件：（1）先用权人的商标使用行为应早于权利商标的申请注册日；(2)先用权人的商标使用行为应早于商标注册人使用该商标的时间；(3)先用权人的商标使用行为应属善意使用。[1]

另外，除了上述要件要求，在司法中这种先用抗辩权的适用是比较严格的，例如在“卡通熊”商标专用权的侵权纠纷中，[2]法院认为，商标专用权保护注册优先的原则是商标法的基本原则，在先权保护与注册商标权保护发生冲突时，仍应当优先保护注册商标的专用权。

因此，对于非驰名的未注册商标来说，其商标使用仅仅能够获得有限的非商标权的保护，并且在未注册商标的保护与注册商标的保护发生冲突时，根据司法适用，对注册商标的保护优于对未注册商标的保护。

（三）驰名的未注册商标的保护

在现实中，通过使用达到了驰名程度的未注册商标是很少见的，原因在于，在注册取得制度下，通过使用获得了很高知名度的未注册商标被他人抢注的风险非常高。另外，在诉讼中认定未注册的驰名商标的要求也非常高，特别是被作为商标使用的标识，是否真正起到了区分商品来源功能的要件。例如，在商务印书馆有限公司与华语教学出版社公司关于“新华字典”商标侵权纠纷一案中，[3]法院针对具体案情进行了详细分析，不仅是商标所有人的大量使用证据，特别是对消费者造成误认的情形，成为了认定该标识“新华字典”成为区分商品来源的有力证据。

达到了驰名程度的未注册商标能够获得较多保护，不过由于这种保护的基础是驰名程度而不是注册，因此，同为驰名程度的未注册商标的保护仍明显低于获得注册的驰名商标的保护。根据我国《商标法》第 13 条的规定，获得注册的驰名商标能够获得跨类商品上的保护，并且所要求的要件为“误导公众”，而未注册的驰名商标仅能在相同或类似商品上获得保护，并且所要求的要件为“容易导致混淆”，很明显“误导公众”的保护范围要大于“容易导致混淆”。

根据我国《商标法》第 58 条的关于将他人商标用作商号使用的规制规则，未注册的商标与注册商标相比，未注册商标需要达到驰名程度才能获得与普通的注册

〔1〕 参见法院判决书(2017)京 73 民终 1106 号。
〔2〕 参见法院判决书(2018)豫 14 民初 111 号。
〔3〕 参见法院判决书(2016)京 73 民初 277 号。

商标同等的保护。

根据上述针对驰名的未注册商标的保护的分析，同样能够体现出即使对于驰名商标，注册仍然能体现出明显的保护上的优势。

三、使用原则下的商标使用

（一）使用取得制度下的商标使用要求

1. 取得商标权的商标使用要求

在商标权使用取得制度中，由于商标使用是获得商标权的基础，因此，使用取得制度下的商标使用要求，除是否能够作为商标使用的其他要求之外，在显著性上还应该达到使商标通过使用获得显著性的程度。

以美国的商标制度为例，根据商标判例法中的规制，商标的使用必须是充分的使用（sufficient use）或者是真实的使用（bona fide use），而不能仅仅为象征性的使用（token use）。在商标使用是否能够产生商标权的评判中，要综合考虑多项因素，例如商标使用方式、使用程度等。在使用程度上，并没有绝对的标准，因为对于不同类型的商标，能够使消费者识别其指示来源的程度是不同的，即其显著性获得的难易程度不同，对此，描述性的商标的难度相对大一些，而暗示性、臆造性或任意性商标的难度相对小一些。

2. 在行使权利中的商标使用要求

美国商标的权利人在行使权利时，例如通过提起商标侵权诉讼来行使权利，需要证明的不仅是被告的商标使用行为，还需要证明被告的商标使用行为构成了市场上的消费者混淆的后果。若权利人在获得商标注册后从未使用商标，则不可能发生被告的商标使用行为引起市场上的消费者混淆的情况，因为原告没有在市场上进行商标使用，消费者在市场上看到的仅仅是被告的商标，从来没有看到过原告的商标，因此不可能产生混淆。在没有产生混淆的基础上，原告不能提起商标侵权诉讼或者不能认定被告的行为侵犯了原告的商标权。

对此，我们可以通过一个判例来进一步分析。在 What-A-Burger Va v. Whataburger Corpus Christie 案件中，[1] 原告方 Texas What-A-Burger 公司获得了涉案商标的注册，被告在另一地使用了该商标，原告在获得注册后，在得知被告的商标使用行为

---

〔1〕 参见美国法院判决 357 F. 3d 441；2004 U. S. App. LEXIS 2245；69 U. S. P. Q. 2D（BNA）1829。

后没有立即提起诉讼，而是在30多年后才提起诉讼，从而引发了注册商标与在后实际使用之间的冲突。该案不仅涉及了注册商标的效力与使用商标获得的权利之间的冲突，还涉及了注册商标在权利行使上的限制和要求。在该案中，被告的不侵权抗辩理由之一，就是原告懈怠了其权利并构成了对他人使用该商标的默认，因为原告在30多年前就已经知晓了被告的行为，但直到30多年后才提起侵权指控，即原告的行为已经构成了懈怠，因此，不能再行使其商标权。一审法院认可了被告的抗辩理由，但是，二审法院推翻了这个判决。二审法院认为，在30多年前，原告知晓被告的商标使用行为时，由于原告尚未在被告所在的弗吉尼亚州开餐馆，即没有在弗吉尼亚州使用该商标，因此，原告在1970年时没有权利提起侵权诉讼或侵权指控，直到2002年，原告的生意扩展到了被告所在的弗吉尼亚州，这时原、被告双方均在同一地区使用非常近似的商标，这对消费者造成了混淆的可能，即此时原告才有行使其注册商标权的权利，向被告提起商标侵权指控，因此，原告沉默30多年的行为并没有构成懈怠，也没有构成默认。根据这个判例，在美国，商标在没有进行商业上使用的情况下，即使已经获得了注册，即使被告使用的商标与原告非常近似，商标权人也不能行使权利，难以提起商标侵权诉讼。

商标使用对权利行使的限制还体现在获得赔偿上的限制，其根据是注册商标的标记与获得商标侵权赔偿的条件。根据美国《兰哈姆法》[1]的规定，注册商标的注册人可以标明其商标是注册商标，例如，通过文字描述“获得注册”或者在字母R外加圈即®的方式。在任何侵权诉讼中，若注册人没有给出其商标是注册商标的提示，则注册人不能获得赔偿，除非被告得到了该注册的实际通知。根据这个要求，若某注册商标没有实际使用，也根本不可能有注册商标的标记的使用。因此，商标使用是对商标权的权利行使的一种规制。

---

〔1〕 Notwithstanding the provisions of section 1072 of this title, a registrant of a mark registered in the Patent and Trademark Office, may give notice that his mark is registered by displaying with the mark the words“Registered in U. S. Patent and Trademark Office” or“Reg. U. S. Pat. & Tm. Off.” or the letter R enclosed within a circle, thus ©; and in 关于商标的使用，其基本概念应该是指在商业活动中使用，但是，从具体形式上来讲，有基本的贸易活动或交易过程中的行为，例如销售，也有可能是与直接的贸易或交易相关的行为，商业推广活动和广告行为等。直接的贸易或交易中的行为应该被视为是商标使用，但是，在与直接的贸易或交易相关的环节中是否也应该视为商标使用呢？ any suit for infringement under this chapter by such a registrant failing to give such notice of registration, no profits and no damages shall be recovered under the provisions of this chapter unless the defendant had actual notice of the registration.

(二)使用取得制度下注册程序中对商标使用的要求

根据美国《兰哈姆法》的规定,美国在使用取得制度下也建立了商标注册制度,虽然商标申请获得注册仅仅是证明商标权的一个初步证据,申请人是否真实获得了商标权,还是要在诉讼程序中根据使用取得模式来具体评判。但是,在商标实务中,与完全通过使用取得模式来评判或证明商标权的方式相比,商标注册的初步证据在诉讼程序中能够占有很大的优势,不仅仅是在证明成本上,在权利的证明效力上也有很大帮助。即在诉讼中,商标权利人可以利用商标注册来享受第一轮防御,若对方当事人不能通过证据来推翻其初步证据的证明力,则该初步证据就起到了类似于注册取得制度中商标注册的效力,即在使用取得制度下,商标注册起到了注册取得制度中通过商标注册获得商标权的效力。

1. 商标注册申请程序中的使用要求

基于真实使用或意图使用提出注册申请的商标注册程序,要求商标使用。对于这两种申请,都需要提供商标实际使用的证据,即申请人在获得注册之前都需要提交商标使用证明,商标使用是获得商标注册的必要条件之一。不过针对不同类型的商标,对商标使用的要求不同。对于描述性商标,不但要提供实际使用的证据,还要证明该使用达到了一定的程度,即该商标通过使用对于消费者来讲已经产生了第二含义,这样通过使用程度来证明该商标获得了显著性,从而获得注册。对于暗示性、臆造性或任意性商标,只要有实际使用即可,不要求证明使用程度,这种情况是基于对显著性的推定。

基于外国商标申请或注册的申请以及马德里国际注册申请的商标注册程序,对商标使用的要求类似于注册取得制度。在基于外国优先权的商标注册申请、基于原始国商标权注册而提出的商标注册申请,以及基于马德里国际条约提出商标延伸保护这 3 种申请中,申请人在注册之前不需要提交商标使用证明,只要满足其他要求就能获得商标注册,特别是商标注册马德里国际申请这种途径,虽然要求申请人提交使用意图的声明,但是,该声明仅仅是申请人的一个声明文件,并不是商标使用证明,也不是在原始国的商标注册,因此,这种申请与商标权注册取得制度非常相似。

2. 商标续展申请中的使用要求

美国商标申请获得注册后的有效期是 10 年,10 年期限到期时可以申请续展，以维持商标注册继续有效。根据美国《兰哈姆法》第 8 条(a)款[1]的规定，在提交商标续展申请时，申请人需要提交商标的使用证明，其中在商标获得注册后的首个 10 年期间，需要提交 2 次使用证明文件，即在注册日起第 5 年和第 6 年之间提交商标使用声明，以及在注册日起第 9 年和第 10 年之间提交商标使用声明及续展申请。在商标获得续展之后的再次续展时，仅需要提交一次商标使用证明即可，即在每一个 10 年开始日起的第 9 年和第 10 年之间提交商标使用声明及续展申请，以维持该商标注册在后续的一个 10 年期间继续有效。[2]

美国商标续展申请中的商标使用要求，体现了美国采用的商标权使用取得制度的基本原则，根据这些规定，对于通过基于外国优先权的商标注册申请、基于原始国商标权注册提出的商标注册申请，以及基于马德里国际条约提出商标延伸保护这 3 种途径获得的商标注册，在注册后也需要提交使用证明，才能维持该注册商标的继续有效。

(三)使用取得制度中的商标注册程序对注册占位的规制

对于基于外国优先权的商标注册申请、基于原始国商标权注册提出的商标注册申请，以及基于马德里国际条约提出商标延伸保护这 3 种途径获得的商标注册，由于并不要求申请人提供商标使用证明也能够获得注册，因此这 3 种申请方式也会造成类似商标权注册取得制度中产生的“商标囤积”和“商标圈地”等现象。对此，未使用商标通过注册申请程序获得的注册“占位”，也引发了美国商标领域的广泛讨论，特别是这 3 类申请基本上都是美国以外的外国人提出的。这种未使用而获得注册的商标所造成的负面影响中的一个方面，是对在后申请的阻碍，即使在后申请是基于真实的商标使用而提出的申请，在注册申请审查程序中，也会被审查员基于这种在先“占位”的商标注册而驳回。负面影响中的另一个方面是对在注册之日后，他人真实的使用商标行为带来的侵权风险。因此，经常会出现这样的情况，某申请人在使用商标后向美国专利商标局提出了商标注册申请，在审查过程中，审查员经过检索发现已经有他人利用在外国的优先权或外国在先商标注册或马德里国际申请在先提出了商标注册申请或获得了注册(称为引证商

[1]　§ 8(15 U.S.C. § 1058).

[2]　参见王合锋：《涉外商标使用证据提交制度比较》，载《中华商标》2015 年第 13 期。

标)，虽然该引证商标从未在美国在商业中使用，但是审查员依据商标法和《商标审查程序手册》对该申请提出了驳回意见。对此，若两个商标确实属于近似商标，则申请人只能通过撤销该引证商标来使自己的商标申请获得注册，而如何撤销该商标的注册是一个关键的问题。

对于这3种类型申请所获得的注册商标，在注册后有相应的使用要求能够阻止这种"占位"。例如，在商标续展过程中对商标使用证据的要求，能够阻止没有实际使用的注册商标继续维持有效，但这个要求需要经过10年或至少5年的时间才能产生作用。美国《兰哈姆法》第45条规定了商标放弃的定义，[1]相应地结合《兰哈姆法》第14条中关于以商标已经被放弃为由提出撤销的规定，[2]因此利害相关人可以某注册商标已经放弃为由，针对该注册商标提出撤销申请，从而消除未使用而"占位"的商标带来的负面影响。其中，根据美国《兰哈姆法》第45条规定的商标放弃的定义，连续3年不使用该商标被视为放弃该商标的初步证据。例如，在Jade Apparel v. Steven Schor Inc.案中，[3]法院指出，3年未使用该商标的证据触发了该商标被放弃的法定假设，由此举证责任转移到了注册商标权利人一方来证明，虽然3年未使用商标，但是，权利人有在合理的可预见期间内重新使用该商标的意图。在实务上，通常利害相关人都会等待3年的时间，若发现注册商标没有被使用，则会依据《兰哈姆法》第14条和第45条的相关规定提出撤销申请。即使利用这一途径来撤销"占位"的注册商标，也会造成没有使用的商标在商标注册上的至少3年的"占位"。除了上述这些途径，在美国商标实务上又逐步产生了一种在3年内提出撤销申请的实践，即仍然利用上述的《兰哈姆法》第45条和第15条的规定，依据该商标已经被放弃为由提出商标撤销申请，区别在于在3年内结合其他相关证据，来证明该注册商标权利人没有使用并且也没有任何使用该商标的意图。例如，根据提出这3类申请的法律依据，申请人在提出相应申请时至少要有真实的使用意图，若申请人在申请中指定了过多的商品，特别是很多商品都不在其经营范围之内，而且该申请人也没有针对经营范围之外的商品的商业计划，则说明了该申请人在提出申请时是没有真实的使用意图的，因此，实现了在3年期限未满的情况

[1] § 45(15 U.S.C. § 1127).

[2] § 14(15 U.S.C. § 1064). Cancellation.

[3] 参见美国法院判决 2013 WL 8, No. 11 Civ. 2955(KNF)(S.D.N.Y. Feb. 11, 2013)。

下来撤销该商标的可能。[1]

综合上面所述的5种申请类型，在基于商标使用的申请和基于使用意图的申请中，申请人在获得注册之前都需要提交商标使用证明，即商标使用是获得商标注册的必要条件之一，因此，不会出现商标权注册取得制度中常见的，仅仅通过注册行为而没有商标使用就获得了商标注册的情况。而对于基于外国优先权的商标注册申请、基于原始国商标权注册提出的商标注册申请，以及基于马德里国际条约提出商标延伸保护这3种途径获得的商标注册，由于并不要求申请人提供商标使用证明也能够获得注册，因此，存在类似商标权注册取得制度中产生的未使用商标获得注册的情况，但是，在美国的商标制度中，针对商标注册后在续展时提交使用证据的要求，以及基于商标放弃而提出的撤销商标的规定，大大限制了未使用的注册商标的占位。另外，基于在商标权行使权利中的商标使用的要求，也消除了未使用的注册商标针对善意使用该商标的使用人的侵权指控风险。

四、混合制度对商标使用的要求

德国是典型的大陆法系国家，在商标专用权的取得制度上采取了注册取得模式，而且是自商标制度建立伊始就采用了商标权注册取得制度，但是，值得关注的是，德国的商标法在近现代时期越来越多地吸收了商标权使用取得制度的一些要素。《德国商标法》确定了通过注册取得商标权的制度，也规定了通过使用取得商标权的途径，因此，属于采用了混合制度的国家。

现行《德国商标法》的第4条规定了三种获得商标保护的途径，即商标注册、获得了第二含义的商标使用和《保护工业产权巴黎公约》所规定的驰名商标。[2] 除了对驰名商标的保护，基于对获得了第二含义的商标使用而获得商标法保护的情形，代表了商标权使用取得模式，即商标注册途径和商标使用途径分别代表了商标权注册取得制度和商标权使用取得制度。

根据德国的商标法，提交商标注册申请不需要提交商标使用证明，也不需要提交真实使用商标的意图的声明。但是，根据《德国商标法》第26条的规定，主张注

---

〔1〕 Why Wait Three Years? Cancellation of Lanham Act Section 44(e) and 66(a) Reglstrations Based on Non-use Prior to the Three-Year Statutory Period for Presumption of Abandonment by Sandra Edelman. http://www.inta.org/TMR/Documents/Volume%/vol104_no6_a6.pdf,2017年11月21日访问。

〔2〕 参见《德国商标法》第4条。

册商标的权利或者维持商标的注册应取决于该商标的使用，所有权人必须在本国范围内将商标真实地（seriously）使用在其所注册的商品或服务上，除非有不使用的正当理由。[1] 因此，《德国商标法》规定通过商标注册来获取商标权的途径，但是也明确指出了，行使商标权利或者是维持商标的注册都应该基于商标的使用，即回归到了构成商标权的天然正当性的原始基础上。

---

〔1〕 参见《德国商标法》第26条第1款的内容。

CHAPTER 04 >>

第四章　我国商标权注册取得制度的完善

第一节　坚持商标注册制度

一、商标权注册取得制度是历史和国情的选择

(一)从我国商标制度起源一直到当前商标法,我国一直采用商标权注册取得制度

我国商标法律制度的萌芽最初是在清末时期建立的,清末时期的商标立法是在外国列强的压力下启动的,而商标立法的主要目的就是为了保护外国商人在中国的商标权利。最初的商标法律的立法不是单独的商标法,而是附在清政府与外国列强所签订的通商条约中规定的。在20世纪初期,西方列强各国大多建立了商标法律制度,并且建立了商标注册制度,由于商标注册制度在商标管理上已经体现出了相对于商标权使用取得方式的可靠性和便利性,因此,清政府依照西方列强的要求(实际上很多文本就是由西方列强的代表人员起草的),在商标法律立法上所采用的商标权取得制度的方式是商标权注册取得制度。因此,中国近现代的商标立法的萌芽就是以商标权注册取得制度为基础的。

在北洋政府和南京政府时期的民国期间,中国政府与清政府相比越来越独立,在商标立法上也越来越独立。在北洋政府期间,虽然当时的商标法采取的是商标权注册取得制度,但是,在优先权方面,采取了使用在先的原则,即商标使用要素在获取权利方面所占的地位提高了。在南京政府期间,在沿用北洋政府的商标法的基础上进行了修正,也相应发生了对商标使用在先原则的大讨论。

在认识到使用在先主义的弊端以及注册主义的弊端后，南京政府在第一次修正时所采用的是注册主义（注册取得制度），但仍兼采使用主义（在优先获得权利方面采用了先使用原则），然而，在1948年第二次修正时采用了注册取得制度，并且在优先权方面采用了先申请原则。因此，在新中国成立前夕的民国时期，中国的商标制度已经完全转变为商标权注册取得制度。

在新中国成立后，我国的商标制度也采用了商标权注册取得制度。在新中国成立之初，基于当时的计划经济体制，我国的商标制度采用了强制注册制度，在优先获得权利上采用了先申请原则。由于强制注册制度杜绝了未注册的商标的使用，因此是一种绝对的商标权注册取得制度，即不但商标权通过注册取得，而且未注册的商标不得使用。

现行《商标法》采用的也是商标权注册取得制度。我国现行《商标法》是以1982年《商标法》为基础的，其中商标权的取得制度也是采用了注册取得的模式。另外，现行《商标法》取消了新中国成立之初所采用的强制注册原则，而是采取了自愿注册的原则，这样在现实中，有些人对其使用的商标进行注册申请，也有些人对自己使用的商标不进行注册申请，这两种商标情形都是合法存在的。不过，在保护上，未注册商标并不能获得商标专用权的保护，而仅仅能够获得《反不正当竞争法》的类似于仿冒之诉那样的保护。

因此，在我国商标法律法规出现后，从未采用过商标权使用取得制度，虽然对未注册商标给予了一定程度的保护，但是，商标专用权或者商标财产权只能通过商标注册程序获得，而不能通过商标使用获得。正如南京政府在第一次对当时的《商标法》进行修正时，针对商标使用在先原则进行的大讨论那样："其一是历史原因，若完全将使用在先主义推翻而采用呈请主义，恐影响甚大。"[1]因此，根据历史原因，我国应该坚持所采取的商标权注册取得制度。

（二）根据公平与效率相统一的原则，我国应该坚持所采取的注册取得制度

1. 商标权注册取得制度在公平上的不足，可以通过一些规制来弥补

由于商标权注册取得制度不要求商标使用，而是通过注册程序来获得商标权，因此在公平上存在一定的不足，但是，商标权注册取得制度可以通过一定的规制措施来

〔1〕 张玉敏著：《商标注册与确权程序改革研究》，知识产权出版社2016年版，第9页。

弥补这些不足。例如,在商标权注册取得制度中,特别是一些关键的节点环节,引入对商标使用的要求,从而能够弥补商标权注册取得制度在公平上的不足。然而,商标权使用取得制度在保护范围上的不清晰和效率上的不足,难以通过其他手段例如注册程序来弥补,除非使基于该注册程序能够获得一定的权利。

2. 商标权注册取得制度在效率上的提升,降低了整个商标制度的成本

商标权注册取得制度能够使整个商标制度以一种较高的效率来运行,例如,采用商标权注册取得制度能够以非常低的成本来明确商标权的权属,并且使商标权的保护范围和边界非常清晰,另外,还能够提高商标交易安全,从而降低整个商标制度的成本。商标权注册取得制度能够帮助商标申请人制定和实施当前经济环境下的商标战略。

3. 商标权注册取得制度通过商标注册程序克服了商标权使用取得制度的一些缺点

商标注册制度的公示作用能够使公众即时获知商标注册申请的情况,能够使在后申请人或在后使用人有途径得知在先的相同或近似商标的状况,从而提前进行规避,以避免发生“撞车”事故,这对申请人的商业计划和战略来讲,避免了风险,降低了商业经营成本。

商标注册制度在程序设计上尽可能地提高效率,简化申请人或相关主体在商标注册程序上的负担,虽然比商标权使用制度增加了注册程序(事实上,很多采用商标权使用取得制度的国家也采取了商标注册程序),但并不会显著增加申请人的负担。

商标权注册取得制度中的授权行为是一种法律行为,具有以政府背书的公信力,这对商标权利人来讲,是一种比较稳定的法律状态,有利于其行使权利。

4. 我国若采用商标权使用取得制度,转换成本过大

我国自清末建立商标法律制度之初到现行《商标法》,一直采用的是商标权注册取得制度。商标制度并不是脱离于基本法律体系例如民法体系,而独立存在的,商标制度中的诸多环节都依赖于包括民法体系在内的整个法律体系而运行的。基于我国的历史原因,若推翻现行的商标权注册取得制度,而转向商标权使用取得制度或者混合制度,则不仅商标制度自身需要完全重新构建,还需要修改与商标制度相关的其他法律体系。另外,依据当前的商标权注册取得制度而获得的数千万注册商标的法律地位将如何确定,这些都将导致巨大的转换成本。

(三)我国不适合采用商标权注册取得和使用取得并存的混合制度

商标权注册取得和使用取得并存的混合制度并不能避免商标权使用取得制度所存在的问题。即使采用了商标权注册取得和使用取得并存的混合制度,由于一部分商标权不是通过注册取得的,而是通过商标使用取得的,那么这部分商标权还会存在商标权使用取得制度的问题,如权属不明确、权利范围不清晰等。因此,混合制度仍然不能避免商标权使用取得制度所存在的问题。

商标权注册取得和使用取得并存的混合制度会破坏商标权注册取得制度所确定的商标权的清晰边界。若采用了商标权注册取得和使用取得并存的混合制度,那么基于商标权注册取得制度所获得的商标权的权利边界是清晰的,但是,基于商标权使用取得制度获得的商标权,其权利边界是不清晰的,特别是没有明确的权利登记,这反而会破坏商标权注册取得制度所确定的商标权的清晰边界。

我国商标发展状况和社会状况不适合采用商标权使用取得制度。若我国采用了商标权使用取得制度或者商标权注册取得和使用取得并存的混合制度,那么通过使用取得的商标权不是通过注册制度来证明的,这就需要权利人提供大量的使用证据,而在我国当前的司法实践中,权利人提供的证人证言通常是与权利人有一定的关系,这样的证人证言的证明力相对较低。另外,对于书证来说,未公证的书证在真实性上的证明效力也较低,这就对意图利用在先的商标使用的证据来证明其商标权的权利人提出了很大的挑战。特别是针对目前的社会诚信水平的问题,法院在对证人证言和未公证的书证的采信上持谨慎态度。目前的商标案件中的商标使用证据,通常用来在通过注册取得的商标权基础上证明商标的显著性高低或知名程度等,在大量的未公证的书证的基础上,通常能够对这些类似于定性的主观问题有一定的确信度,但是,若依据这些商标使用证据来证明商标权的权利范围,例如商标权的地域边界、权利获得的时间点等类似于定量的问题,则会造成非常大的困难。对此问题,也可以从专利案件涉及先用权证据的判断中理解,在实务中,即使当事人举出在涉案专利申请人之前,其已经使用了涉案专利技术的证据(除非这些证据来自官方机构),这些证据被采信的可能性非常低。

二、商标权注册取得制度是国际大势

从世界上大多数国家采用的商标制度看,商标权注册取得制度在国际上已经成为主流趋势。根据谢冬伟先生依据陆普舜先生主编的《各国商标法律与实务》(2006年修订版)的统计,该书介绍的186个国家和地区中,有128个采用商标权注册取得制度,52个采用商标权使用取得制度,6个采用商标权注册取得制度和商标权使用取得制度并存的混合制度。[1] 因此,从国家数目上看,采用了商标权注册取得制度的国家占据绝大多数。另外,针对世界上发达国家和商标大国来看,采用了商标权注册取得制度的国家也占据了绝大多数。

在国际条约上,马德里国际条约建立的国际商标权注册取得制度贯穿了使用取得制度国家,并且已经在世界范围内形成了商标权注册取得制度的基本格局。

目前涉及商标的主要国际条约中,一部分没有明确规定采用何种商标权取得制度,而另一部分则明确采用了商标权注册取得制度,如商标国际注册马德里体系。依据《商标国际注册马德里协定》和《商标国际注册马德里协定有关议定书》的规定,商标国际注册马德里体系采用国际局形式审查和国家局实质审查二分法,虽然赋予了各缔约国在商标实体审查上的自主权,但由于在申请和注册的程序上并不要求申请人提供商标使用证明,并且国际注册在每一个被指定缔约方境内的效力与该商标系在该缔约方主管局直接注册的效力相同,因此,可以确定商标国际注册马德里体系采用了商标权注册取得制度。到2017年12月,商标国际注册马德里体系已经覆盖了世界上116个国家,[2]特别是商标申请大国,基本上都纳入了这个体系,因此,已经在世界范围内形成了商标权注册取得制度的基本格局。

第二节　商标注册制度的实体问题分析

一、在商标注册申请中使用目的要求的缺失

在商标注册申请中,缺少对商标使用目的的要求。

首先,在商标申请的基本原则中,缺少明确的以商标使用为目的的申请要求。我国《商标法》中,通篇内容中并没有以商标使用为目的的申请要求,再如,在相关

---

〔1〕 参见谢冬伟著:《中国商标法的效率与公平》,立信会计出版社2012年版,第2页。

〔2〕 参见 http://www.wipo.int/madrid/zh/,2017年12月10日访问。

条文中描述了按照经营需要取得商标专用权的，应当向商标局申请商标注册，[1] 其中并没有明确申请人在提出商标申请时应该以商标使用为目的。因此，在立法基础上，对于商标注册申请来说，没有明确以商标使用为目的的申请原则。这为商标囤积和商标抢注提供了土壤。

其次，在注册申请中不要求提交使用意图的声明。在实务中，申请人提交申请时也没有提交使用意图声明或表明申请人有真实的使用该商标的目的的要求（例如，可以是提交单独的真实的商标使用目的声明等相应的文件，也可以是简化形式，再如，在申请表格中勾选“本申请是以商标的实际使用为目的”的选项等）。虽然我国《商标法》第7条引入了“诚实信用原则”，但是，该基本原则中并不能得出或起到以使用为目的的申请要求。特别是根据当前的司法实践，至少非恶意抢注的商标囤积行为不足以被解释为违反《商标法》第7条所规定的诚实信用原则。因此，在商标注册申请的具体要求中也没有相应的明确要求，即商标注册申请不是建立在以商标使用为意图的基础上的。

二、在注册程序中商标使用要素的缺失

在商标注册申请审查程序中，缺少商标使用要素的要求。

一方面，在相对事由的审查中，没有针对引证商标是否使用进行主动考虑。在我国《商标法》针对相对事由进行审查的规定中，[2] 只规定了在先性的要求，没有针对作为引证商标的在先商标申请是否实际使用进行要求。例如，一件已经注册多年但是从未使用的商标，虽然其从未发挥过商标的基本功能，没有在市场上出现过，也不可能指示商标或服务的来源，因此，也不可能与在后申请注册的商标在市场上构成混淆，但仍然能够依据《商标法》中的条款来阻止在后申请但实际使用的商标。因此，这就造成了实质上的不公平，没有起到商标作用且没有对社会做出任何贡献的商标，仅仅因为在先申请，就阻止了他人在后的具有真实使用意图，或者已经实际使用的商标的注册申请，从而变相鼓励了商标囤积和商标抢注的行为。

另一方面，在续展申请的审查中，还缺少对商标使用要素的要求。在商标续展

---

〔1〕 参见我国《商标法》第4条。

〔2〕 参见我国《商标法》第31条的规定：“两个或者两个以上的商标注册申请人，在同一种商品或者类似商品上，以相同或者近似的商标申请注册的，初步审定并公告申请在先的商标；同一天申请的，初步审定并公告使用在先的商标，驳回其他人的申请，不予公告”。

时没有针对商标是否使用进行核查的机制，不要求注册人通过商标使用证明。其中，我国《商标法》第40条规定了商标续展的基本要求，[1]然而在实务中，办理续展手续的主要内容是填写续展申请表格和缴费，在整个续展过程中并没有针对该注册商标是否仍处于实际使用，甚至是否实际使用过进行核查。因此，造成了大量的“僵尸”商标的长期存在，不仅占用了大量的审查资源，还占用了大量的商标资源，并且这些商标资源并没有得到有效的利用。

三、在权利行使上商标使用要素的规制不足

（一）对于未使用的注册商标在行使权利上的规制力度尚欠缺

我国《商标法》第64条规定了在侵权赔偿问题上对商标使用的要求，[2]根据该规定，前3年未使用的注册商标在商标侵权诉讼中不能获得赔偿，但并不影响商标权人请求获得停止侵权的禁令。从商业上考虑，对于正常经营的企业来说，停止侵权的禁令的威胁，有可能远远大于侵权赔偿数额的威胁，或者说，即使没有侵权赔偿的风险，停止侵权的禁令至少给正常经营的企业带来了较大的威胁，因此，商标权人还是能够以此获得一定的商业利益，如通过放弃禁令要求和解来获得一定数额的赔偿费等。

实际上，若注册商标专用权人不能证明此前3年内实际使用过该注册商标，根据商标的本质，其商标权不应该存在而应该被撤销，因此，还应该对于未使用的注册商标在行使权利上进一步进行规制。

（二）对商标非法使用行为被采纳为商标使用而维持商标权有效的司法实践的质疑

1. 商标财产权的正当性基础是商标使用，商标权注册取得的正当性基础是商标显著性的法律拟制

在商标权使用取得的天然正当性的基础上，商标权注册取得对于未使用的商标推定具有显著性，其正当性基础是建立在法律拟制上的。而法律拟制的基础是

---

〔1〕 即“注册商标有效期满，需要继续使用的，商标注册人应当在期满前十二个月内按照规定办理续展手续；在此期间未能办理的，可以给予六个月的宽展期。每次续展注册的有效期为十年，自该商标上一届有效期满次日起计算”。

〔2〕 即“注册商标专用权人请求赔偿，被控侵权人以注册商标专用权人未使用注册商标提出抗辩的，人民法院可以要求注册商标专用权人提供此前三年内实际使用该注册商标的证据。注册商标专用权人不能证明此前三年内实际使用过该注册商标，也不能证明因侵权行为受到其他损失的，被控侵权人不承担赔偿责任”。

假定该商标在正常的商业中被善意的使用。因此,在是否维持注册商标权有效的判断上,不仅要判断是否存在商标使用行为,还应该回到注册取得的商标权的正当性基础上,即回到假定该商标在正常的商业中被善意的使用的法律拟制中。

2. 用于维持注册商标权的商标使用应该是真实和正常的商业使用

真实使用,不能是非真实目的的使用,虽然通常上非真实使用主要是指象征性使用,但是还应该包括非法使用。因为商标是在正常的商业中通过使用来发挥区分商品或服务来源的功能,若使用行为非法,则该使用行为不应该作为正常的商业上的使用。例如,若该非法的使用量较小,则应被视为是象征性使用;若该非法使用是一定程度和一定数量的,特别是成为大量的、惯常性的时,则严重地违反了相关的法律法规,会破坏正常的商业秩序。若以此仍然作为维持商标权有效的使用证据,则会给社会一种不良的导向,似乎在鼓励非法使用。

例如在卡斯特商标案中,[1]针对注册商标"卡斯特",请求人向商标局提出了该商标连续3年停止使用的撤销申请。商标局在审理后发现,由于注册商标权利人没有再提交该注册商标的使用证据,遂做出撤销该注册商标的决定。权利人不服商标局决定,向商标评审委员会提出复审申请,并提交了使用证据,其中包括,注册商标权利人与班提公司于2002年6月1日签订的商标使用许可合同,班提公司于2002年12月9日、2004年2月9日销售卡斯特干红葡萄酒的增值税发票等。在复审、行政诉讼一审以及二审的审理中,一个重要的争议焦点就是违反行政法规的使用是否能够作为商标使用来维持注册商标权?对此,请求人的意见是,"3年不使用"中的商标使用仅指"合法使用",而不包括"违法使用"。而行政法规例如《中华人民共和国进出口商品检验法》等对进口、销售葡萄酒产品做了强制性、禁止性规定,而权利人并未提供任何证据表明其销售行为符合该行政法规,因此该销售应该是非法销售,而在非法销售过程中所产生的发票不能作为合法使用的证据。但是最终,商标评审委员会、一审法院和二审法院都认可了这种使用构成商标法意义上的商标使用,维持了注册商标权。法院的观点是,2001年《商标法》第44条第4项的立法目的在于激活商标资源,清理闲置商标,撤销只是手段,而不是目的。因此只要在商业活动中公开、真实的使用了注册商标,且注册商标的使用行为本身没有违反商标法律规定,则注册商标权利人已经尽到法律规定的使用义务,不宜认

〔1〕 参见(2010)知行字第55号。

定注册商标违反该项规定。[1] 本案中，权利人提交的证据可以证明对争议商标的真实使用，没有违反商标法的规定，而至于该商标的使用行为是否违反其他行政法规的规定，并非 2001 年《商标法》第 44 条第 4 项所要规范和调整的问题。[2]

法院的观点中，将《商标法》中针对商标使用的规定与对商标使用行为的其他法律规范相互独立，或者完全割裂开。似乎在仅仅针对《商标法》的判断上是有道理的，但是实际上却是将《商标法》中的商标使用设置在一个封闭的、与外界隔离的环境中进行判断。首先，《商标法》中的商标使用离不开商业环境，或者说一个正常的商业环境，商标使用应该是在商业中的真实使用，其潜在的基础是一个正常的、善意的商业使用。而将《商标法》中针对商标使用的规定与商业活动的基本环境要求隔离后，容易出现的就是鼓励违反诚实信用的商标注册和商标使用，使不诚信的市场主体能够利用不同程序之间的隔绝钻空子，从而造成违法成本很低，破坏了诚实信用原则，包括申请注册中的诚实信用原则，这是维护正常的社会秩序的根基。值得关注的是，按照最高人民法院的观点仅考察"是否违反商标法律的规定"的思路，通过这个案例，也反映出我国现行商标法律并没有构建出一个针对商标使用提出基本要求的正常商业环境，或者说存在针对商标使用基本要求的立法缺位，这也正是导致本案这种结论的原因之一。

因此，用于维持注册商标权的商标使用应该是真实使用，并且应该将该使用行为放置在一个正常、善意的商标环境中来判断，是否属于真实的商业使用，而不能将商标使用与正常的商业环境相隔绝。

第三节　商标注册制度的程序问题分析

一、注册主体上的问题

（一）应该允许中国自然人申请商标

我国《商标法》第 4 条[3]涉及了申请主体，申请商标的主体应该包括自然人，

[1] 参见(2010)知行字第 55 号"本院认为"部分。

[2] 参见(2010)知行字第 55 号"本院认为"部分。

[3] 即"自然人、法人或者其他组织在生产经营活动中，对其商品或者服务需要取得商标专用权的，应当向商标局申请商标注册"。

并且对于自然人申请人没有设置额外的限制。然而，在实务中，根据《自然人办理商标注册申请注意事项》，[1]以中国自然人名义办理商标注册、转让等申请事宜时，对申请人主体有一定要求，即申请人应该有进一步的身份：个体工商户、农村承包经营户或在有关行政主管机关颁发的登记文件中登载的经营者名义。[2] 进一步来讲，对于自然人提出商标注册申请的商品和服务范围，应以所核准的经营范围为限。因此，实质上，我国自然人是不能直接申请注册商标申请的，除非该自然人是个体工商户或拥有其他经营资质。然而，对于外国自然人来说，没有相关的限制。这就造成了区别，给予了外国自然人以超国民待遇。

对于这种区别对待的情形，特别是对于中国自然人作为申请人所附加的额外条件的情形，实质上是不符合《商标法》规定的。首先，对于有经营能力的自然人（虽然其经营能力非常有限或者其在未进行工商注册的情况下能够享有的经营范围非常小），应该允许其申请商标。其次，若认为中国自然人并不当然具有经营能力，除非是获得了行政许可的个体工商户等，普通的自然人不具有经营能力也因此不能申请商标，那么外国自然人与中国自然人相比，其在中国具有经营能力的可能性更低，则更应该加以限制。进一步，我国《商标法》允许外国自然人直接申请商标，这就造成了一种超国民待遇，而按照公平和对等原则，也应该允许中国自然人申请商标。

（二）依据申请主体的经营范围在所申请的商标范围上的限制的分析

不论是自然人还是法人，目前的《商标法》并没有依据申请主体的经营范围对其提出的商标申请范围进行限制。在近几年发生了一个对申请主体提出的商标申请的范围进行限制的案件，即“上专”商标案。[3] 在该案中，上海专利事务所成立于1984年，该所1993年更名为上海专利商标事务所，2004年变更为上海专利商标事务所有限公司（现在的名称）。该机构自其成立至今，在业界一直被称为“上专

---

〔1〕 参见 http://sbj.saic.gov.cn/zcfg/sbgfxwj/2/t206_7.html，发布时间：2015年7月29日，信息来源：国家知识产权局商标局，2018年2月28日访问。

〔2〕 个体工商户可以以其《个体工商户营业执照》登记的字号作为申请人名义提出商标注册申请，也可以以执照上登记的负责人名义提出商标注册申请；农村承包经营户可以以其承包合同签约人的名义提出商标注册申请；其他依法获准从事经营活动的自然人，可以以其在有关行政主管机关颁发的登记文件中登载的经营者名义提出商标注册申请。

〔3〕 参见北京知识产权法院做出(2015)京知行初字第34316号行政判决。

所”。“上专所”《企业法人营业执照》中的经营范围包括了商标代理以及其他方面的知识产权业务。2014 年 8 月 25 日,“上专所”向商标局提出注册“上专”商标的申请,指定使用服务为第 45 类,包括了商标代理以外的多项知识产权服务。2015 年 2 月 4 日,商标局发出《商标注册申请不予受理通知》,认为其所申请的“上专”商标的使用范围不在其代理服务的范围之内,不符合《商标法》第 19 条第 4 款等有关规定。其中《商标法》第 19 条第 4 款是对商标代理机构在商标申请上的限制,限制了商标代理机构只能针对其代理服务提出商标注册申请,除此之外不得申请注册其他商标,该条款是将商标代理机构作为特殊的商标申请人来对待的。一审判决认为,“诉争商标指定使用的服务为第 45 类,所指定的多项服务内容显然并不属于商标代理服务的内容,因此,诉争商标属于《商标法》第十九条第四款规定不予注册的情形”。因此,维持了驳回决定。

该案件引起了业界的广泛讨论,讨论的焦点在于商标代理机构的认定,然而该案件还触及了另一个问题,即申请主体所申请的商标范围应该与其经营能力或可能的经营能力相适应?根据商标所应该发挥的来源识别功能,申请主体所申请的商标范围应该与其经营能力或可能的经营能力相适应,否则就造成了不是以真实的使用目的来申请商标。当然,在申请主体的经营能力上的审查,应该采用宽松政策,即仅审查禁止性经营范围和明显超出其可能经营范围的经营范围。

二、异议审查程序中的审查环节过多

我国《商标法》对异议案件的审理程序进行了修改,针对恶意提出异议,以阻碍商标申请获得正常的注册的情形,进行了一定的规制,但是整体上并没有实质性的改变异议案件的审理程序的环节,导致异议案件的审查环节还是非常多,并且由于大量的异议案件要通过多环节审查程序,使审查力量被分散,各环节的审查力量被削弱了,这实际上也是效率的一种降低。

根据我国《商标法》第 35 条的规定,对初步审定公告的商标提出异议的异议程序由商标局审理,商标局的审限为 12 个月,特殊情况下可延长 6 个月。而对于商标局做出不予注册决定,被异议人不服的,可以向商标评审委员会申请复审,商标评审委员会的审限为 12 个月,特殊情况下可延长 6 个月。被异议人对商标评审委员会的决定不服的,可以向人民法院起诉,根据《行政诉讼法》的规定,行政诉讼采用两审终审制,并且对于生效的终审判决,当事人可以申请再审,即审判监督程序。因此,从理论上讲,商标异议请求的审理环节至少有 4 个,即商标局的异议程序、商标评审委员会的异议复审程序、行政诉讼一审程序和行政诉讼二审程序,并且有可能会发生第五个环节,即再审程序。更为严重的是,若再审决定是撤销最初的行政决定,则该案将被打回至原点,还需要重复上述的四个环节。

综上,在当前的异议请求的审理环节设置中,一件异议请求要经过 2 级行政机关和 2 级司法机关的审理才能走完常规的审理环节,造成环节设置过于复杂,审理总时间过长,既加大了申请人的成本,也使审理效率被降低。

三、审查程序各环节之间的配合

在商标注册申请程序中各个审查环节之间是有一定的相互影响的,因此还需要考虑各个审查环节之间的配合,即其配合程度是否还需要进一步优化。在商标注册申请程序中,主要的环节有:注册申请的驳回事由的审查(包括对驳回注册申请的绝对事由的审查以及对驳回注册申请的相对事由的审查)、异议程序的设置(包括异议程序的设置时段,即前置或后置,异议主体的范围、异议理由的范围),以及注册后的无效请求的审理。

这些环节之间是相互影响的,从申请人和公众之间的利益平衡来看,若对注册申请的审查程度加大,则异议程序的环节设置可以考虑效率优先。进一步来讲,从公众的救济机会来说,在注册后的无效程序的设置上,可以对因为在异议程序中考虑效率优先对公众救济机会的影响进行弥补。若对注册申请的审查程度降低,例如只审查绝对事由,这样能够提高效率,同时在异议程序的设置上,给公众提供更充分的异议机会,如不限制异议主体和异议理由等。在众多的观点中有两种主要观点:(1)在注册申请程序中进行全面审查,在异议程序中限制异议主体和异议理由;(2)在注册申请程序中采用部分审查方式或不审查制度,如西班牙和英国在商标注册审查程序所做的改革,[1]在异议程序上不进行限制,给公众以充分的救济机会。

我国应该坚持全面审查制度,对异议程序的设置,应该坚持对相对事由的异议理由限制异议主体的做法,这样的程序设置能够适应当前中国的商标申请现状。

---

〔1〕 参见张玉敏著:《商标注册与确权程序改革研究》,知识产权出版社 2016 年版,第 90 ~ 92 页。

目前我国是高申请量的状况,例如,2016 年的商标注册申请量为 369.1 万件,2017 年的商标注册申请量突破了 500 万件大关,达到 574.8 万件,比上年增长 55.7%,申请量和增速均创历史新高。截至 2017 年年底,我国商标累计申请量 2784.2 万件,累计注册量 1730.1 万件,有效注册商标量 1492 万件,连续 17 年位居世界第一。我国每万户市场主体的平均有效商标拥有量为 1520 件,与 2011 年的 1074 件相比显著增加。[1] 而目前我国商标注册申请的初步审查通过率不高,2015 年商标初步审定通过率为 50.6%,2016 年为 48.57%,2017 年进一步降低到 46.23%,呈逐年降低趋势。若采用部分审查原则甚至不审查原则,而会将大量的不合格商标申请放过,直接进入初步审定公告阶段。对此,有观点认为,即使这些被驳回案件的商标申请都是问题商标,若采用部分审查原则而获得注册,商标异议请求案件和无效案件虽然会攀升,但不会大幅攀升,因为这些问题商标中只有一小部分会产生纠纷,从而引发异议案件或无效案件。从绝对数量上看,这种观点有一定的道理,但却忽略了两个重要因素——趋势导向和社会成本。在趋势导向上,由于全面审查原则的严格适用,在实务中,申请人在提交申请前进行在先商标冲突的查询,基本上已经成为惯常做法,申请前的查询已经将大量的问题商标申请方案阻止于提交前,即使申请前的查询成本已经和申请成本相当,申请人考虑到注册结果的把握性也会考虑支付该成本。若取消全面审查原则,由于成本上的考虑以及侥幸心理等因素,申请人会倾向于直接提交申请而不进行申请前的查询,这样将造成问题商标申请的数量急速增加。这就给注册申请程序以后的异议和无效等审查程序带来了巨大的压力,会导致大量的异议请求案件或无效案件,不但增加了商标审查机关的负担,由于需要投入大量的商标监视工作,也大大增加了所有市场主体的负担。在审查案件的社会成本上,一件异议案件的包括审理资源的成本和当事人的成本等在内的社会成本,要远远大于商标注册申请程序中的社会成本。从审查资源上分析,异议审理(商标局和商标评审委员会的审理)通常是以合议组的形式进行,不仅是审查人员数量上的增加,对于双方当事人的程序,在程序上的审查成本也远远大于注册申请这种单方程序的审查成本。从人均审查量来看,商标注册申请程序的人均审查数量远远大于异议请求案件的人均审查数量。因此,一件异议请求案件或无效案件的审查成本将至少数倍于商标注册申请程序的审查成本。从当事人的

[1] 参见 http://news.sina.com.cn/c/2018-01-19/doc-ifyqtycx98.shtml,2018 年 3 月 5 日访问。

成本来看,在实务上,仅从申请人角度评估,异议请求案件或无效案件的代理费用也远远大于商标注册申请程序的代理费用,通常一件异议案件的成本是普通注册申请案件的成本的10倍或更高。因此,根据我国目前的商标申请状况,我国不适于在商标注册申请审查程序中采用部分审查原则或不审查原则的做法。

四、在商标注册各环节中缺少对商标使用的核查

在商标注册申请程序中以及注册后的各种程序中,没有针对商标使用的核查或督促的环节,如增加使用证据定期登记制度,例如每3年或续展时提供使用证据。这些对商标使用进行核查或督促的环节的缺失,造成了大量"僵尸"商标的长期存在,已经成为整个社会的负担。大量"僵尸"商标的存在,阻止在后使用特别是距"僵尸"商标停止使用时间远远在后的善意选取和使用,不仅对商标资源造成浪费,也造成了在后善意商标需求者的商标选取成本,另外也增加了"僵尸"商标的权利人和商标局的成本,因为这些"僵尸"商标在行使权利时会发生问题,并不能也不应该起到真正的商标保护作用,而权利人却需要一直为了维持商标形式上有效而缴纳费用,商标局也需要对这些"僵尸"商标作为有效注册商标进行维护。因此,大量的"僵尸"商标造成了社会总成本的增加,而根源就在于在商标注册程序上,特别是商标获得注册后的程序中,缺少对商标使用的核查或督促。

第四节　完善商标权注册取得制度的建议

一、建议的基础和基本思路

(一)建议的基础

虽然上述两节分别就我国商标权注册取得制度在实体上和注册取得程序上的问题进行了分析,但是,针对制度的修改建议不应该仅仅针对这些具体问题,而是应该站在整个商标制度的基础上提出,这样才能够提出符合商标制度的建议,而不是"头痛医头","脚痛医脚"式的建议。因此,建议的基础应该是针对商标权注册取得制度整体在公平和效率上的利弊权衡,而不应仅仅从注册取得制度和使用取得制度之间对比得出的优缺点入手,以及我国目前商标注册取得制

度中各环节上的问题点。

针对商标权注册取得制度整体在公平和效率上的利弊权衡考虑,应该着眼于制度整体的利弊平衡,而不仅仅是着眼于局部环节的利弊平衡。

商标权注册取得制度是一个系统,因此,要从系统的角度去考虑整个制度的成本。如果一个局部节点的成本降低,一般情况下会实现整个系统的成本降低。不过,在特定情况下,局部节点上的成本增加反而会降低整个制度的运行成本,因为整个制度降低的成本远远大于在局部节点上多付出的成本。

(二)建议的思路

中国当前的商标权注册取得制度中在众多问题中的主要根源,在于对商标权注册取得制度的错误认知和当前注册取得制度中的一些制度缺漏。虽然所表现出来的表象问题是商标囤积和商标抢注,其根源在于商标注册的本质上的异化,即商标注册这个壳体,已经脱离了商标权利产生时的价值基础,即商标是用于区分商品或服务的来源的这个基本功能。这些主要问题所体现的状况是:商标权已经被作为一种虚拟商品,利用商标权注册取得制度来制造商标,然后将所制造的商标进行交易,从而将商标作为一种牟利的工具,这就使得注册商标这种虚拟商品丧失了商标权这种权利在产生时所体现的价值基础,即商标不是用于区分商品或服务的来源,而是一种可以通过注册程序而不是商标使用制造出以便于进行交易的商品。因此,应该在商标权注册取得制度中建立一定的规制,使注册取得商标权能够回归商标本质,例如,加强商标注册申请目的的纯洁性要求,例如,诚实信用原则、利益平衡原则以及公平与效率原则等。具体方案的方向为,在目前的商标权注册取得制度框架的一些关键节点上引入使用要求,同时考虑整个制度上各环节之间的动态关系,例如,商标注册申请程序和注册后续程序之间的联动关系,商标注册审查程序的设置应该与注册后的无效和撤销等程序相适应,即商标注册申请制度应该在整体上符合公平和效率相统一的原则。

二、对缺乏真实使用目的申请和恶意申请的规制

(一)商标注册申请应具有真实使用目的或推定具有使用目的

在我国《商标法》的条文中,商标注册申请的默认前提是为了商标的使用,是基

于商标使用的需求提出申请的,[1]即法律条文在设计时的基础是默认提出商标申请的目的,是为了在生产经营活动中的需要,即在其商品或服务上使用商标。但是,这种默认前提并没有在条文中明示规定,而且在商标申请审查实务和相应的司法实践中,也没有将该默认前提通过法律解释的方式明示出来,因此,造成了这样的后果:对于申请人以及审查者甚至普通公众来说,商标申请的前提基础并不是以商标使用为目的,而是纯粹的申请取得原则,即除了法律、法规等明确禁止之外,任何商标任何人都可以申请,先到先得。这就在包括申请人和审查者在内的整个社会中,对我国商标权注册取得制度产生了根深蒂固的误解,商标权是通过注册程序制造出来的,与商标是否使用或是否以使用为目的是不相关的,仅仅有注册后连续3年不使用基于他人的请求可以被撤销这个限制。

由于没有在《商标法》的条文中明示出"商标注册申请应该是以商标使用为目的"的原则性要求,在商标审查和相应的司法实践中,对于明显的不具有真实使用目的的商标囤积和商标抢注行为,裁判者也只能从《商标法》中寻找是否违反了相关可以撤销或无效的规定,例如,申请人的行为是否构成了《商标法》第32条的规定"申请商标注册不得损害他人现有的在先权利,也不得以不正当手段抢先注册他人已经使用并有一定影响的商标",这种迂回的操作使裁判者对于明显恶意的申请束手无策,也使合法经营并善意申请商标的经营者感到无奈。从而对我国整个商标制度的公平合理产生了负面评价。

因此,应该在《商标法》的条文中明示出"商标注册申请应该是以商标使用为目的"的原则性要求。在商标审查或相应的司法实践中,若能够证明申请人并不是以商标使用为目的(包括实际使用和意图使用为目的),则裁判者不必挖空心思援引其他具体条款(例如,《商标法》第15条、第30条、第31条、第32条)的规定,而可以直接引用明示的"商标注册申请应该是以商标使用为目的"的原则性要求的条款做出裁决。

在实际判断中,考虑到市场主体在正常经营上的实际需求,有可能在申请时,尚不具有明确的使用目的,但其申请是根据其商业计划的需求而提出的。为了给市场主体提供制定商标战略的宽松的空间,也考虑举证责任的负担,对于任何商标

〔1〕 例如我国《商标法》第4条的规定"自然人、法人或者其他组织在生产经营活动中,对其商品或者服务需要取得商标专用权的,应当向商标局申请商标注册"。

注册申请,应该假设或推定申请人具有真实使用目的。若根据实际情况发现申请人明显没有使用目的,则审查员可以提出质疑并提供依据。例如,某个企业在同一天内提出上千件商标注册申请,这些申请涵盖非常多且完全属于不同行业的商品或服务,则审查员可以要求申请人提交相应的证据,表明其具有真实的使用目的或者具有实际的商标使用能力。对于不能提供相应证据的大量申请,商标局可以依照"明显不具有真实的使用目的"为由予以驳回。这样,能够有效地规制商标囤积行为,特别是提出大规模申请的商标囤积行为。

(二)商标注册申请程序中的恶意申请应该可以作为单独的驳回、异议或撤销的依据

1. 恶意申请的界定:立法上的缺失和司法上的不一致

什么是恶意申请,目前在立法上尚未有清晰的界定,在司法实践中也有不同的理解。主要体现在恶意申请的内涵外延不清晰,在法律条文上没有依据,因此在商标注册申请审查中,在商标局主动驳回恶意申请方面没有明确规定,法院在审理上对恶意申请的适用也不一致。

根据在司法案件和实务中对"恶意申请"的使用,通常的理解是,"恶意抢注"指的是以非商标使用(如阻碍他人使用或出售牟利等)为目的、用不正当手段抢先注册他人的商标或商号等权利(如在该领域或相关领域中已经使用并有一定影响的商标、他人的知名商号等)的行为。

由于立法上的缺失,我们只能通过司法实践中的适用来界定恶意申请。在司法案件中对恶意的界定主要有如下两种理解。

(1)穷尽式定义。即根据《商标法》中的已有条款,特别是针对商标抢注等行为进行规制的一些条款,对恶意申请的范围进行界定,这种界定属于穷尽式列举定义,将恶意的范围与在《商标法》的规制情形相等同。这些条款是针对申请人的在先注册申请可以提出异议请求的依据,例如,《商标法》第 15 条、第 30 条、第 31 条和第 32 条。

例如,在"嘿! 小面"商标案中,[1]法院认为,根据《商标法》的相关规定,商标恶意抢注是指申请注册的商标损害了他人现有的在先权利,或者抢先注册他人已

[1] 参见法院判决书(2017)渝 05 民初 113 号、(2018)渝民终 64 号。

经使用并有一定影响的商标。这种理解就是根据《商标法》中所列举的异议理由。

(2)概括式定义。在当前司法实践中,还有一种将恶意申请理解为一种抽象定义,虽然还没有达成共识的概括式定义,不过对恶意的认定的范围要大于穷尽式定义的范围。例如,考虑涉案申请人在涉案商标以外所提出申请的数量、这些申请所涉及的品牌跨度等,若认为这些申请明显超出正常商业习惯或合理需求,则认为申请人在申请中存在恶意。

例如在美国格莱特公司诉商标评审委员会的行政诉讼案中,〔1〕自然人申请人抢先申请了"Grandoe"商标,而从未使用,美国格莱特公司提出了异议请求,在商标局的异议程序、商标评审委员会的异议复审程序以及法院的行政诉讼一审程序中,都驳回了该异议请求。例如,在行政诉讼的一审法院判决中,法院认为格莱特公司主张申请人郑一成是典型的"职业商标抢注人",以及"被异议商标没有进行使用",而应不予以核准被异议商标的注册申请。但是,如果商标的注册行为均不违反《商标法》各具体条款之构成要件,那么,就在后商标的注册人的主观意图而言,即便推定其主观上存在明知或应知某个在先商标的知名度而"搭便车"之恶意的可能,则在后商标的注册亦不违反《商标法》的有关规定。因此,格莱特公司有关主张缺乏事实与法律依据,不予支持。在该一审判决中,法院对恶意申请的理解与上述穷尽式定义中依照《商标法》中已有规制条款界定的范围不同,即使不在列举的情形之中,法院也认为申请人的行为也可能具有恶意。

2. "恶意申请"在道义上的理解不清

除了司法上的界定,还应该在道义上对恶意申请进行考察,能够进一步剖析对恶意申请的内涵,厘清"恶意申请"的概念。

在业内也经常将恶意商标申请行为描述成"搭便车",即所申请的商标实际上是他人(例如,他人具有独创性的商标,或者他人经过大量使用已经获得较高知名度的商标)而不是申请人自己创建的,申请人的申请目的是想借用他人商标的知名度。这种理解在界定范围上与上述法律界定是不一样的,其界定的范围往往比法律界定范围要大。对于没有在法律上明确认定为恶意申请的抢先提出商标注册申请的行为,有时是否会在道义上被认为是恶意申请,也产生争议。

〔1〕 参见(2013)高行终字第1254号。

例如，在“滴滴传情”案件中，[1]宁德一家公司于 2016 年 6 月 6 日提出第 20220863 号商标注册申请，在 29 类的食用油等商品上注册“滴滴传情”商标，该商标于 2017 年 4 月 27 日初审公告。对此，北京嘀嘀无限科技发展有限公司提出了异议申请，认为其旗下的“滴滴打车”软件经过大量使用具有较高知名度，被异议商标申请“滴滴传情”具有明显的复制和模仿异议人商标的恶意。商标评审委员会经过审理，做出了《第 20220863 号“滴滴传情”商标准予注册的决定》。对此，有的评论认为被异议商标申请属于“搭便车”，应该被视为恶意申请，而也有的评论认可商标评审委员会的决定，认为该被异议商标申请不是恶意申请。

在“嘿！小面”商标案中，[2]一家名为味爵餐饮公司的申请人于 2013 年 11 月 21 日向商标局申请注册多件“嘿！小面”商标，分别用于第 35 类的饭店商业管理等、第 30 类的面条等以及第 43 类的餐厅等上，均获得注册。在味爵餐饮公司诉被告公司商标侵权案件中，法院查明“嘿！小面”原系中央电视台一部电视片的名字，被告主张该商标是普遍使用的表示重庆小面的常用名称，涉案申请属于抢注行为，是恶意申请。法院在认定“嘿！小面”不是通用名称后认为，抢先注册未侵犯他人合法权益，未损害社会公共利益的热门词汇，将其使用在自己的商业运营中的行为并不违反现行商标法律制度，具有合理性。

3. 现有《商标法》以及相应司法实践中对恶意申请的规制不足

对于这种将“恶意申请”作为一个抽象概念来界定的情形，根据目前的《商标法》的规定，尚不足以将恶意申请单独作为商标驳回、异议、撤销或无效的依据。在司法实践中的一些有代表性的案例中，法院依据现有《商标法》的条款来追求具体案件中的公平正义已经尽了非常大的努力，能够从这些判决的论述中体现法官在维护正常的商标秩序中体现出来的智慧。但遗憾的是，受《商标法》条文的列举式规制情形的限制，如果难以找到能够直接适用（哪怕是比较牵强地适用）的列举式规制情形，法院即使认定或推断出商标申请存在恶意，法院也只能表示单独的恶意不足以使所申请注册的商标无效的观点，只能无奈地做出维持抢注商标注册的决定，虽然极尽智慧和努力，但仍然显得捉襟见肘。

---

[1] 参见 http://www.cicn.com.cn/zggsb/2018-09/11/cms9article.shtml，2018 年 9 月 24 日访问。

[2] 参见法院判决书（2017）渝 05 民初 113 号、（2018）渝民终 64 号。

在美国格莱特公司诉商标评审委员会的行政诉讼案中,[1]针对申请人的抢注行为,例如上千件与他人商标标识相同的商标等行为,法院认为,“其通过‘美猴王’商标网意图出售被异议商标谋取不正当利益,不具备实际使用该商标的目的,其恶意抢先注册行为明显”,但是,在一审判决和二审判决中,在批判申请人的恶意抢注的同时,却难以依据恶意来规制。例如,一审法院在判决中认为,即便推定申请人主观上存在明知或应知某个在先商标的知名度而“搭便车”之恶意的可能,但如果商标的注册行为均不违反《商标法》各具体条款之构成要件,仅仅在后商标的注册人的主观意图而言,不能使得在后商标的注册违反《商标法》的有关规定。虽然二审法院最终推翻了一审法院的判决,但其依据并不是申请人的恶意申请,而是依据在先商号权,即将申请人的恶意融合到了损害他人在先权利的条款中,既体现了法官在追求公平正义中的智慧,也体现了现有商标法律制度对恶意申请规制的不足。

在作为最高人民法院指导性案例的歌力思案件中,[2]最高人民法院在再审判决中明确了当事人违反诚实信用原则,恶意取得、行使商标权并主张他人侵权的,法院应当以构成权利滥用为由对其诉讼请求不予支持。对于此案,法院认为被告的行为是基于合法的在先权利,其使用方式和行为性质均具有正当性,并且其使用行为不构成混淆。至此,似乎已经将涉案的侵权问题审理完毕了,但是,最高人民法院还进一步指出,原告虽然是注册商标的权利人,其行为具有明显的恶意,“歌力思”本身为无固有含义的臆造词,而原告的由中文文字“歌力思”构成的涉案商标,与歌力思公司企业字号以及在先于服装商品上注册的“歌力思”商标的文字构成完全相同,针对这种巧合,再结合根据原告与被告歌力思公司的在先经营地域情况,推断出原告应该对“歌力思”字号及商标有一定了解,因此,原告应该是在获知被告的企业字号后进行了申请,这种行为不是正当的。在最高人民法院的论述中,涉及原告取得权利不具有正当性的观点,对于侵权问题的判断来说只是锦上添花之举。当然,该案例的指导意义在于,明确了涉案商标的权利取得的正当性问题,以非善意取得的商标权提起的侵权诉讼不应得到法律支持。不过,在判决书的具体论述中,并没有明确提出恶意申请单独可以作为抗辩理由或者无效注册商标的基础,这

---

〔1〕 参见法院判决书(2013)高行终字第 1254 号。

〔2〕 最高人民法院指导性案例第 16 批 82 号(2014)民提字第 24 号。

也留下了遗憾，使得在目前的商标法律制度中仍然存在对恶意申请规制的不足。

在另外一个典型案例“360 安钱宝”商标异议案中，[1]原告申请注册了包括诉争商标在内的千余件商标，还在其网站上大量公开售卖商标。法院在判决中认定了诉争商标的注册已构成《商标法》第 44 条第 1 款规定之“其他不正当手段”的情形，但是，其论述逻辑值得商榷。法院认为，上述商标申请注册行为“具有明显的抄袭、摹仿他人商标的主观故意，同时其超出经营范围，非以使用为目的无正当理由大量囤积商标，并通过商标转让等手段谋取不正当利益的行为”，就此已经能够表明该商标注册申请违反了诚实信用原则，明显属于恶意申请，但是，法院还进一步延伸了逻辑至“不正当地占用公共资源”“违反公序良俗原则，损害公共利益”，似乎这样才能与《商标法》第 44 条第 1 款中的“其他不正当手段”相契合。实际上这种典型的商标圈地或商标囤积行为，确实是占用了公共资源，但是，任何一个商标注册申请都是将公共资源（注册前该商标应属于共有领域）变为私有权利，因此，占用公共资源的申请行为自身不是不正当的，申请的数量自身也并不当然是不正当的，而申请中的恶意才是不正当的，申请中的恶意导致了申请行为的不正当性。法院上述论述受限于现有《商标法》的框架内容，必须将逻辑延伸到“不正当手段”，从中可以看出本案中“其他不正当手段”的扩大性适用，既体现一种智慧，也反映出法律制度规制上的不足。

在上述这些案例中，法院在依据现有《商标法》的条款来追求具体案件中的公平正义时已经尽了非常大的努力，并且不论以何种理由解决了涉案的法律问题，都不遗余力地讨论了涉案商标注册申请的正当性或恶意问题，虽然这些问题并不是这些案件的直接定案依据。

值得注意的是，从上述“360 安钱宝”商标异议案的内容来看，还有一种似乎可以令人欢呼雀跃的情形，即这些案例似乎是在暗示可以将“以其他不正当手段取得注册的”作为兜底条款，将其作为商标抢注和商标囤积的规制手段。从该案例中似乎看到了正面规制商标抢注和商标囤积的曙光，但实际上该案例起到的作用还是非常有限的。该案中有多个焦点，第一个焦点是是否构成《商标法》第 31 条规定（相同相近似商标申请，初步审定并公告申请在先的），法院认定了《商标法》第 31 条成立；第二个焦点是是否构成《商标法》第 44 条第 1 款规定，关于该焦点的事实情况已经表明了一种非常极端的情形，因此，虽然该案件相对于以前的案件做出了

---

[1] 参见法院一审判决书：(2016)京 73 行初 5991 号书(2017)京行终 4136 号。

较大的突破，但其司法适用上的指导意义仍然有限。另外，根据最高人民法院的司法解释，即使将该司法解释的适用作为一个兜底条款，其适用范围也是有限的，因为《商标法》第 44 条第 1 款适用的是注册后的无效程序，并不能适用于注册前的异议程序。

在随后的案例中，法院对申请恶意进行规制的司法适用进行了进一步的发展，将《商标法》第 44 条第 1 款适用，由注册后的无效程序扩展到了商标申请审查程序和异议程序中。例如，在涉及"facebook"商标的系列案件[1]中，在其中的非丝博克公司与刘红群的商标异议案[2]中，一审法院认为，申请人的商标注册申请行为具有明显的复制、抄袭他人高知名度商标的故意，参照《商标法》第 41 条第 1 款关于禁止以欺骗手段或者其他不正当手段取得商标注册的立法精神，异议商标的申请注册不应予以核准。在上诉案件中，二审法院维持了该观点，直接论述了商标囤积行为违背商标本质，有违诚实信用原则，并且进一步认为，虽然《商标法》第 41 条第 1 款的文字表述只能适用于已注册商标的撤销程序，而不适用于商标申请审查及核准程序，[3]但是，若只能等到商标注册程序完成后再启动撤销程序予以规制，显然不利于及时制止前述不正当注册行为。[4] 就此，法院提出该条款的立法精神应当贯穿于商标申请审查、核准及撤销程序的始终。这是一种司法实践对立法条文的突破，对于这种突破，法院也表现出了非常谨慎的态度，表明"此种情形只应适用于无其他法律规定可用于规制前述不正当商标注册行为的情形"。

在 2018 年 6 月最高人民法院做出的一个判决中，[5]最高人民法院认为，商标申请人没有真实使用目的、无正当理由大量囤积商标来谋取不正当利益的行为属于"其他不正当行为"情形。这体现了将"其他不正当行为"作为兜底条款来适用的趋势。

与上述系列案件不同，在涉及"facebook"商标的另一个案件即菲丝博克公司与苏开明的商标异议案[6]中，在二审法院的判决中，法院进一步论述了对"其他不

[1] 参见(2016)京行终 475 号、(2016)京行终 476 号、(2016)京行终 477 号。

[2] 参见异议复审决定：商评字(2014)第 5 号；一审判决：(2014)一中行(知)初字第 9588 号；二审判决：(2016)京行终 475 号。

[3] 参见法院判决(2016)京行终 475 号"本院认为"部分。

[4] 参见法院判决(2016)京行终 475 号"本院认为"部分。

[5] 武汉中郡校园服务有限公司与北京闪银奇异科技有限公司的商标无效行政诉讼案，参见最高人民法院行政裁定书(2017)最高法行申 4191 号。

[6] 参见(2017)京行终 1315 号。

正当手段”的适用“应当是限于以欺骗手段以外的其他方式扰乱商标注册秩序、损害公共利益、不正当占用公共资源或者谋取不正当利益情形的规制”。在是否构成“其他不正当手段”的具体判断中,法院也给出了一些指导,“囤积他人大量具有较高知名度的商标”、“主观上并无合理事由”以及“客观上亦无实际使用意图”等。同时,法院在该案中还强调了,在认定时应当采取审慎原则,即要对商标囤积予以有效规制,也应考虑中国的商标权注册取得的基本制度,不能以动摇商标基本注册制度为代价。在该案的具体适用中,法院认为,根据菲丝博克公司所提交的关于苏开明申请注册商标的信息档案,虽然申请人申请了一定数量的商标注册申请,但尚不足以证明该申请人存在大量囤积他人具有较高知名度的商标,意图谋取不正当利益,损害公共利益的情形。

结合此案二审法院针对“其他不正当手段”在适用上论述以及在该案上的具体适用,在目前的司法中判断标准仍然是不清晰的,特别是同样为规模性商标囤积或者规模性抢注,什么样的程度属于“其他不正当手段”的判断标准仍然是模糊的。

另外,若同为规模性商标囤积或者规模性抢注,仅仅是因为规模程度(数量)不同而造成在定性上进行区分的结果,而不是针对具体的商标注册行为进行判断,似乎也与商标本质、商标权注册取得制度的基本规则不相符。

通过对比上述几个案例,法院针对什么是以“其他不正当手段申请注册商标”(恶意申请)的适用是不同的,或者说,在适用尺度上是不同的。进一步分析,目前还没有“以其他不正当手段申请注册商标”的标准或者定义,因此,也会造成理解适用上的分歧。同时,这种在司法上产生的法律适用上的扩展或突破(也可以比喻为司法立法),在非判例法国家的中国还需要有立法基础才能够发挥稳定的效力。

根据目前《商标法》的规定,尚不足以支持将恶意申请单独作为商标驳回、异议、撤销或无效的依据,因此,有必要在《商标法》中明确给出,若认定商标注册申请属于恶意申请则该商标不能注册的法律依据。例如,可以参考《欧盟商标条例》第52条第1款中的规定,若申请人在提交商标申请时是恶意申请的,则该商标应该被宣布无效。[1] 该条款是作为商标无效的绝对理由进行规定的。

4. 恶意申请概念的再梳理和上位规制

若针对恶意申请进行单独的规制,那么首先需要界定“什么是恶意申请”,至少

〔1〕 Article 52 Absolute grounds for invalidity.

是在司法解释中,而且最好是在《商标法》中给出明确定义。对于恶意申请,通常难以给出明确的定义,事实上在《欧盟商标条例》中也没有给出什么是恶意申请的明确定义,而是将恶意申请作为一个法律术语直接使用的,这就需要在司法实践中通过判例来进一步界定恶意申请的范围边界。根据欧盟大法院及普通法院在一些案例中对恶意的观点,一种解释是"违背公认的道德规范、商业诚信或商业惯例的行为"。还可以参考日本的做法,《日本商标法》中明确规定不可作为商标注册的构成要素包括:与表示他人业务有关的商品或服务且在日本国内或外国消费者间已经广为知晓的商标相同或近似的商标,出于不正当的目的的(指获取不正当的利益为目的,以给他人造成损害为目的的,以下同)持有并使用的(各前款所列者除外)商标。如:(1)由于国外驰名商标在日本尚未注册,故为了囤积居奇等待高价收购而将与外国驰名商标相同或近似的商标进行抢注的案件,防止外国权利人进入日本国内强制权利人与日本国内代理店签约为目的的抢注案件;(2)在日本国内,使用与日本全国著名的商标相同或近似的商标,虽然不会造成出处混淆,但以对出处表示机能进行淡化,损坏该著名商标名声为目的的商标申请案件。〔1〕

根据我国的商标审查实务,还可以参考借鉴《商标审查及审理标准》〔2〕中关于"不正当手段的判定"内容:"判定系争商标申请是否采取不正当手段,可综合考虑下列因素:(1)系争商标申请人与在先使用人曾有贸易往来或合作关系;(2)系争商标申请人与在先商标使用人共处相同地域或者双方商品/服务有相同的销售渠道和地域范围;(3)系争商标申请人与在先使用人曾发生过其他纠纷,可知晓在先使用人商标;(4)系争商标申请人与在先使用人曾有内部人员往来关系;(5)系争商标申请人具有以牟取不正当利益为目的,利用在先使用人有一定影响商标的声誉和影响力进行误导宣传,胁迫在先使用人与其进行贸易合作,向在先使用人或者他人索要高额转让费、许可使用费或者侵权赔偿金等行为;(6)他人商标具有较强独创性,系争商标与之高度近似;(7)其他可以认定为不正当手段的情形。"

对此,具体建议是:(1)将"恶意申请"作为上位概念进行界定而不是将该"恶意申请"作为现有《商标法》中具体规则条款的代称;(2)在立法或司法解释中设置依据

---

〔1〕 参见陆普舜著:《各国商标法律与实务》,中国工商出版社 2006 年版,第 66 页。

〔2〕 参见国家工商行政管理总局 2016 年 12 月发布的《商标审查及审理标准》,第 176 页,载商标局网站,http://sbj.saic.gov.cn/tzgg/7/t709_2.html,2018 年 9 月 29 日访问。

“恶意申请”进行规制的独立依据，例如，“构成恶意申请的，不得获得商标注册，已经注册的，应予撤销”；(3)依据多因素综合判断的模式界定是否构成“恶意申请”。

上述依据多因素综合判断的模式来界定恶意申请的构成，其具体的界定方式可以考虑如下内容：

在实务中，通过环境因素进行综合判断，从而在整体上确定申请人的商标注册申请是否构成恶意申请。这些环境因素可以包括：(1)申请人的申请基础。申请人是否在民事活动中对所申请的商标有民事权利或关联，例如，申请人从未使用过该商标，而且根据其实际经营状况（如从未实际经营）也不可能有实际使用的意图。(2)申请人的主观意识。虽然申请人的主观意识难以通过证据直接证明，但可以通过一些客观事实来推断其主观意识，例如，申请人申请了大量的明显超出经营所需的合理限度的申请，特别是这些申请与其经营计划完全无关，申请人不能给出合理解释。(3)申请人的商标申请对其他经营者的影响。例如，申请人将大量的其他经营者已经注册或使用的商标标识进行了申请，虽然在指定商品或服务上有所区别从而成为不相同也不近似的商标申请，但是，若这些商标标识是具有很强的显著性或者是其他经营者独创的商标标识，则可以推断出该申请人在申请上具有一定程度的恶意。当然，仅有这些情况是否能够足以认定该申请人的商标注册申请具有恶意还需要根据该案件的具体情况结合其他因素进行分析。(4)申请人的商标申请对社会公众的影响。例如，申请人将带有一定影响的社会热点事件的关键词进行申请，特别是这种关键词具有一定的不良影响的含义。

在各种针对恶意申请的规制建议中，还有人提出“民事侵权案件法官可以适用诚实信用原则直接否定恶意注册商标维权的诉讼请求”。不过若将基本原则在具体案件中直接适用，在没有相应的法律条文或司法解释为基础或者尚未在大量案例中逐渐达成共识的前提下，会造成适用不一致的可能性，负面影响会远远大于正面效果的预期。若一旦在《商标法》或司法解释中进行了界定或者已经通过大量案例达成了使用标准上的共识，则就不需要在具体案件中援引诚实信用基本原则来适用了。

三、针对未使用的注册商标的规制

(一)未使用的商标在作为引证商标时应降低其效力

在加强对商标注册申请中的商标使用的要求的基础上，也应该进一步降低未使用的在先商标申请，或在先注册商标的作用力，其中一方面就是，应该降低未使用的在先商标申请,或商标注册在作为引证商标时的效力。例如,在申请后5年内或在获得注册后3年内未使用的商标,虽然是在先申请并且与在后商标构成相近似,但是该在先商标申请或商标注册不得作为引证商标来对抗在后商标申请。在当前的实务中,对于未使用的引证商标,案件的申请人不能在其商标注册申请的审查程序中直接提出引证商标未使用的抗辩理由,例如,对于获得注册后连续3年未使用的引证商标,虽然根据我国《商标法》第49条的规定可以提出撤销申请,但是在程序上,在后申请的申请人不能以此在本申请中直接对抗,而是要另行提起撤销程序,这就造成了程序上的效率降低和审查资源的浪费,应该允许在后申请的申请人在本申请程序中直接提出对抗意见,若能够表明引证商标在注册后连续3年未使用(如引证商标权利人没有提出任何使用证据),则可以直接将该引证商标排除。因此,针对此类引证商标的抗辩理由的审查,应该在相应商标注册申请的同一审查程序中进行考虑。

(二)未使用商标在续展上的限制

目前的《商标法》第40条规定了商标续展的基本要求,其中没有提及任何与商标使用要求方面的条件,而实务操作上也是这样,在续展程序中主要的要求就是续展申请书和费用,商标局不对该商标是否实际使用进行任何询问或审查。这样的程序成了在理论上"僵尸"商标能够永远占位的可能性,虽然权利人付出了续展费用的代价,而损害的实际上是公共利益,浪费了商标资源。

因此,应该在商标续展的环节上对未使用商标进行限制。例如,要求权利人在续展申请中提供商标实际使用的证据,该使用证据的要求与"撤三"案件(注册商标连续3年不使用被撤销注册)中针对商标使用的要求相同;或者若权利人不能提供实际使用的证据,也应该提交未能使用商标的合理理由,针对这一点,在实务上只有极特殊情况才能满足,在将近10年都没有使用该商标的情况下未使用理由是合理的要求。因此,在续展环节上设置针对商标使用的核查要求,在程序上不会造成过大的成本,即目前的程序没有实质改变,对于实际使用的注册商标的权利人来讲,续展环节的成本增加也不大。

在续展环节提交商标使用证据的要求是以每10年为一个阶段进行核查,因此,"僵尸"商标的最大寿命是10年。理论上也可以缩短这个时间周期,降低"僵尸"商标的最大寿命,从而能够更有效地规制"僵尸"商标的存活情形。与此相比之下,美国商标在获得注册后的首个10年期间,需要提交2次使用证明文件,即在注册日起第5年和第6年之间提交商标使用声明,以及在注册日起第9年和第10年之间提交商标使用声明及续展申请,这种程序环节与仅仅在续展环节要求提供商标使用证据的做法相比,能够更有效地规制未使用商标,但成本较大,特别是在我国目前的程序基础上改动,会造成较大的成本增加。

仅在续展环节要求提供商标使用证据的做法,能够起到有效的作用,特别是能够提高商标囤积者的成本,有效阻止未使用商标的寿命。在续展环节上没有商标使用要求的情况下,续展的成本仅仅在于商标续展费用;若在续展环节上设置了商标使用要求,若囤积者想要维持该商标的注册,则需要进行一定程度的使用,即使是最低限度的商标使用,也能大大提高商标囤积的成本。根据目前商标囤积者的情况,绝大部分商标囤积者并没有进行商标使用的能力,因此,基本上能够杜绝未使用的“僵尸”商标的囤积现象。

(三)未使用的注册商标权在行使权利上的限制

根据目前的《商标法》的规定,未使用的注册商标在行使权利上是有一定的限制的,即根据《商标法》第64条的规定:“注册商标专用权人请求赔偿,被控侵权人以注册商标专用权人未使用注册商标提出抗辩的,人民法院可以要求注册商标专用权人提供此前三年内实际使用该注册商标的证据。注册商标专用权人不能证明此前三年内实际使用过该注册商标,也不能证明因侵权行为受到其他损失的,被控侵权人不承担赔偿责任。”

根据《商标法》第64条的规定,未使用的注册商标在行使权利上的限制是不能获得赔偿的。但是,对于注册商标专用权人不能证明此前3年内实际使用过该注册商标的,根据《商标法》第49条的规定,注册商标没有正当理由连续3年不使用的,该注册商标可以被撤销。若是该注册商标被撤销了,则其权利基础就不存在了,不仅权利人不能获得赔偿,而且权利人根本就不能行使权利了。因此,未使用的注册商标在行使权利上的限制,应该是不能认定侵权,也不能获得赔偿的。不过,对于未使用期间之前的注册有效期内的侵权行为,应该可以根据民事诉讼法的诉讼时效的基础进行追溯。

作为一种替代的修改方案,对于未使用的注册商标在行使权利上的限制范围,未使用的注册商标只能对抗他人在相同商品上使用相同商标的行为,不能对抗他人在类似商品上使用近似商标。其中,对于在类似商品上使用相同商标或在相同商品上使用近似商标的行为,若使用人是在后善意使用,则未使用的注册商标不能对抗这种在后善意使用。

另外,对于恶意行使注册商标权利的,法律应该对其进行规制。例如,不仅权利人不能行使权利(不能认定为侵权行为),而且对被告由此遭受到的损失,应该由恶意行使注册商标权的原告来赔偿。

四、注册商标权之间的权利冲突

虽然商标注册申请在获得注册前都经过了严格的审查,特别是针对是否与在先的商标申请或注册商标构成相近似的条款进行了审查,在审查合格后才进行授权,但是基于检索方式的限制(穷尽式检索是不可能实现的)以及审理者的主观判断(近似性判断中存在较大的主观性)等原因,有可能造成两个注册商标之间产生了权利冲突。对于注册商标之间的冲突,根据《最高人民法院关于审理注册商标、企业名称与在先权利冲突的民事纠纷案件若干问题的规定》[1]第1条第2款已有相应规定:“原告以他人使用在核定商品上的注册商标与其在先的注册商标相同或者近似为由提起诉讼的,人民法院应当根据民事诉讼法第一百一十一条第(三)项的规定,告知原告向有关行政主管机关申请解决。”因此,注册商标的作用不仅仅能够作为进攻武器来打击仿冒者,还能够作为防御武器保护使用人来抵抗侵权指控。因此,在将在后获得注册的商标撤销或无效掉之后,在先获得注册的商标是不能起诉在后获得注册商标的使用行为的。

对于在先注册商标和在后注册商标之间的近似性判断,涉及两个法律关系和两个不同的程序。从逻辑上分析,在商标确权程序中,若认为两者之间构成相近似,则在后注册商标的商标权应该被撤销或无效,若认为不构成相近似,则在后注册商标的商标权应该被维持;在商标侵权程序中,若认为两者之间构成相近似,则在后注册商标的使用应被认为构成侵权,若认为不构成相近似,则在后注册商标的使用应被认为不构成侵权。然而,近似性判断在两个不同程序中按照不同的法律关系来判断,则有可能造成不同的判断方式和判断结果,但是,这两种不同的判断之间是有关联性的,若两个判断结果不一致,则将造成不公平。例如,在商标确权

〔1〕 法释〔2008〕第3号,2008年2月18日最高人民法院审判委员会第1444次会议通过。

程序中，认为构成相近似，由此取消了在后注册商标的注册，而在后续的商标侵权程序中，审判机关认为不构成相近似，不构成侵权，这就造成了实际上的矛盾之处。虽然可以通过两个程序的判断原则不同来解释这种不一致，但是，若不考虑判断者的主观因素，两者之间的近似性判断在不同程序中应该是一致的。进一步来讲，若在商标确权程序中认为不构成相近似，在实务中不会引起后续的商标侵权程序，但逻辑上还会存在这种判断结果不一致的风险。

作为对比，在专利领域中，以在先授权专利为权利基础起诉专利侵权时，被告不能用其在后申请获得授权的专利权来对抗，这种情况避免了两个专利权之间的冲突。

因此，为了解决在先注册商标权和在后注册商标权之间的冲突，追求实质上的公平正义，应该在同一个程序中解决确权和侵权两个问题，这样既能够避免程序上的复杂，提高效率，又能够确保两个问题在判断上的一致性，追求公平。

结　论

在商标体系中，商标权取得制度是其中一个非常重要的环节，是整个商标体系的基石，通过对权利取得模式的分析，能够深入剖析商标制度的基本框架，特别是能够对商标制度的运行中出现的一些问题进行深层次的分析。

商标的外在表现形式是商标标志和将该商标标志应用于具体商品上，其内在表现形式是该商标标志与所应用商品之间的关联关系，而该关联关系所隐含的是，这种表象中的关联关系并不是指代商品，而是指代商品的来源。因此，商标的本质是该关联关系的指代含义（商品的来源信息）在相关公众心里留下的印记。

商标的早期保护是仿冒之诉，正是由于商标注册制度的建立，商标权在商标法上获得了财产权的地位，从而纳入到了知识产权的范畴中。

在商标权注册取得制度下显著性判断具有其正当性。对于描述性词汇的商标标识获得显著性的过程，在使用取得制度和注册取得制度下没有实质的区别，而对于臆造性、任意性和暗示性的商标标识（具有固有显著性），使用取得制度和注册取得制度在权利取得正当性上有实质的区别。其中，在使用取得制度中，通过商标注册程序所取得的注册商标权，其并不需要提供使用程度的证据，另外，虽然能够扩展到全国有效，但在使用地区以外仅具有推定的效力。而在注册取得模式中，商标标识具有固有显著性,不需要商标实际被使用,全国有效。对固有显著性的说法,实际上不存在天生的显著性,只有拟制显著性或推定显著性。在注册取得制度中固有显著性(推定显著性)的获得的正当性表现在:首先,显著性判断本质上就是一种法律推定,无论是针对获得显著性还是固有显著性。例如,使用获得显著性也是通过大量使用证据来推断的。其次,法律推定具有其正当性,因为法律推定的合理性在于它是建立在经验常识基础上的,是符合客观规律的事实判断,并且对固有显著性的法律推定符合公平和效率统一的原则,对固有显著性的法律推定符合利益平衡原则。因此,商标权注册取得制度下的显著性判断具有其正当性。

在将注册取得与使用取得进行对比后能够发现,注册取得制度能够明确权利归属(如权利人是谁),特别是在商业上的转让行为时。注册取得制度能够使商标权的保护范围和边界清晰。商标注册制度所产生的权利的范围和边界是明确的,而商标使用行为获得的权利的范围和边界是不清晰的,在多个因素例如时间节点、商品或服务的范围、地域的范围等都是不明确的。注册取得制度能够便于交易安全,降低商标制度的运行成本,提高运行效率。注册取得制度能够起到公示作用,即将信息向社会传递,便于其他经营者的避让。与商标权使用取得权利制度相比,商标权注册取得制度在权利取得上的天然正当性不足,但这并不能表明商标权注册取得制度在权利取得上就不具有正当性。因为,虽然天然正当性不足,但是其正当性是能够在商标注册制度中予以弥补的,特别是通过商标注册制度中的审查程序来改善。相反,在商标权使用取得权利制度中,其效率不足上的缺陷难以在不改变其权利取得的天然正当性的基础上加以改善。

美国的使用取得制度与注册取得制度在商标权的效力和权利范围上是不同的。对于商标使用行为和商标注册行为同在的情况下,商标注册对于商标权的有效性具有加固作用。不过,这种加固作用只是在特定条件下的法律推断,并不是在已有的通过商标使用所获得的权利范围基础上的扩展。并且,这种法律推断与商标固有显著性的法律推断类似。根据《兰哈姆法》第33(b)(5)条的规定以及相关判例,联邦商标注册行为在商标通过使用所获得的权利范围的基础上,对商标权的权利范围有扩展作用,即单纯的联邦商标注册行为能够产生一定的权利。商标注册行为在商标通过使用所获得的权利范围的基础上,对商标权的权利范围有扩展作用,这种扩展作用所产生的权利不是商标专用权,而仅仅是一种商标专用权的优先权。通过商标使用产生的权利与通过商标注册行为产生的权利范围之间的冲突和优先级，存在如下的关系：(1)在商标注册权利人的商标使用地域。商标注册权利人通过实际使用在使用地域获得的商标权是实体上的商标专用权，该权利的获得与该商标的注册没有实质的关系。(2)在商标注册权利人的非使用地域。非注册人在商标注册权利人的申请日之前的实际使用所产生的权利效力，要优于商标联邦注册权利人基于商标注册行为所获得的权利效力（商标专用权的优先权）；商标联邦注册权利人基于商标注册行为所获得的权利效力（商标专用权的优先权）要优于非注册人在商标注册权利人的申请日之后的实际使用所产生的权利效力。(3)在冲突解决规则中对注册商标权利人保护的倾斜。非注册人在商标注册权利人的申请日之前的实际使用所产生的权利效力即侵权抗辩权的一个条件就是善意使用，即是否知晓，在中国则没有商标使用的注册行为能够单独产生具有实质保护范围的商标权。

对于商标权注册取得制度，有一种质疑是，只有商标使用取得才能体现权利的正当性。基于商标使用行为取得权利的正当性仅在于使用地域发挥作用，在非使用地域不具有任何优先性，也不具有任何保护的正当性。人们对商标使用行为在非使用地区的正当性感觉或错觉源自自然人（相关公众）的流动而非商标使用行为的流动（商品的流通地域或服务的覆盖地域）。在没有消费者流动或者消费者流动非常少的情况下，例如，百年以前交通不便的情形下，一个商标的非使用地区的人对该商标几乎一无所知，即使另一个商人在该商标的非使用地区使用了相同或近似的商标，相关公众也会认为在商标非使用地区的商标是属于另一个商人的，另一个商人具有依据其商标使用行为获得商标权和保护的正当性。但是，随着人的流动程度的加大，即随着交通工具带来的便利性和商业发展促使人的流动频度和地域范围的加大，人们在甲地看到某商标后，若在乙地看到了相同或非常近似的商标就会自然地产生联系，认为是相同的商标或者是相关联的来源，这种基于人的流动而非商标使用范围的扩展给人带来一种错觉，而若乙地的商标是基于注册行为而获得的，人就会产生一种在正义上的疑惑或对正当性的质疑。

这种质疑在两种不同地域环境中产生了不同的情形。在本国内，由于一个国家的法律效力能够遍及本国的所有地域，随着商标注册制度的效力，在先在某地（如甲地）使用商标的人获得了商标权，其权利获得的正当性随着商标注册制度而被扩展到另一地域（如乙地，事实上能够扩展到全国所有地域），人们通常不会质疑这种通过注册制度扩展保护地域的行为的正当性。但人们会质疑这样的情形：在某地(如还是甲地)没有在先商标使用的情形下,某人仅仅通过注册行为而获得了权利的正当性,此时若我们以乙地为考察对象,该权利人在乙地获得了权利,事实上对于乙地或乙地的人来说,不论是商标权通过使用取得方式(在甲地的在先商标使用)获权后扩展到乙地,还是商标权通过注册取得方式(仅仅通过注册行为取得权利,其权利效力范围涵盖了乙地),都没有实质的区别,因为该商标的使用从来就没有在乙地出现过。但不同之处在于(也是这种错觉产生的根源),人的流动:(1)在人(消费者)的流动不大时,人们会觉得在乙地谁获得商标与甲地的商标使用都没有关系;(2)在人的流动频繁并波及甲乙两地时,人们会觉得在乙地如果不是甲地的商标使用人获得商标,那么这是不公平的。若别人在乙地通过使用取得商标权,基于其本地使用获得权利的正当性强于基于甲地使用造成的在乙地获得权利的正当性的力量,这足以抵消人们心中的质疑,但是,针对他人在乙地仅通过注册制度而没有伴随商标使用来获得的商标权,则没有正当性。

这种正当性的错觉可以通过国家法律在本国内解决,但是若甲地和乙地分属不同国家,一国法律难以解决这种错觉时,人们所认为的正当性基础就难以实现,就会造成对正当性的质疑,这种质疑会被针对另一国采用注册取得制度而被放大。

因此,诸多学者对注册产生权利的反对和对使用产生权利的坚守的观点,在放大镜下仔细观察就会发现其裂缝所在。在局部地域,商标使用产生权利确实存在其天然的正当性基础,而我们若是在一个更大地域范围(如全国或者跨国地域)内,采用放大镜来观察商标使用行为在各个不同地域的取得权利的正当性,我们会发现在其使用达到一定程度的地域以外,其取得权利的正当性与通过注册行为取得权利的正当性没有实质差别。

本书针对我国商标制度的问题进行了分析,并且给出了相应的建议。

对于在中国商标权注册取得制度是否具有其存在的必要的疑问,本文的回答是我国应该坚持商标权注册取得制度。首先,从历史的角度来研究,我国应该坚持商标权注册取得制度;其次,从国际化趋势来看,我国应该坚持商标权注册取得制度;再次,从公平与效率相统一原则的角度来研究,我国应该坚持商标权注册取得制度;最后,我国也不适合采用注册取得和使用取得的混合制度。

我国商标权注册取得制度的改进建议的基础和基本思路,是在目前的注册取得制度框架上的几个关键节点引入使用要求的要素,简化注册程序。例如,应该加强在商标申请时的真实使用目的的要求,恶意申请可以作为单独的异议或撤销或无效的依据，并且未使用的商标申请或注册在作为引证商标时应降低其效力。另外，对商标抢注行为在商标制度上的规制措施，即他人在先商标权利的确认范围，对恶意抢注行为的认定和作为撤销及无效的单独依据等。同时，未使用的注册商标权在行使权利上也应该有进一步的限制，即不仅仅是不能获得赔偿。例如，可以考虑针对未使用时间的分级规制：3 年未使用，不能行使权利；不满 3 年未使用，只能对抗他人在相同商品上使用相同商标的行为，不能对抗他人在类似商品上使用近似商标的行为，对于在类似商品上使用相同商标或在相同商品上使用近似商标的行为，若使用人是在后善意使用，则不能对抗。

参考文献

一、中文类

（一）著作类

1. 王太平著:《商标法——原理与案例》(第一版),北京大学出版社2015年版。

2. 钱弘道著:《经济分析法学》,法律出版社2003年版。

3. 高德步著:《产权与增长:论法律制度的效率》,中国人民大学出版社1999年版。

4. 郑其斌著:《论商标权的本质》,人民法院出版社2009年版。

5. 余俊著:《商标法律进化论》,华中科技大学出版社2011年版。

6. 张玉敏著:《商标注册与确权程序改革研究》,知识产权出版社2016年版。

7. 谢冬伟著:《中国商标法的效率与公平》,立信会计出版社2012年版。

8. 郑成思著:《知识产权法——新世纪初的若干研究重点》,法律出版社2004年版。

9. 陆普舜著:《各国商标法律与实务》,中国工商出版社2006年版。

10. 李明德著:《美国知识产权法》(第二版),法律出版社2014年版。

11. 左旭初著:《中国商标法律史》,知识产权出版社 2005 年版。

12. 何勤华主编:《英国法律发达史》,法律出版社 1999 年版。

13. 吴汉东、胡开忠:《无形财产权制度研究》,法律出版社 2005 年版。

14. 彭学龙著:《商标法的符号学分析》,法律出版社 2007 年版。

15. 孔祥骏著:《商标与不正当竞争法——原理和判例》,法律出版社 2009 年版。

16. 蒋万来著:《知识产权与民法关系之研究》,中国社会科学版社 2010 年版。

17. 张林著:《商标显著性研究》,厦门大学出版社 2014 年版。

18. 吴汉东主编:《知识产权法学》,北京大学出版社 2009 年版。

19. 丁丽瑛:《知识产权法》,厦门大学出版社 2012 年版。

20. 郑成思著:《WTO 知识产权协议逐条解释》,中国方正出版社 2001 年版。

21. 邓宏光著:《商标法的理论基础——以商标显著性为中心》,法律出版社 2008 年版。

22. 文学著:《商标使用与商标保护研究》,法律出版社 2008 年版。

23. 冯术杰著:《商标注册条件若干问题研究》,知识产权出版社 2016 年版。

24. 郑成思主编:《知识产权——应用法学与基本理论》,人民出版社 2005 年版。

25. 吴汉东著:《知识产权多维度解读》,北京大学出版社 2008 年版。

26. 冯晓青著:《知识产权法利益平衡理论》,中国政法大学出版社 2006 年版。

27. 金海军著:《知识产权私权论》,中国人民大学出版社 2004 年版。

28. 李明德等著:《欧盟知识产权法》,法律出版社 2010 年版。

29. 冯晓青主编:《知识产权法》(第三版),中国政法大学出版社 2015 年版。

30. 费安玲等:《知识产权法》,中国政法大学出版社 2007 年版。

31. 李扬等:《知识产权基础理论和前沿问题》,法律出版社 2004 年版。

32. 曾陈明汝:《商标法原理》,中国人民大学出版社 2003 年版。

(二)译著类

1. [澳]布拉德·谢尔曼、[英]莱昂内尔·本特利著:《现代知识产权法的演进——1760—1911 英国的历程》,金海军译,北京大学出版社 2006 年版。

2. [美]皮尔斯著:《皮尔斯:论符号》,赵星植译,四川大学出版社 2014 年版。

3. [法]卢梭著:《社会契约论》,何兆武译,商务印书馆1980年版。

4. [美]科斯等著:《财产权利与制度变迁》,胡庄君等译,上海三联书店1994年版。

5. [美]卡拉·C. 希比著:《国际知识产权简明教程——在全球范围保护您的品牌、商标、著作权、专利、设计以及相关权利》,何群译,经济科学出版社2006年版。

(三)论文

1. 叶挺舟:《混合取得模式下商标共存制度研究——兼评2013年商标法修正案第59条》,载《时代法学》2015年第3期。

2. 叶秋华、杨嵩涛:《中美商标法律制度的比较与启示》,载《现代管理科学》2014年第12期。

3. 邓宏光:《我们凭什么取得商标权——商标权取得模式的中间道路》,载《环球法律评论》2009年第5期。

4. 王莲峰:《我国商标权利取得制度的不足与完善》,载《法学》2012年第11期。

5. 张林林:《恶抢商标拟被禁,"炒标族"或将消失》,载《华商晨报》2017年12月24日。

6. 秦顺华、苏喆:《公平与效率结合的典范——〈兰哈姆法〉商标权取得制度管窥》,载《行政与法》2012年第2期。

7. 彭学龙:《寻求注册与使用在商标确权中的合理平衡》,载《法学研究》2010年第3期。

8. 李兆玉:《商标保护基本问题研究》,西南政汉大学2003年硕士学位论文。

9. 王春燕:《商标保护法律框架的比较研究》,载《法商研究》2001年第4期。

10. 叶新年:《经济全球化的挑战与发展中国家的对策》,载《江西社会科学》2002年第8期。

11. 梁虞:《未注册商标法律保护的比较研究》,载《法制与社会》2012年第36期。

12. 吴琼、李佳星:《各国关于恶意抢注商标的法律应用比较》,载《中国知识产权》2017年第2期。

13. 张俊琴:《英国调整商标异议制度》,载《中华商标》2007年第11期。

14. 汪泽、徐琳:《商标异议制度比较研究》,载《中华商标》2011年第2期。

15. 杨建锋:《论TRIPS协定下商标注册制度》,复旦大学2009年博士学位论文。

16. 杨建锋:《商标注册国际协调制度构建之法理探析》,载《重庆理工大学学报》(社会科学版)2010 年第 7 期。

17. 彭学龙:《商标显著性传统理论评析》,载《电子知识产权》2006 年第 2 期。

18. 马晓燕、史灿方:《商标"第二含义"的文义解释——兼评〈商标法〉第 11 条》,载《学海》2009 年第 6 期。

19. 吕娜:《我国注册商标的合理使用制度》,载《人民司法》2006 年第 5 期。

20. 顾霞:《从商标的显著性看我国商标权的取得》,载《法制与社会》2007 年第 11 期。

21. 单荔枝:《"推定"的问题领域初探》,载《天津市政法管理干部学院学报》2005 年第 4 期。

22. 田满成、莫卫良:《从卡夫商标侵权案看立体商标的注册与审查》,载《中华商标》2008 年第 2 期。

23. 姚晓旻:《动态商标保护的可行性和必要性》,载《中华商标》2010 年第 11 期。

24. 谢冬伟:《取消相对理由审查的几点考虑》,载《中华商标》2007 年第 12 期。

25. 王合锋:《涉外商标使用证据提交制度比较》,载《中华商标》2015 年第 3 期。

(四)互联网资料

1. http://www.gov.cn/xinwen/2018-01/19/content_35.htm,2018 年 3 月 13 日访问。

2.《中国商标品牌战略年度发展报告(2017)》,http://sbj.saic.gov.cn/sbtj/5/t510_1.html,2018 年 9 月 23 日访问。

3. 世界知识产权组织网站,http://www.wipo.int/ipstats/en/statistics/country_profile/profile.jsp?code=KR,2018 年 9 月 23 日访问。

4.《恶意抢注分析》,https://www.kangxin.com/html/1/173/174/177/2551.html,2018 年 9 月 16 日访问。

5.《第 15003136 号杨幂商标无效宣告案》,http://www.iprdaily.cn/article_.html,2018 年 9 月 16 日访问。

6. 汲东野:《商标抢注江湖沉浮》,载《法治周末》,2014 年 11 月 25 日,http://news.hexun.com/2014-11-25/8604.html,2017 年 12 月 24 日访问。

7. https://zh. wikipedia. org/wiki/USB_Type-C,2018 年 9 月 23 日访问。

8. 珠海市横琴新区管理委员会办公室文件,珠横新办〔2017〕38 号,http://www. hengqin. gov. cn/hengqin/xxgk/1/597b8ce/da214ce6b0298cb78f345d22. shtml,2018 年 9 月 30 日访问。

(五)案例及法院判决书

1.“巴马格”商标案,法院判决书(2011)一中知行初字第 261 号和(2012)高行终字第 924 号。

2.“Grando”商标的行政诉讼案,(2013)高行终字第 1254 号。

3. 爱马仕商标系列案件,(2012)高行终字第 708 号判决书、(2016)最高法行申 2085 号判决书以及(2015)京知行初字第 4293 号判决书。

4. 永恒印记商标案,判决书(2013)一中知行初字第 1926 号和(2013)高行终字第 2374 号。

5. 武汉中郡校园服务有限公司与北京闪银奇异科技有限公司的商标无效行政案,最高人民法院行政裁定书(2017)最高法行申 4191 号。

6. 宝马股份公司与龙海市宝马食用油公司之间的商标撤销案,(2017)京 73 行初 3624 号。

7. 公牛集团与北京中贸促商务咨询中心之间的商标撤销案,(2017)京 73 行初 2432 号。

8.(2017)京 73 民终 1106 号。

9.“卡通熊”商标专用权的侵权纠纷案,(2018)豫 14 民初 111 号。

10.“新华字典”商标侵权纠纷案,(2016)京 73 民初 277 号。

11. 卡斯特商标案,(2010)知行字第 55 号。

12.“上专”商标案,北京知识产权法院作出(2015)京知行初字第 34316 号行政判决。

13.“嘿! 小面”商标案,(2017)渝 05 民初 113 号、(2018)渝民终 64 号。

14. 歌力思案,最高人民法院指导性案例第 16 批 82 号(2014)民提字第 24 号。

15.“360 安钱宝”商标异议案,(2016)京 73 行初 5991 号、(2017)京行终 4136 号。

16. facebook 商标系列案,(2016)京行终 475 号、(2016)京行终 476 号、(2016)京行终 477 号。

17. 菲丝博克公司与刘红群的商标异议案，异议复审决定：商评字（2014）第5号；一审判决：（2014）一中行（知）初字第9588号；二审判决：（2016）京行终475号。

18. 菲丝博克公司与苏开明的商标异议案，（2017）京行终1315号。

二、英文类

（一）著作类

1. Bejamin G. Paster, Trademarks-Their Early History, 551 TMR 59.

2. Select Committee, Q. 1681 – 1682.

3. Barret, Margreth, "Intellectual Property Cases and Materials", St. Paul, Minnesota: Thomson/West, 2006.

4. Jerry Glover, "US Supreme Court Strikes Down Trademark Disparagement Law", http://lsglegal.com/us-supreme-court-strikes-trademark-disparagement-law/.

5. Jane C. Ginsburg, Jessica Litman, Mary Kevlin, "Trademark and Unfair Competition Law: Cases and Materials", LexisNexis Fifth Edition ISBN 978 – 0 – 7698 – 6568 – 3.

6. 阿瑟·R. 米勒、迈克·H. 戴维斯："Intellectual Property: Patents, Trademarks, and Copyright"（第三版），法律出版社2004年版。

7. Peter Drahos, "A Philosophy of Intellectual Property", Dartmouth Publishing Company Limited, 1996.

（二）期刊类

1. Horst-Peter Gotting, "Protection of Well-Known", Unregistered Marks in Europe and the United States IIC Vol. 31, No. 4/ 2000.

（三）外国判决书

1. Blue Bell Inc. v. Farah Mfg. Co., 508 F. 2d 1260(5th Cir. 1975).

2. Hanover Star Milling Co. v. Metcalf, 240 U. S. 90(1916).

3. Abercrobie & Fitch Co. v. Hunting World Inc., 537 F. 2d 4; 1976 U. S. App. LEXIS; 189 U. S. P. Q. (BNA)759; 189 U. S. P. Q. (BNA)769.

4. Zatarain's Inc. v. Oak Grove Smokehouse Inc., 698 F. 2d 786; 1983 U. S. App.

LEXIS ;217 U. S. P. Q. (BNA)988.

5. United Drug Co. v. Theodore Rectanus Co. ,248 U. S. 90(39 S. Ct. 48,63 L. Ed. 141).

6. Filipino Yellow Pages Inc. v. Asian Journal Pubs Inc. ,198 F. 3d 1143;1999 U. S. App. LEXIS ;53 U. S. P. Q. 2D(BNA)1001;99 Cal. Daily Op. Service 9511;99 Daily Journal DAR.

7. What-A-Burger Va v. Whataburger Corpus Christie,357 F. 3d 441;2004 U. S. App. LEXIS 2245;69 U. S. P. Q. 2D(BNA)1829.

8. Person's Co. v. Christman,900 F. 2d 1565;1990 U. S. App. LEXIS 5591;14 U. S. P. Q. 2D(BNA)1477.

9. National Ass'n for Healthcare Communication v. Central Arkansas Area Agency on Aging,Inc. ,119 F. Supp. 2d 884(E. D. Ark. 2000).

10. Blisscraft of Hollywood v. United Plastics Company,294 F. 2d 694 131 U. S. P. Q. 55(2d Cir. 1961).

11. Inwood Laboratories v. Ives Laboratories,456 U. S. 844(1982).

12. Qualitex Co. v. Jacobson Products. Co. ,514 U. S. 159,165(1995).

13. Traffix Device Inc. v. Marketing Displays Inc. ,532 U. S. 23(2001).

14. Jade Apparel v. Steven Schor Inc. ,2013 WL 8,No. 11 Civ. 2955(KNF)(S. D. N. Y. Feb. 11,2013).

(四)外国法律条文

1. 美国《兰哈姆法》US Trademark Law 15 USC 1127。

2.《美国商标审查指南》TMEP。

3.《德国商标法》。

4.《日本商标法》。

5.《英国商标法》The Trade Mark Act. 1905。

6.《欧洲共同体商标条例》。

7.《澳大利亚商标法》。

(五)外文互联网资料

1. "A trademark is a sign capable of distinguishing the goods or services of one

enterprise from those of other enterprises". http://www. wipo. int/trademarks/en/, 2017 年 8 月 5 日访问。

2. 德国专利商标局网站: http://www. gesetze-im-internet. de/markeng/BJNR0994. html,2018 年 5 月 22 日访问。

3. 美国专利商标局网:https://www. uspto. gov/trademark/trademark-timelines/section – 1a-timeline-application-based-use-commerce,2017 年 11 月 19 日访问。

4. 美国专利商标局网:https://www. uspto. gov/trademark/trademark-timelines/section – 1b-timeline-application-based-intent-use,2017 年 11 月 19 日访问。

5. 美国专利商标局网:https://www. uspto. gov/trademark/trademark-timelines/section – 44d-timeline-application-based-foreign-application,2017 年 11 月 19 日访问。

6. 美国专利商标局网:https://www. uspto. gov/trademark/trademark-timelines/section – 44e-timeline-application-based-foreign-registration,2017 年 11 月 19 日访问。

7. 美国专利商标局网:https://www. uspto. gov/trademark/trademark-timelines/section – 66a-timeline-application-based-foreign-registration,2017 年 11 月 19 日访问。

8. WIPO 网站资料,http://www. wipo. int/treaties/zh/ip/paris/,2018 年 5 月 22 日访问。

9. http://www. wipo. int/treaties/zh/registration/madrid/summary _ madrid _ marks. html,2017 年 12 月 2 日访问。

10. http://www. wipo. int/treaties/zh/ip/singapore/summary _ singapore. html, 2017 年 12 月 12 日访问。

11. Why Wait Three Years? Cancellation of Lanham Act Section 44(e) and 66(a) Registrations Based on Non-use Prior to the Three-year Statutory Period for Presumption of Abandonment by Sandra Edelman, http://www. inta. org/TMR/Documents/Volume%/vol104_no6_a6. pdf,2017 年 11 月 21 日访问。

后　记

本书的内容是我的博士论文,在答辩后获得推优资格,一直犹豫是否出版。这期间得到导师、同学(包括在出版社工作的同学)、家人和单位同事的诸多鼓励和支持,最后决定进行整理出版,在此对这些支持和鼓励表示衷心的感谢。

特别需要感谢的是我的导师张今教授,她把我带入中国政法大学的大门,引入知识产权法学的学术殿堂。回想3年半的博士学习过程,其中两年半时间的主要工作之一就是这篇论文,从选题、开题到准备提纲,从初稿到一次次的修改,都有导师的谆谆教导。记得在选题和开题后,我认真地准备了一份论文提纲,导师看完后叫我过去,除了给出很多指导意见,还列出了一个10多本著作的书单,让我有针对性地把这些著作读完再修改提纲,论文提纲反复修改七八次,每次交给导师前都信心满满,听完导师的指导后觉得不足之处太多了。论文的撰写过程中,论文字数上的波动也体现了类似历程。博士论文的要求字数是不低于15万字,初稿达到16万字,在导师的不断指导下,不断删除与论文主题关联度不高的内容,不断挖掘问题、分析问题和回答问题,一度减少到13万字又增加到17万字,减少到14万字又增加到18万字,反复波动。严谨治学和宽容待人两种不同品质在导师身上得到了完美统一,是我终生学习对象。

同时,我也非常感谢我的家人,对我博士生学习和本书的撰写的支持。

在论文答辩完成和获得博士学位后,《商标法》第四次修正案于2019年4月23日通过。考虑到《商标法》第4条的修改内容与本书第四章的建议中的相关观点是相同,再三思考,本书仍保留为论文原样内容。

由于本人才疏学浅,书中存在诸多不足和疏漏之处,望读者诸君批评指正。

党晓林

2019年8月于北京

图书在版编目(CIP)数据

商标权注册取得制度研究 / 党晓林著. -- 北京 : 法律出版社, 2020

ISBN 978-7-5197-4276-8

Ⅰ. ①商… Ⅱ. ①党… Ⅲ. ①商标权-研究-中国 Ⅳ. ①D923.434

中国版本图书馆CIP数据核字(2020)第031525号

商标权注册取得制度研究
SHANGBIAOQUAN ZHUCE QUDE ZHIDU YANJIU

党晓林 著

策划编辑 郑 导
责任编辑 郑 导
装帧设计 汪奇峰

出版 法律出版社
总发行 中国法律图书有限公司
经销 新华书店
印刷 三河市龙大印装有限公司
责任校对 晁明慧
责任印制 张建伟

编辑统筹 独立项目策划部
开本 710毫米×1000毫米 1/16
印张 15.5
字数 237千
版本 2020年3月第1版
印次 2020年3月第1次印刷

法律出版社/北京市丰台区莲花池西里7号(100073)
网址/www.lawpress.com.cn
投稿邮箱/info@lawpress.com.cn
举报维权邮箱/jbwq@lawpress.com.cn
销售热线/400-660-8393
咨询电话/010-63939796

中国法律图书有限公司/北京市丰台区莲花池西里7号(100073)
全国各地中法图分、子公司销售电话:
统一销售客服/400-660-8393/6393
第一法律书店/010-83938432/8433
西安分公司/029-85330678
重庆分公司/023-67453036
上海分公司/021-62071639/1636
深圳分公司/0755-83072995

书号:ISBN 978-7-5197-4276-8
定价:65.00元